Knaur.

Knaur.

Im Knaur Taschenbuch Verlag ist bereits folgendes Buch der Autorin erschienen:
Feuerherz

Über die Autorin:
Senait Ghebrehiwet Mehari wurde vermutlich 1974 geboren – ihren Papieren zufolge in Asmara, der heutigen Hauptstadt von Eritrea. Bis zu ihrem dritten Lebensjahr wuchs sie in einem Waisenheim auf, ehe sie zu ihren Großeltern kam. Der Krieg riss die Familie auseinander, und Senait wurde in das Kinderlager einer Guerillaarmee gegeben. Vor dem Bürgerkrieg floh sie im Alter von neun Jahren mit ihren Schwestern in den Sudan; später fand sie Zuflucht in Deutschland. Senait G. Mehari unterstützt die Aktion Weißes Friedensband gegen den Einsatz von Kindersoldaten sowie Karlheinz Böhms »Menschen für Menschen« und die Aktionen von UNICEF, Misereor und Terre des Hommes. Sie lebt als Sängerin, Komponistin und Songwriterin in Berlin. Ihre CD *Mein Weg* erschien Ende 2005 bei Universal.

Senait G. Mehari

Wüstenlied

Knaur Taschenbuch Verlag

Besuchen Sie uns im Internet:
www.knaur.de

Vollständige Taschenbuchausgabe September 2007
Knaur Taschenbuch.
Ein Unternehmen der Droemerschen Verlagsanstalt
Th. Knaur Nachf. GmbH & Co. KG, München

Fotos im Text: © Lukas Lessing
Umschlaggestaltung: ZERO Werbeagentur, München
Umschlagabbildung: FinePic, München
Druck und Bindung: Clausen & Bosse, Leck
Printed in Germany
ISBN 978-3-426-77928-6

2 4 5 3

Inhalt

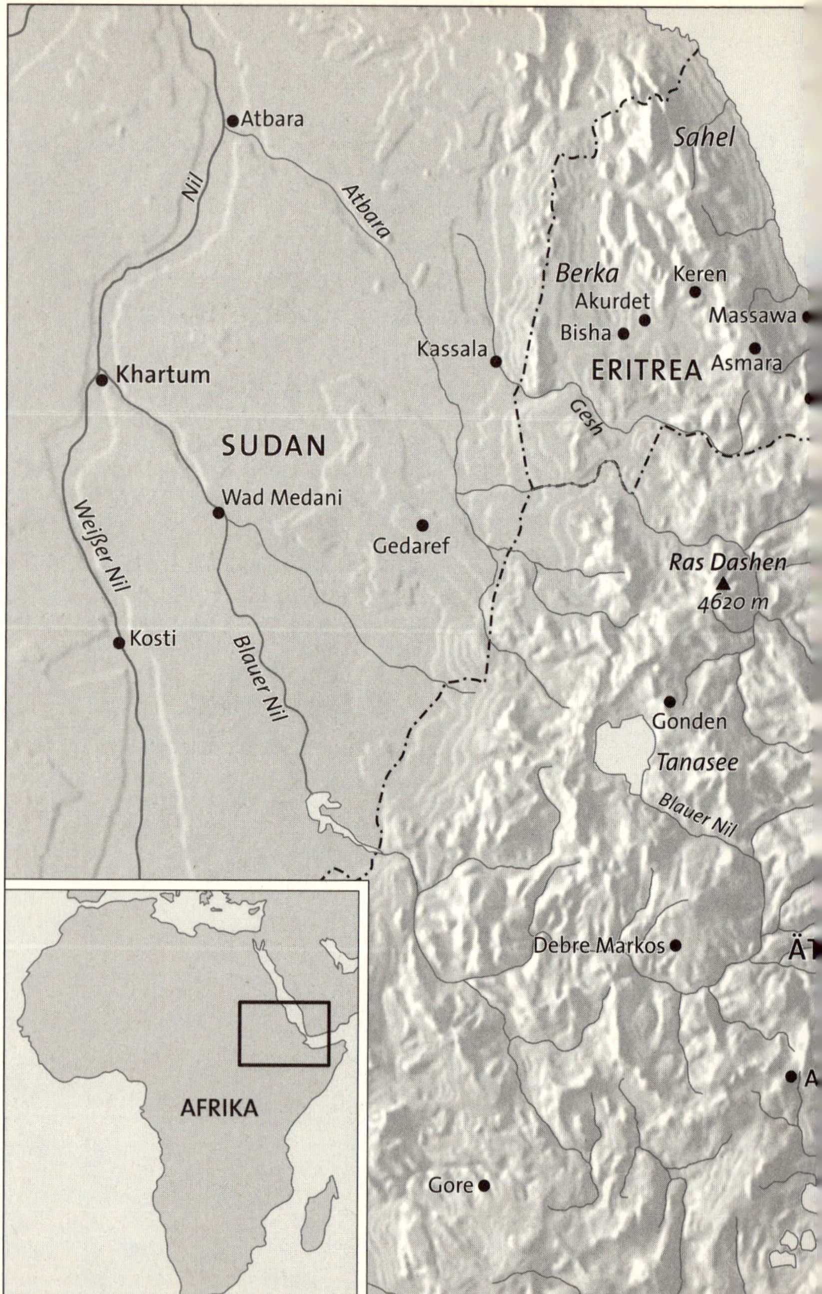
Atbara
Nil
Atbara
Sahel
Berka
Keren
Akurdet
Massawa
Bisha
Kassala
ERITREA
Asmara
Khartum
Gesh
SUDAN
Wad Medani
Gedaref
Weißer Nil
Ras Dashen
4620 m
Kosti
Blauer Nil
Gonden
Tanasee
Blauer Nil
Debre Markos
Gore
AFRIKA

SAUDI-ARABIEN
Djisan
otes Meer
Sana
JEMEN
eyh
Mekele
Assab
Aden
Golf von Aden
DSCHIBUTI
Djibouti
Awash
Dessie
Berbera
OPIEN
Dire Dawa
SOMALIA
s Abeba
Nazret
Degeh Bur
Asela
0
100
200 km

Prolog

Luul erkannte ich sofort. An seinem Gang, an seiner Statur, sogar an den Gesichtszügen, als er noch so weit von mir entfernt war, dass ich sie kaum lesen konnte. Ich erkannte Luul, weil das eigentlich Ghebrehiwet war, der hier über die Straße kam, unser gemeinsamer Vater. Vielleicht sieht er ihm ja ein bisschen ähnlich, hatte ich zuvor noch gedacht, und ich kann ihn deshalb erkennen. Dass er genauso aussah wie er, darauf war ich nicht vorbereitet.

Unsicher stakste Luul herbei. Er sah nicht her, weil das Überqueren einer solchen Straße seine ganze Aufmerksamkeit in Anspruch nahm, denn die Autofahrer rasten, was ihre Maschinen hergaben, und ein harmloser Fußgänger war für niemanden ein Grund, den Fuß vom Gas zu nehmen. So konnte ich mir Luul in aller Ruhe ansehen. Er trug die Haare kurzgeschoren, die Zähne und die Augen ragten aus seinem Gesicht heraus wie bei unserem Vater, die Ohren standen genauso ab, sogar den Schnauzbart trug er wie er. Luul war allerdings noch dünner, klapprig fast, mit eingefallenen Wangen und vorgebeugtem Gang. Er sah viel jünger aus als unser Vater, aber nicht viel gesünder.

Mit einem beherzten Sprung rettete sich Luul vor ein paar heranbrausenden Autos auf meine Straßenseite, dann blickte er sich suchend um. Ich saß auf der Terrasse eines kleinen Cafés, das er als Treffpunkt vorgeschlagen hatte, und lächelte ihn an. Es dauerte lange, bis seine hin und her irrenden Blicke auf mich fielen. Luul ist sicher kein schneller und praktischer Mensch, dachte ich. Doch als er endlich mich fokussierte, war ihm sofort klar, dass er seine Schwester gefunden hatte.

»Luul?!« rief ich ihm zu, und er strahlte über das ganze Gesicht, so dass zwei lange Reihen blendend weißer Zähne sichtbar wurden. Ich musste daran denken, dass das selten war bei unseren Leuten, und fragte mich, ob er wohl die traditionellen Stöckchen zum Zähnereinigen benutzte. In wichtigen Momenten waren mir immer schon die dümmsten Gedanken durch den Kopf geschossen, mit denen ich wohl meine Unsicherheit vor mir selbst zu verbergen suchte.

»Senait?« fragte Luul leise zurück. Er stand vor mir, sah mich einfach an und lächelte, noch breiter als zuvor. Er wusste nicht, wohin mit den Händen, stopfte sie in die Hosentaschen, zog sie wieder heraus und schlenkerte ratlos damit herum.

Ich hatte die Schrecksekunde überwunden, sobald ich meinen Namen hörte.

Der war wie der dritte Schlüssel ins dritte Schloss einer mehrfach gesicherten Tür geglitten, die nun endlich aufspringen konnte. »Luul!« Ich schrie seinen Namen beinahe, sprang auf und umarmte meinen Bruder.

»Senait«, sagte er noch mal, schon ein wenig lauter, und umarmte mich ungeschickt.

So standen wir ein Weilchen auf einer Caféterrasse in Addis Abeba, sehr zum Erstaunen der Serviererin und von drei, vier Gästen, denn ein Mann und eine Frau umarmten sich nicht in der Öffentlichkeit. Das gehörte sich höchstens für zwei befreundete oder verwandte Männer, oder auch für zwei Frauen, aber nicht für Ehe- oder gar Liebespaare. Luul wusste das, deshalb war es ihm vermutlich peinlich. Ich wusste es auch, aber mir war es egal. Ich konnte schließlich nichts dafür, wenn die anderen nicht wussten, dass wir Bruder und Schwester waren.

»Adhanet«, sagte Luul, als ich zwei Schritte zurücktrat, um ihn besser anschauen zu können. »Du siehst genauso aus wie Adhanet!«

Der Satz traf mich wie ein Schlag, denn unsere gemeinsame Mutter hatte ich nur noch dunkel in Erinnerung. Dunkel, weil uns unsere Lebenswege nur für wenige Stunden zusammengeführt hatten, dunkel aber auch, weil meine Mutter immer schon der schwarze Fleck in meiner Biographie war: die Unbekannte, die mich als Säugling weggelegt hatte. Die mich kühl empfangen hatte, als ich mit achtzehn für wenige Tage in Addis auf Besuch war. Die mit dem Bus in eine Schlucht gefallen war, bevor ich sie als wirklich erwachsener Mensch wiedersehen konnte. Und nun sollte ich so aussehen wie sie?

Aber ich war nicht die einzige, die hier jemandem ähnlich sah. »Ghebrehiwet«, sagte ich zu Luul. »Du siehst aus wie Ghebrehiwet!«

Da wir beide Elternteile gemeinsam hatten, müssten wir eigentlich auch einander ähnlich sehen. Taten wir das?

»Siehst du mir ähnlich?« fragte ich Luul, doch diese Frage konnten wir jetzt noch nicht klären. Nicht hier, nicht im Stehen, wenn alle zuschauten. Mir fiel nur auf, dass wir die gleiche Mundpartie hatten, auch wenn meine Zähne nicht so vorstanden – das hoffte ich jedenfalls.

»Setzen wir uns doch.«

Da saßen wir nun und starrten einander an, wie vom Donner gerührt. Es ist schon eine sehr spezielle Sache, einunddreißig Jahre nach der Geburt zum ersten Mal einen Menschen vorgesetzt zu bekommen, der einem selbst ziemlich ähnlich sein müsste. Eine Art lebender Spiegel, der Antworten gab. Würde ich mich in ihm erkennen können? Würde ich etwas anderes in ihm erkennen?

Es geschah etwas sehr Merkwürdiges: In mir wuchs das Gefühl, ich hätte Luul schon mal gesehen. Nicht den Menschen, der unserem Vater ähnlich sah, sondern Luul persönlich. Erst war es nur ein Keim, der sich aber rasch entfaltete und immer mehr Raum einnahm in meinen Gedanken. Luul hatte ich schon mal gesehen. Doch wo? Wann? Ich sagte mir, dass das nicht möglich war, also erwähnte ich es nicht. Vielleicht war es auch nur eine Sinnestäuschung, hervorgerufen durch die Ähnlichkeit mit meinem Vater. Doch dann fragte ich mich wieder: Wo, verdammt noch mal, hatte ich Luul schon gesehen?

I.
Die Suche nach der Kindheit

Zeiten

Vier Jahre meiner Kindheit lebte ich in der Steinzeit. Ich schlief auf Steinen, und während der stärksten Hitze des Tages duckte ich mich mit den anderen Kindern so gut es ging in die Schatten großer Felsen. Ich betete, dass uns die Steine vor den Augen unserer Feinde verbergen mochten, und verrichtete meine Notdurft hinter Steinen. Steine mussten meinen Freundinnen, meinen Schwestern und mir die Möbel ersetzen: Wir saßen auf Steinen, wir lagerten unsere wenigen Habseligkeiten auf ihnen. Wir stapelten unsere Löffel auf Steinen, die meist auch als Geschirr dienen mussten, denn außer ein paar Löffeln, Krügen und einer vom Feuer schwarz gewordenen Pfanne, die dazu diente, um Kaffee zu rösten, hatten wir keine Küchenutensilien.

Jedesmal, wenn wir einen neuen Schlafplatz bezogen, musste ich mit den anderen Kindern einen riesengroßen Stein heranschleppen, der uns als *mogogo* diente. So heißen die runden Platten, auf denen mein in die Steinzeit zurückgefallenes Volk seine wichtigste Speise zubereitete – *enjera,* unsere täglich genossenen Teigfladen. So ein Herdplattenstein sollte möglichst groß sein und möglichst flach. Nicht zu dick, damit das Feuer nicht stundenlang brauchte, um ihn durch und durch zu erhitzen, und nicht zu uneben, damit sich der Brei aus Teffmehl, Wasser und Salz gleichmäßig auf dem heißen Stein verteilen ließe.

Von den Kindern, die bei dieser Schlepperei mitmachen mussten, war ich mit meinen sieben oder acht Jahren meist die Jüngste. Ich lebte damals in einer Gegend Eritreas, in der es außer Steinen, Sand, Hitze, Ungeziefer und Waffen nichts im Überfluss gab. Wir Kinder waren allesamt so schmächtig, dass wir die Mogogo-Steine auch mit vereinter Anstrengung kaum gehoben bekamen. Wir mussten sie trotzdem oft Hunderte Meter weit schleppen, weil in der Nähe des Lagers kein passender Stein zu finden war. Sobald wir den Koloss zum Lagerplatz geschafft hatten, hievten wir ihn auf drei oder vier andere Steine, so dass darunter eine kleine Höhle entstand, in der das Feuer lodern sollte. Dafür war ich verantwortlich.

Als Jüngste musste ich immer die niedrigste Arbeit machen. Das war meistens nicht nur die unbeliebteste, sondern auch die schwerste, die es zu tun gab, und Feuerholzsammeln und Wasserholen gehörten mit dazu. Wenn ich Glück hatte, begleitete mich meine zwei Jahre ältere Schwester Tzegehana, wenn ich großes Glück hatte, kam sogar meine älteste Schwester Yaldiyan mit uns. Manchmal musste ich aber auch mutterseelenallein losziehen.

Dann nahm ich unsere Machete und einen aus Lumpen genähten Sack und machte mich auf den Weg. Die Machete war freilich nur eine schartige Klinge, die mit einem Stück Draht an einen krummen Stock gebunden war. Die Klinge wackelte bedrohlich, wenn ich damit auf einen Wurzelstock oder einen dürren Ast einschlug, so dass ich nie sicher sein konnte, ob mir der Holzgriff oder die Klinge nicht auf die Füße klatschen würden. Ich drosch trotzdem auf Büsche oder Bäume ein, weil ich etwas Brennbares zurückbringen musste. Ich würde Schläge bekommen, wenn ich mit einem leeren Sack zurückkehrte. Dann müsste ich noch mal hinaus in die Hitze, die Dornen und den Staub, um Brennbares zu holen. Also hackte ich lieber gleich, bis die Hände bluteten.

Anders funktionierte das nicht mit dem Brennholz. Jeder abgebrochene Zweig war längst aufgesammelt, jeden Ast, der locker von einem Baum hing, hatten Kinder auf der Suche nach Feuerholz längst ausgerissen. In Eritrea herrschte damals seit Jahren Dürre, weil die sommerlichen Regenzeiten entweder ganz ausgeblieben waren oder viel weniger Wasser gebracht hatten als sonst. Das Gras stach in dürren Büscheln aus rissiger Erde, die wenigen Bäume ließen ihre grauen Blätter matt hängen. Doch nicht nur das Klima, auch alles andere schien aus den Fugen geraten.

Der Krieg, der zwischen den rivalisierenden eritreischen Befreiungsarmeen ELF (Eritrean Liberation Front – Eritreische Befreiungsfront) und EPLF (Eritrean People's Liberation Front – Befreiungsfront des eritreischen Volkes) einerseits und zwischen der äthiopischen Regierungsarmee und den Rebellen andererseits tobte, hatte das ganze Land in Aufruhr versetzt. Wie bei einem Ameisenhaufen, den ein paar böswillige Jungs mit Stockhieben traktiert hatten, waren alle in Bewegung. Sonst sesshafte Bauern trieben ihre Herden über die Ebenen der

Provinz Gesh Berka im westlichen Eritrea, weil ihre Dörfer von Regierungstruppen bombardiert worden waren, weil ihnen Soldaten Tiere stehlen wollten oder weil ihre Weidegründe nichts mehr hergaben. Ihre Wege kreuzten sich mit den Routen der durch Truppenbewegungen verdrängten Nomaden, die sich auch wegen der versiegenden Wasserlöcher immer weiter in unbekanntes Terrain vorwagen mussten. So war eine richtiggehende Völkerwanderung im Gang, bei der die letzten Halme zertrampelt, die letzten jagdbaren Antilopen verscheucht und die wenigen leicht zugänglichen Brennstoffreserven eingesammelt wurden.

Und das war nun mein Problem: Wie sollte ich unter diesen Umständen zu Holz kommen?

Wenn ich im Lager meine Äste abliefern konnte, war das Glück dafür um so größer. Dank durfte ich dafür zwar nicht erwarten, aber ich bekam eine alte Konservendose voll trüber Flüssigkeit, die nur jemand für Trinkwasser halten konnte, der schon lange kein richtiges Wasser mehr gesehen hatte. Doch für mich bedeutete es höchstes Glück. Zufrieden setzte ich mich in den Staub, trank genussvoll und spürte, wie das Nass in mir Richtung Magen rann, während rund um mich die üblichen belanglosen Gespräche meiner Kameraden und das gewohnte dumpfe Geratter von der nahen Front zu vernehmen waren.

Doch jetzt hörte ich noch etwas anderes. Unmerklich erst, doch rasch wurde es immer stärker. Dann begann die Luft zu dröhnen. Ein Brummen zog durch das weite Tal, in dem wir lagerten.

»In Deckung!« brüllte einer der Erwachsenen, aber da war es fast schon zu spät: Feuer spritzte durch die Luft, Blitze zuckten, Rauch stieg auf, Sand und Steine prasselten auf unsere Köpfe, die wir mit den Händen schützten, wie wir es in der Schule bei den Rebellen gelernt hatten.

Die äthiopischen Flugzeuge waren da. Sie gehörten zu den von den Sowjets großzügig gespendeten Waffen, die die marxistische äthiopische Regierung einsetzte, um ihre nördlichste, trockenste, kargste und rohstoffärmste Provinz nicht an marxistische Rebellen zu verlieren.

Sieben Jahre alt, war ich zusammen mit meinen zwei und fünf Jahre älteren Schwestern Tzegehana und Yaldiyan von meinem Vater, einem überzeugten Anhänger der ELF, zu den Aufständischen gebracht worden, um mit ihnen für die sogenannte Freiheit zu kämpfen, zuerst als kleine Hilfsarbeiter, dann als Kindersoldaten für die Sache Eritreas. Für ein Land an der Schwelle von der Hungersnot zur Steinzeit.

Nun rannten wir alle zu den Felsvorsprüngen hinter dem Lager. Niemand sah links oder rechts, keiner achtete darauf, wie es den Kameraden ging, den Freunden, den Geschwistern. Es gab nur ein Ziel: selbst unter die vermeintlich rettenden Felsen zu kommen, sich dort vor dem Schrecken und vor dem Feuer zu verstecken.

Mitten im Lauf prallten wir zurück, denn plötzlich kam das Feuer auch von vorne. Eine Bombe hatte den Felsen vor uns getroffen, ein großer Baum, der eben noch dort gestanden hatte, verwandelte sich in eine Feuersäule.

»Zurück!« brüllte einer unserer Anführer. »Zurück!« brüllte er immer wieder. Aber wohin? Wo um Himmels willen sollten wir hin?

Traumzeit

»Wohin? Wohin denn?!« Schweißgebadet fuhr ich hoch und sprang auf die Knie. Voller Angst sah ich mich um, aber ich konnte nichts Beunruhigendes entdecken – nur mein Berliner Zimmer. Meinen Futon, den Ikea-Schrank, die sorgfältig zugezogenen Blümchenvorhänge, den Computer mit all meiner Musik, meinen Texten und Ideen drin. Die hohe Stuckdecke, die sauberen Rauhfasertapeten, das glänzende Parkett. Alles war, wie es sein sollte, weit und breit nichts Gefährliches in Sicht, vom Fernseher abgesehen: Über dessen Mattscheibe flimmerten Nachrichten. Es wurde geschossen, gebombt und gestorben. Krieg, Gewalt und Leid bestimmen jede Ausgabe der Nachrichten, egal auf welchem Sender.

Erschöpft, aber doch auch erleichtert sank ich in die Kissen zurück. Ich dankte Gott, dass er mich die schrecklichen Bilder nur hatte träumen lassen. Dass ich nicht mehr mittendrin war, dass ich nicht mehr in diesem Wahnsinn lebte, wie früher als Kind. Die Bilder der Zerstörung und des Todes, die berstenden Steine, das Feuer, die Sterbenden – sie entsprangen nicht meinen Phantasien, sondern meinen Erinnerungen, sie waren Teil meines Alltags als Kind.

Es mag sein, dass der Albtraum, der die alten Bilder aus dem Unterbewusstsein hervorgeholt hatte, durch das Fernsehprogramm ausgelöst worden war, doch das war unvermeidlich. Ich gerate in panische Angst, wenn rund um mich komplette Dunkelheit oder völlige Stille oder, noch schlimmer, beide zugleich herrschen. In solchen Momenten überfallen mich die Bilder der Vergangenheit.

Weil ich diese Bilder nicht ertrage, lasse ich nachts immer den Fernseher laufen. Die Stimmen aus dem Gerät beruhigen mich, die Musik, die menschlichen Geräusche. Ich muss damit leben, dass manchmal auch unangenehme Geräusche darunter sind, dass die Töne von Nachrichtensendungen in mein Unterbewusstsein eingehen, denn das Flackern des Fernsehers hat für mich dieselbe Funktion wie ein Lagerfeuer draußen in der afrikanischen Wildnis, das Reisende unterwegs anzünden, um sich wilde Tiere, Schlangen und auch die bösen Geister vom Leib zu halten, die sie völlig zu Recht in der riesigen Dunkelheit vermuten. In einer Finsternis, die die Menschen zu verschlingen droht in einem Land, in dem es keine Straßenbeleuchtung, keine Reklametafeln, keine erleuchteten Schaufenster, keine hellen Busse, keine beleuchteten Telefonzellen und auch keine freundlich schimmernden Wohnungsfenster gibt. Mit Schrecken denke ich an die schwarzen afrikanischen Nächte zurück, in denen wir kein Feuer machen durften, um nicht die Feinde auf unser Lager aufmerksam zu machen.

Doch ich habe schon Fortschritte gemacht: Die Bilder des Schrekkens sind nach wie vor in mir lebendig, aber sie verblassen und vergilben zusehends. Sie werden von all den anderen Bildern überlagert, die jeder von uns in sich trägt, denn auch mein Leben ging weiter: Ich zog nach Deutschland, schloss neue Freundschaften, ging Beziehungen ein und trennte mich wieder, arbeitete, sang, litt, lachte, weinte und tat all das, was jeder andere auch tut.

Seit fast zwanzig Jahren lebe ich nun in Deutschland, davon mehr als fünfzehn Jahre – nachdem ich mich endgültig von meinem Vater losgesagt hatte – in mehr oder minder gesicherten Verhältnissen, und ich lebe wie alle anderen Menschen auch. Ich wohne in einem Land, das für seine Bürger im großen und ganzen Frieden und Sicherheit garantiert. In einem Land, in dem Kinder nicht in den Krieg geschickt werden, sondern zur Schule gehen. Ich lebe in einem Land, in dem die Menschen sagen können, was sie denken, ohne deshalb Kerker oder Verfolgung zu riskieren. Ich muss keine Angst vor Hunger, Durst, Bomben oder nächtlichen Hinterhalten haben, ich verdiene mit meiner Musik eigenes Geld, ich bin gegen Erwerbsunfähigkeit versichert, habe einen Rentenanspruch und das Recht auf ein Krankenhausbett, wenn ich mir ein Bein brechen sollte – lauter in Afrika unglaubliche und unbekannte Dinge.

Dennoch habe ich oft das Gefühl, mich auf dünnem Eis zu bewegen. Jedesmal, wenn ich in einen Lift steige, schicke ich ein Stoßgebet zu Gott und atme möglichst tief ein. Dann halte ich die Luft an und denke krampfhaft an etwas Schönes. Dabei starre ich auf die Anzeigetafel und hoffe inständig, dass der Lift nicht steckenbleibt. Genauso geht es mir in einem startenden Flugzeug, in einem Auto, dessen Fahrer allzu schneidig um die Kurven düst, oder in einer Bahn, die zu lange unter der Erde dahinschießt. Nicht, dass ich schon schlechte Erfahrungen mit Aufzügen, Flugzeugen oder Autos gemacht hätte. Ich mag Technik prinzipiell, ich habe keine Bedenken, mich einer Maschine anzuvertrauen – doch ich verfüge über keine Sicherheitsreserven. Ich habe gemerkt, wie schnell die menschliche Ordnung zusammenbrechen kann. Ich habe mit eigenen Augen gesehen, wie dünn die Grenze zwischen Leben und Tod ist, wie leicht ein Mensch von der hellen auf die dunkle Seite wechseln kann. Ich weiß zwar, dass diese Grenze in Europa ein bisschen besser ausgebaut ist. Ich weiß, dass die Ordnung hier fester gefügt ist als in Afrika, doch wer einmal erlebt hat, wie sich alle Gewissheiten, alle Sicherheiten, alle Familienbande auflösen, der kann dieses Grundvertrauen der Europäer nie erreichen. Der wird sich nie in einem ICE so zurücklehnen können, als säße er zu Hause auf der Couch, und der wird immer einen Rest von

Zweifel haben, ob ihm ein anonymes System wirklich eines Tages genügend Geld zukommen lassen wird, damit er im Alter nicht hungern und frieren muss.

Das soll nicht heißen, dass ich kein Vertrauen in den Sozialstaat und seine Institutionen hätte, sondern bloß, dass ich noch nicht ganz hier angekommen bin. Dass ich nicht nur äußerlich schwarz bin, sondern dass auch in mir ein großer schwarzer Rest ist, der alle Angst und alle Gefahr und alle Unsicherheit des Schwarzen Kontinents in sich trägt. Alle Tode, die ich dort gestorben bin. Allen Schrecken, den ich Tag für Tag mit ansehen musste. Alle Nächte, in denen es kein Dach über dem Kopf gab, um einen Menschen vor der riesengroßen Finsternis zu schützen.

Dabei waren längst nicht alle meine Nächte in Afrika schrecklich. So liege ich todmüde im Bett und versuche, mich auf das Schöne aus meiner Kindheit zu konzentrieren, bis ich die hellen Bilder wieder zu sehen beginne. Vermutlich zuckt mir dann während des Einschlafens ein Lächeln über die Lippen.

Spielzeit

In der Welt der Träume sehe ich mich wieder bei meiner Großmutter im Garten, in Maitemenai, einem schönen Außenbezirk von Asmara, der eritreischen Hauptstadt. Meine Oma sitzt auf einem kleinen Schemel, kaum höher als ein Ziegelstein, ich hocke ihr gegenüber auf dem Boden. Oma bereitet Enjera vor, die beste Speise der Welt, die alle Eritreer und auch die meisten Äthiopier jeden Tag essen, ihr ganzes Leben lang – wenn sie etwas zu essen haben.

Sie goss den Teig, den sie schon am Vortag angerührt hatte, vorsichtig auf ihren Mogogo. Was für ein Luxus: Meine Großeltern hatten einen Ofen von der Sorte, die von selbst heiß wurde, ohne dass jemand Holz holen oder Holzkohlestückchen herbeischleppen musste. Nicht mal ein Feuer war notwendig, die Hitze floss durch eine Schnur aus dem Wohnzimmer in den Hof. Im Haus kam sie direkt aus der Mauer, ohne dass die sich heiß anfühlte. Meine Oma sagte, dieses Feuer heiße Elektrizität.

Enjera zuzubereiten ist ein kleines Kunststück: Nicht zu dick dürfen die Fladen sein, vielleicht nur so dick wie ein Küchenhandtuch, aber auch nicht zu dünn, sonst reißen sie. Nicht zu frisch darf der Teig sein, sonst riecht er nur nach Mehl, ohne den leicht vergorenen, säuerlichen Nachgeschmack. Irgend etwas muss geschehen, damit sich auf der Oberfläche der Fladen Tausende kleine Blasen bilden, die dann als Krater fest werden, wenn der Teig auf der heißen Platte dampft.

Wie meine Großmutter dieses Handwerk beherrschte! Bewundernd sah ich ihr zu. Ich war damals vier oder fünf Jahre alt und hatte bis dahin immer in Waisenhäusern gelebt. Ich wusste noch nicht, warum das so war, und ich wagte instinktiv nicht, danach zu fragen, weil ich ahnte, dass ich auf Fragen nach meinen Eltern keine schönen Antworten erhalten würde. Zuletzt, in der Zeit, aus der meine meisten Erinnerungen stammten, war ich bei frommen italienischen Nonnen gewesen, und dort hatte ich gegessen wie eine kleine Italienerin: Spaghetti, Käse, Weißbrot und Milch – bis mich meine Tante Mbrat aus dem Heim herausgeholt und zu meiner Familie gebracht hatte. Nun endlich war ich nicht mehr die kleine schwarze Aussätzige unter vielen Weißen, sondern eine kleine Afrikanerin unter andern Afrikanern auch, und ich durfte von meiner Oma lernen, wie die Menschen meines Volkes, die Tigrinya, leben.

Lange hielt es mich aber nicht am Mogogo. Von den leckeren Fladen durfte ich noch nichts essen, bis Oma sie alle fertig hatte und es Zeit war für das gemeinsame Abendessen. Enjera aß man ohnehin kalt, mit heißen Saucen drauf. Also tobte ich meinem Kätzchen hinterher, das genauso wie ich von dem Essensduft angelockt worden war. Mit ein paar Sprüngen rettete sich die Katze in die Baumkrone, die unseren Garten beschattete, doch meine Brüder und Schwestern kamen mir schnell zu Hilfe. Gemeinsam schoben wir ein paar Bretter zu dem Baumstamm hin, und bauten darauf so etwas wie eine menschliche Pyramide, mit mir zuoberst, denn schließlich war das mein Kätzchen; außerdem war ich mit Abstand das kleinste und leichteste von allen Kindern.

Das waren übrigens nicht meine echten Geschwister, sondern die Kinder meiner Onkel und Tanten, von denen einige mit uns im Haus wohnten, andere in der Nachbarschaft. Elf waren wir insgesamt. Mir war nicht ganz klar, wer genau zu wem gehörte, aber alle waren nett zu mir. Alle gehörten zur Familie, und das war das Schönste für mich überhaupt: eine Familie zu haben. Mit Menschen zu leben, die nicht wie die Schwestern im Waisenhaus für alle Kinder zuständig waren, sondern nur für ein paar. Für die Kinder der Familie eben. Für meine Brüder und Schwestern.

Meinem Großvater wurde der Lärm bald zuviel, den wir veranstalteten. Er lag auf einem metallenen Feldbett im Hausschatten, direkt auf den rostigen Federn. Möglicherweise wäre es ihm zu heiß gewesen mit einer Matratze, oder es gab keine für hier draußen.

Also stürmten wir auf die staubige Straße, die bei unserem Haus endete, und über die Wiesen hinter der letzten Häuserzeile der Stadt hinauf in den Wald. Dort war unser Reich. Hier hatten wir unsere Verstecke. Das waren kleine Lehmhöhlen in einem steilen Abhang, der sich hinter den Häusern erhob. Flink wie ein Wiesel kroch ich in die allerkleinste Höhle, die ich mit ein paar Freundinnen selbst gegraben hatte. Der Eingang war so eng, dass die größeren Kinder nicht hineinpassten. Das war gut so, denn ab und zu wollte ich auch alleine sein, nur still dasitzen und aus meinem Loch in den blauen Himmel blinzeln. Ich wollte an nichts denken außer daran, wie schön ich es hatte. Dann begann ich meistens ein Lied zu summen, das ich noch im Heim gelernt hatte. Ob das wohl ein italienisches Kinderlied war?

Sosehr ich mich auch in diese Stimmung hineinträume, es kommt keine Melodie zu mir, kein Text. Ich schwelge in lautloser Erinnerung.

Musikzeit

Während mir meine frühe Kindheit wie ein Stummfilm vorkommt, klingt meine Gegenwart eher wie ein Soundtrack, bei dem die Töne wichtiger sind als die Bilder. Heute dreht sich fast alles in meinem

Leben um meine Musik. Morgens singe ich schon unter der Dusche mein erstes Lied, zum Beispiel etwas von Whitney Houston. »And I … will always love you, oohh … will always love you, my darling you, mmmm-mm …«

Whitney ist die Größte für mich, sie ist meine Heldin. Ihre Musik hat mich schon immer tief bewegt und inspiriert.

Bevor ich mir eine Latte Macchiato zubereite, knipse ich den Computer an, um mir etwas Schönes anzuhören, denn schließlich kann ich nicht den ganzen Tag selbst singen, auch wenn ich oft die größte Lust dazu hätte – das halten selbst die zähesten Stimmbänder nicht aus. Ich horte alle meine eigene Musik auf dem Laptop, meine Lieder, meine Texte, meine fertigen Produktionen. Oft mache ich mich schon mit dem dampfenden Kaffee vor mir an die Arbeit und feile hier ein bisschen an einem Song oder lese mir dort wieder und wieder die letzten Zeilen eines Textes durch, den ich am Vorabend geschrieben habe und an dem mir irgend etwas noch nicht hundertprozentig gefällt. Ich gebe nur Arbeiten von mir zur Veröffentlichung frei, die mir hundertprozentig gefallen, alles andere hat keinen Sinn für mich.

Früher, als ich noch viel zu wenig Ahnung hatte vom Geschäft, ließ ich mir von den Plattenfirmen schon mal in meine Songs oder in meine Auftritte reinreden, weil ich jung und naiv war und dachte, es werde schon etwas Gutes dabei herauskommen. Doch das war nicht immer so. Genaugenommen ist es meistens nicht so, zumindest bei mir nicht. Ich kann nur die Songs singen, hinter denen ich voll und ganz stehe. Ich trete nur mit Liedern auf, mit deren Texten ich mich identifizieren kann, deren Melodien ich körperlich spüre, die in meiner Seele Nachhall finden. Alles andere wirkt bei mir unglaubwürdig. Gekünstelte Sachen nimmt mir kein Mensch ab, ich selbst am allerwenigsten.

Deshalb schreibe ich alle Texte selbst, komponiere alle meine Lieder und arrangiere sie auch gleich. Das ist eine Riesenarbeit, doch mir kommt sie wie ein Kinderspiel vor. Was für ein Luxus: Ich kann den ganzen Tag in einem mollig warmen Studio sitzen, alleine oder zusammen mit meinen Musikern, und Dinge ausprobieren, die mir Spaß machen. Ich bin niemandem Rechenschaft schuldig, ich bekomme etwas zu trinken, wenn ich durstig bin, gehe in die Kantine, wenn ich hungrig bin, und am Abend wartet ein frischgemachtes Bett im Hotelzimmer auf mich. Ist das nicht paradiesisch?

Ich glaube, die meisten Künstler oder sonstwie kreative Menschen, die in solchen Verhältnissen leben, sind sich gar nicht bewusst, wie gut es ihnen geht. Sie machen sich Sorgen, ob ihre Produktionen ein Publikum finden, ob ihre Karriere Fortschritte macht oder ob ihr Bankkonto gut genug gefüllt ist. Das sind natürlich Dinge, die auch mir nicht gleichgültig sind, aber sie bedeuten mir nicht die Welt. Ich bin vermutlich für den Rest meines Lebens so stark durch die Erfahrungen meiner Vergangenheit geprägt, dass ich es nicht als selbstverständlich empfinde, wenn ich zu essen habe. Wenn ich trinken kann. Wenn mich niemand zu Dingen zwingt, die ich nicht tun will.

Für mich ist es keine Selbstverständlichkeit, dass ich in Freiheit lebe, für mich ist das eine Gnade, die ich täglich neu empfinde, eine göttliche Gnade, die reale Wurzeln hat – in dem Gesellschaftssystem, das die Menschen in Deutschland aufgebaut haben und das ich dank einiger glücklicher Umstände, die der Allmächtige in meine verschlungene Biographie hineingeschmuggelt hat, mitgestalten darf.

Liebeszeit

Von dem Moment an, als meine musikalische Karriere in Gang kam, verfügte ich nicht nur dem Anschein nach über alle Zutaten des Glücks, ich war in der Tat glücklich, auch wenn meinem Glück immer schon etwas fehlte. Das lag nicht an meinen Ängsten vor der Dunkelheit, vor der Enge, dem Ausgeliefertsein – die kann ich immer besser im Zaum halten, wenn ich Situationen vermeide, die solche Gefühle heraufbeschwören. Nein, es lag an etwas anderem, an meiner ungestillten Sehnsucht.

Diese Sehnsucht flackerte in Momenten auf, die ich nicht unter Kontrolle hatte. Sie geisterte durch mein Unterbewusstsein, wenn ich von meiner täglichen Routine abschweifte. Zum Beispiel in Augenblicken, in denen ich unvorsichtigerweise die Gedanken von der Leine ließ. In der Wartepause zwischen zwei Interviews, auf dem Weg vom Studio nach Hause. In der U-Bahn, wenn ich nicht wusste, ob ich auf die schwarzen Scheiben des Waggons oder in die müden Gesichter der Menschen blicken sollte. Wenn mich mein Steuerberater mit Zahlen volldröhnte, die ich nicht deuten konnte oder wollte.

In solchen Momenten entglitt mir der Alltag mit all seinen Gewissheiten. Dann schweiften meine Gedanken ab, und ehe ich michs versah, fand ich mich unvermutet im Schatten eines Baobab-Baumes wieder, auf der Rast nach einem langen, vor Hitze dröhnenden Marsch, als ich die Füße aus den Gummilatschen zog und sie in rieselndem Sand scharren ließ. Oder ich befand mich plötzlich im Garten meiner Großmutter, bei den anderen Kindern, die unter dem Vordach des Hauses mit Bällen spielten, die sie sich mit alten Schnüren ans Handgelenk gebunden hatten, damit sie sie nicht verloren. Oder mein Bewusstsein unternahm eine Reise nach Khartum, wo es sich im Haus meines Onkels Haile niederließ, um dort zusammen mit meinen Schwestern Yaldiyan und Tzegehana vor einem alten Radioapparat begeistert arabischer Popmusik zu lauschen.

In solchen Momenten wusste ich, dass mir etwas fehlte zum großen Glück: die Liebe. Nicht die Liebe zu einem bestimmten Menschen, nicht die zu einem Liebhaber, sondern das Gefühl als solches. Die Liebe als das große Halszuschnüren. Als die Erhabenheit über das Normale. Die Liebe als die Kraft, die ein Leben zusammenhält.

Es ist kein Zufall, dass fast alle meine Lieder von der Liebe handeln. Sie ist nun mal das universellste Gefühl des Menschen, die wichtigste Regung, wenn Hunger und Durst gestillt sind. Liebe ist das, was alles andere am Laufen hält. Ein Stoff, von dem ich damals in Deutschland zu wenig bekam. Beziehungen hatte ich durchaus – auch wenn nicht die endgültige, die richtige dabei war –, aber denen fehlte immer der entscheidende Kick. Die Sehnsucht, die größer war als der Moment. Das Ding, das mich in den Himmel getragen hätte. Die Liebe eben.

Mitunter saß ich in meinem Zimmer und dachte über diesen Mangel nach. Ja, sicher, gerne hätte ich einen neuen Partner gehabt, mit dem ich mein Leben teilen könnte, denn manchmal fühlte ich mich sehr einsam. Manchmal wollte ich einfach nur, dass jemand seine Arme um mich legte, wollte vertrauen, tief durchatmen – doch darin lag nicht die ganze Geschichte, das ahnte ich schon.

Denn jedesmal, wenn mir solche Gedanken durch den Kopf gingen, tauchten auf meiner inneren Leinwand ganz bestimmte Bilder auf. Dann sah ich schwarze Gesichter, schwarze Arme, krause Locken. Ich sah volle Lippen mit großen, weißen Zähnen dahinter, dunkle Konturen, hinter denen viel Licht war. Gleißende Sonne, flirrende Hitze, graue Steine, einen stahlblauen Himmel. Ich sah Afrika.

Mit einem Schlag erwachte ich aus meinem vorabendlichen Dämmerzustand und setzte mich senkrecht auf. Ich sprang von meinem Futon, riss das Fenster auf und ließ die kühle Berliner Herbstluft ins Zimmer strömen, um mich wach zu machen. Dabei war das eigentlich gar nicht mehr notwendig, denn hellwach war ich sowieso. In meinem Kopf hatte sich ein sehr wacher, klarer Gedanke eingenistet: Ich muss zurück nach Afrika. Ich will wissen, was es mit diesem Kontinent und mir auf sich hat. Ich will diese unendliche Wärme spüren, die von ihm ausging. Diese Wärme, die nicht von einigen flüchtigen Sommertagen herrührt, denen stets ein paar kühle Regentage folgen, sondern eine Wärme, die tiefer geht. Bis weit in den Boden hinein, bis in den letzten Winkel eines jedes Hauses und tief in die Seelen aller Menschen. Vielleicht wartete in Afrika ein Stück dieses großen Gefühls auf mich, nach dem ich suchte.

Reisen

Ein breiter Strom afrikanischer Bilder zog vor meinem inneren Auge vorbei, als ich den Gedanken an eine Reise nach Afrika vor meinem inneren Obersten Gerichtshof einmal zugelassen hatte. Die Ansichten sonnendurchglühter Straßen, lachender Gesichter und von einer sanften Brise bewegter Palmen setzten sich in mir fest und beherrschten nicht nur meine Träume, sondern auch meinen Alltag. Mitten im Gespräch mit einem Mitarbeiter der Plattenfirma fand ich mich in der Wüste wieder, schnatternd vor Kälte, auf den erlösenden Sonnenaufgang wartend. Während ich mir auf dem Elektroherd eine Portion Spaghetti zubereitete, ertappte ich mich dabei, dass ich mich plötzlich bückte, um nach dem Feuer unter dem Herd zu sehen. Nach und nach kamen mir Liedzeilen in den Sinn, die mir selbst nur halb verständlich waren, weil es arabische Texte waren. Und so murmelte ich auf einmal Worte in einer Sprache, die ich früher ein wenig beherrscht hatte, heute aber kaum noch verstand – kein Wunder, hatte ich doch in den letzten beiden Jahrzehnten kaum noch ein arabisches Wort gehört.

In mir entwickelte sich aber nicht nur eine immer stärkere Sehnsucht nach Afrika, sondern auch eine unbändige Lust zu reisen. Ich war zu dieser Zeit zwar viel unterwegs, doch es war nicht die Art des Reisens, nach der ich mich sehnte. Damals arbeitete ich an meinem Buch *Feuerherz* und an meiner Musik. Ich musste immer wieder ins Studio nach Bremerhaven, zu meiner damaligen Plattenfirma nach Hamburg und zum Verlag nach München. Ich war zu Interviews in Köln, in Frankfurt und wieder in München oder Hamburg. Ich trat für »Menschen für Menschen«, die UNICEF und andere Organisationen auf, die sich um die Rechte von Kindern kümmerten oder sich gegen den Einsatz von Kindersoldaten stark machten.

Doch ich mochte es nicht besonders, in vollklimatisierten ICEs die Landschaft wie einen Stummfilm an mir vorbeiflitzen zu lassen – lautlos, geruchlos und so schnell, dass sich kein Bild in meinem Herzen einnisten konnte. Ich roch kein Herbstlaub, schmeckte keinen Regentropfen, sah niemanden einem Zug hinterherwinken und wusste manchmal nicht, in welcher Stadt ich aufwachte. Ich fand es nicht aufregend, am Morgen im Flughafen Tegel zusammen mit hundertfünfzig schlechtgelaunten Anzugträgern und fünfzig zugeknöpften Ladys im Business-Kostüm auf die Maschine nach Frankfurt zu warten. Mir gefiel es nicht, meine Tage auf die Sekunde genau durchzuplanen: 6.30 Uhr aufstehen, 7.30 Uhr Taxi rufen, 8.30 Uhr Abflug, 9.45 Uhr S-Bahn, 10.30 Uhr Interview, 12.15 Uhr Lunch mit Sowieso, 15.00 Uhr Taxi ... Das war nicht die Art von Reisen, wie ich sie von meiner Kindheit her kannte.

Die größte Reise aus jener Zeit hatte mich mit meinen Großeltern zu meiner Taufe nach Jerusalem geführt. Meine Großeltern waren sehr gläubige Menschen, sie beteten äthiopisch-orthodox wie die meisten Eritreer in Asmara und im angrenzenden Hochland. Viele Menschen nennen diese Religion auch »koptisch«, doch Mitte des zwanzigsten Jahrhunderts hatte sich die äthiopische Kirche von den ägyptischen Kopten abgespalten und selbständig gemacht. Viele meiner deutschen Freunde wissen nicht, dass die christliche Kirche in Äthiopien oder Eritrea sehr alt ist, viel älter als die Kirche in Deutschland. Bereits im dritten oder vierten Jahrhundert wurden die Lehren Jesu von Kaufleuten in das damalige Königreich Axum gebracht und konnten sich am Horn von Afrika ausbreiten – die alten Germanen hatten damals noch nicht die geringste Ahnung von Jesus und dem Glauben der Christenheit.

Doch meine Großeltern wussten, was sie ihrem Gott schuldig waren. Also reisten sie mit mir an den Ursprungsort unseres Glaubens, und das war bei Gott dem Allmächtigen keine ICE-Fahrt: Wir saßen tagelang in vollgepferchten Bussen, verbrachten einige Tage auf Deck eines Schiffes, das uns über das Rote Meer trug, und gingen viele Kilometer zu Fuß, weil die Busse damals nicht in die Jerusalemer Altstadt fuhren. Es war eine beschwerliche Reise, in brütender Hitze, unter knallender Sonne und auch in eiskalter Nacht. Es hatte etwas vom Auszug der Juden aus dem Gelobten Land; die waren zwar nicht mit Bussen unterwegs, aber ich glaube, viel leichter als sie hatten wir es auch nicht.

Dennoch liebte ich diese Art zu reisen auf Anhieb: Das untätige

Hinausstarren auf die langsam vorüberziehende Wüste, die von leichter Übelkeit begleitete Fahrt über die unendliche Wasserfläche. Obwohl jeder ein Ziel hatte, eine Aufgabe oder eine am Bestimmungsort wartende Familie, obwohl es also jeder ein bisschen eilig hatte, trat niemals Hektik auf. Es herrschte nicht die geringste Unruhe, ich habe weder Rempeleien, Gedränge noch Kämpfe um einen Sitzplatz in Erinnerung. Wenn jemand aussteigen wollte, hielt der Bus an. Wenn der Fahrer jemanden vom Straßenrand her winken sah, bremste er, um ihn als neuen Passagier mitzunehmen. Wenn ein paar Fahrgäste hungrig waren, wurde Halt gemacht, um zu rasten, und wenn Passagiere ihre Notdurft verrichteten, wartete der Fahrer so lange, bis alle wieder an Bord waren.

Klar, dass man so nicht auf die Minute pünktlich ankam, doch es hatte sowieso niemand eine Uhr, um die Minuten zu zählen. Wichtig war nur, dass man am richtigen Tag ankam, um tags darauf das Schiff zur Fortsetzung der Reise zu erreichen. Das war eine Art der Fortbewegung, die im Einklang mit der Natur stand, vor allem mit der Natur des Menschen. Nach dieser Art des Reisens hatte ich Sehnsucht.

Heimat

Meine afrikanischen Schwärmereien hatten reichlich frische Nahrung erhalten, als ich meine Lebensgeschichte zu schreiben begann. Dabei entwickelte ich eine Methode, vor dem inneren Auge Bilder aus meinem Geburtsland erstehen zu lassen, die sich erst langsam und rukkelnd, wie ein schadhaftes Video, in Bewegung setzten, aber schon nach wenigen Tagen und Wochen des Schreibens immer besser laufen lernten, bis sie sich in einen dichten bunten oder schwarzweißen Film verwandelten, den ich nur noch abzuschreiben brauchte.

Doch nun wollte ich wissen, wie sich diese Bilder mit dem wirklichen Leben im heutigen Afrika vertrugen. Würden die neuen Bilder die alten überlagern, wegwischen, besiegen? Oder vielleicht gar umgekehrt?

Ich wollte wissen, was aus meinen Leuten geworden war, die ich in Eritrea zurücklassen musste, als Onkel Haile mir und Tzegehana und Yaldiyan zur Flucht aus einem Lager der ELF verhalf. Uns hätte es den sicheren Tod gebracht, wenn wir bei dieser Rebellenarmee geblieben wären. Zwar war die Unabhängigkeitsbewegung 1993, zehn Jahre nach unserer Flucht, erfolgreich und konnte einen eigenen eritreischen Staat ausrufen, aber unser Vater hatte uns in die falsche Kämpfertruppe gesteckt: Wenige Monate, nachdem uns der Bruder meines Vaters nach Khartum in Sicherheit gebracht hatte, wurden die kümmerlichen Reste der ELF zwischen äthiopischen Regierungstruppen und der letztlich siegreichen EPLF zerrieben, deren Leute bis heute die eritreische Regierung stellen.

Der erste Teil meiner Reise war eine Fahrt mit der Berliner U-Bahn hinaus nach Pankow, in das ehemalige Botschaftsviertel Ostberlins. Dort stehen ein paar graue Betonkästen, in denen heute noch die Vertreter jener Länder residieren, die es sich nicht leisten können, in die westliche Diplomatengegenden am Tiergarten und im Grunewald umzuziehen. Es sind die Botschafter der ärmsten Länder der Welt, von denen Eritrea wiederum eines der ärmsten sein dürfte.

Wenigstens in Pankow fällt mein Land nicht aus der Reihe, dachte ich, während ich an der Reihe der wie von der Geschichte vergessenen Botschaften entlangging. Das ausgefallene Wappen Eritreas mit dem Kamel darauf passte gut zu den Wappen von Ländern wie Moldawien, Bosnien und Ghana, die auch niemand kennt, den keine spezielle Geschichte damit verbindet.

»Mein Land?« – Noch während ich den Türdrücker am rostigen Gartentor betätigte, kam mir mein eigener Ausdruck völlig lächerlich vor. Eritrea, mein Land?

Klar fühlte ich mich diesem kleinen Land am Horn von Afrika verbunden, weil ich dort geboren sein soll, weil ich dort die ersten Jahre meines Lebens verbrachte, weil mein Vater von dort stammt. Weil ich Tigrinya, die Sprache des gleichnamigen Volksstammes, beherrsche, die Sprache der Kebessa, des eritreisch-äthiopischen Hochlands, die zugleich die wichtigste Sprache Eritreas ist. Weil das meine Heimat ist – aber gehört es zu einer Heimat, für deren Freiheit, was immer das sein mag, zu sterben? Gehört es dazu, für die Freiheit seiner Heimat als Kind an die Front geschickt zu werden statt in die Schule? Gehört es dazu, sie ohne Nahrung, ohne Wasservorräte und ohne Schuhwerk, dafür aber mit einer Kalaschnikow in der Hand gegen Eindringlinge zu verteidigen, die dieselbe Sprache sprechen, die genauso aussehen, zum selben Volk gehören und nur nicht demselben politischen Führer folgen?

Als ich dieses Schulkind ohne Schule, aber mit der Waffe in der Hand war, das seine Heimat verteidigen sollte, hat niemand mich gefragt, ob ich das für richtig hielt. Da werde ich heute ja wohl meinen Heimatbegriff hinterfragen dürfen, dachte ich, als endlich jemand den Summer betätigte, um mich in den Vorgarten der Eritreischen Botschaft zu Berlin einzulassen.

Botschaften

Mein Wunsch, nach Afrika zu reisen, bereitete mir nicht nur Genugtuung, sondern auch Bauchweh – ich wusste nicht, was auf mich zukommen würde. Was um Himmels willen hatte mich dazu getrieben, zum Schauplatz des Infernos meiner Kindheit zurückzukehren? Doch für derlei trübe Gedanken war es jetzt zu spät. Die Tür des Plattenbaus schloss sich hinter mir, und ich fühlte mich, als wäre ich bereits in Afrika angekommen: Hier waren alle schwarz, alle hatten dieselben hohen Wangenknochen und leicht gekräuselten schwarzen Haare wie ich, und alle sprachen Tigrinya, eine Sprache, die man in Berlin sonst nur von Kellnern in eritreischen Restaurants oder von Studenten in afrikanischen Kulturklubs hört.

Ob sie mich hier wohl verhaften, foltern oder verhören würden, weil ich früher für die ELF gekämpft hatte, den Hauptgegner der jetzt in Eritrea und wohl auch in dieser Botschaft herrschenden EPLF? Ich fürchtete schon wieder das Schlimmste, als mich ein Angestellter anlachte, wie das nur Afrikaner können: mit dem Mund, mit den Zähnen, den Augen und der Nase und mit den Ohren auch noch. Da lächelt das ganze Gesicht, auch wenn es nur um eine simple Frage ging: »Womit kann ich dir helfen?«

Ich atmete tief ein. Ruhig, Senait, ganz ruhig, strömte es durch mich hindurch, alles ist gut. Du bist angekommen.

Ich schob meine Bedenken in einen besonders entlegenen Winkel meines Bewusstseins und lächelte zurück. Dann musste ich erst mal erzählen, wer ich war, warum ich nach Eritrea reisen und wen ich dort besuchen wollte: meine Großtante, meine Cousins und Cousinen, und vielleicht die Nonnen, bei denen ich im Heim aufgewachsen war. Ich erzählte das nicht, weil es eine rechtliche Verpflichtung dazu gab, sondern weil ich Lust hatte – und weil ich spürte, dass der Mann aus der Visaabteilung zu neugierig war, um mich ohne eine Antwort auf diese brennende Frage ziehen zu lassen. So ist das bei uns in Afrika: Die Menschen sind schrecklich neugierig und haben große Lust auf Geschichten. Wenn sie eine gute Story kriegen können, lassen sie meist alles liegen und stehen, um sie bis zu Ende zu hören.

»Bei uns in Afrika« – was war mit mir los? Eben noch hatte ich mich für eine Deutsche gehalten. Mein Gott, wohin wird mich diese Reise führen?

Die nächste Botschaft, die Äthiopische, liegt in einem edlen Villenbezirk am anderen Ende der Stadt, ganz in der Nähe des Schlossparks Lichterfelde. Dort waren die Leute zwar auch sehr freundlich, aber trotzdem war mir bald zum Heulen zumute. Die Beamtin hinter der schussfesten Sicherheitsglasscheibe wollte mir kein Visum geben, weil in meinem deutschen Pass Asmara als Geburtsort eingetragen stand, die eritreische Hauptstadt. Die Frau hinter dem Schalter sah sich lächelnd meinen Tränenausbruch an, um mir dann voller Verständnis zu sagen, dass ihr das alles sehr leid tue, aber sie könnten hier keine Visa an Ausländer ausstellen, die in Eritrea geboren seien.

Mit Schrecken wurde mir klar, dass ich also nicht die letzte Wohnstätte meiner Mutter und die Reste von deren Familie in Addis Abeba besuchen könnte. Mindestens genauso traurig machte mich das würgende Gefühl meiner Kindheit, das plötzlich wieder da war. Das Gefühl, wie ein Bastard behandelt zu werden, eine unglückselige Mischung aus einem eritreischen Vater und einer äthiopischen Mutter zu sein. Mama war mir in meiner Kindheit in Eritrea mehr oder minder offen immer als Makel vorgehalten worden – genauso wie mir der eritreische Vater im Weg stand, als ich als Teenager Äthiopien besucht hatte.

Fühlte ich mich schon als Kind zwischen den beiden bis aufs Blut verfeindeten Identitäten hin und her gestoßen, so spürte ich jetzt einmal mehr am eigenen Leib, dass der Wahnsinn, der über dreißig Jahre lang zwischen Äthiopien und Eritrea getobt hatte, immer noch nicht der Vergangenheit angehörte. Gegenüber dieser Frau hinter ihrer Glasscheibe halfen keine wortreichen Verurteilungen des Krieges zwischen den beiden Ländern, es fruchtete kein Hinweis auf meine äthiopische Mutter, kein Bestehen darauf, dass »Senait« ein äthiopischer Name ist, kein Beharren auf der Tatsache, dass Asmara zum Zeitpunkt meiner Geburt eine äthiopische Provinzstadt war – sie verstand das zwar alles, doch es nützte mir nichts, weil sie, wie die meisten Beamten, nicht nach dem Sinn einer Sache entscheiden konnte, sondern bloß nach den Buchstaben ihrer Vorschriften.

Trotzdem lächelte sie freundlich. »Es ist uns verboten«, sagte sie, »wir dürfen es nicht tun.«

»Gibt es denn sonst keine Möglichkeit?« flehte ich sie an – zumindest kam es mir wie ein Flehen vor, auch wenn es für sie vielleicht wie ein ungeduldiges Beharren klang.

Sie könne meinen Visumantrag ans Ministerium nach Addis Abeba senden, per Post, und dort müsse überprüft werden, ob solche Leute wie ich okay seien, meinte sie.

Das war keine Antwort, die mich milder stimmte: »Solche Leute wie ich? Wer sollte das sein?«

»Es geht darum, festzustellen, ob ein Antragsteller gegen Äthiopien gekämpft hat.«

Nun wusste ich nicht weiter. Sollte ich ihr erklären, dass ich mich als achtjähriges Mädchen in der Wüstensteppe von Gesh Berka vor äthiopischen Kugeln ducken musste? Dass ich Feuerholz für eritreische Rebellen gesammelt hatte? Dass ich versuchen musste, mit einer Kalaschnikow zu schießen, was mir glücklicherweise nicht gelang, weil mich der Rückstoß jedesmal umschmiss? Sollte ich sie fragen, ob ich deswegen ein Vierteljahrhundert später, als erwachsene Frau, nun eine äthiopische Staatsfeindin war?

Während ich noch überlegte, was ich tun konnte, setzte die Beamtin, die meine Unsicherheit sah, hinzu: »Diese Überprüfung dauert lange, mindestens zwei Monate.«

Eine andere Beamtin hinter der Scheibe winkte ab. Sie habe es eben mit einem Fall zu tun gehabt, der schon viel länger als zwei Monate auf sein Visum warte, aber es sei noch keine Antwort aus Äthiopien in Sicht. Natürlich wollte sich keine der beiden Frauen die Mühe machen, sinnlose Formulare auszufüllen, umständliche Anschreiben aufzusetzen oder lange Briefe zu versenden, also blieb mir wohl nichts anderes übrig, als wieder nach Hause zu gehen.

Hier gab es keine Chance für mich, daran änderten auch meine Tränen nichts. Mich bedrückte weniger die Sorge wegen meiner Reise als vielmehr das Gefühl der Ohnmacht.

»Die Aussöhnung kann noch lange Zeit dauern«, sagte die Frau hinter der Scheibe und machte damit klar, dass ich darauf nicht zu warten brauchte. Wahrscheinlich würden sie noch nicht einmal meine Enkelkinder mehr erleben.

Natürlich könnte ich auch direkt in Addis am Flughafen ein Visum beantragen, fügte die Frau plötzlich in einem Anfall von praktischem Denken hinzu, sie habe schon davon gehört, dass Leute auf diese Weise ins Land gekommen seien, wenn auch jeweils nur für ein paar Tage. Ich horchte auf.

»Höchstens für ein paar Tage«, schob die Beamtin nach, »manchmal auch nur für ein paar Stunden.« In diesen Fällen würden die Grenzer den Pass im Flughafen behalten. Manchmal funktioniere das aber auch nicht. Niemand wisse das im voraus, niemand kenne die Bestimmungen. Vielleicht gebe es für diese Fälle gar keine Bestimmungen, vielleicht sei das reine Ermessenssache der Grenzer. Oder eine Frage der Höhe der Bestechung – aber das sagte sie natürlich nicht dazu. Wahrscheinlich hing die Entscheidung auch von der Tagesverfassung eines Uniformträgers ab und war damit eine sehr afrikanische Lösung des Visumproblems. Ich sollte die Sache einfach auf mich zukommen lassen, denn vorher könne ohnehin niemand sagen, was in Addis passieren würde.

Aber die Botschaft wäre nicht ein Stück Afrika mitten in Berlin, wenn sich nicht doch plötzlich ein Wunder aufgetan hätte, wenn auch nur ein kleines.

»Es gibt noch eine Möglichkeit«, sagte die Frau, »kennst du jemanden in Äthiopien, der dich einladen könnte? Hast du dort Verwandte?«

Es war ein Miniwunder, aber mir nutzte es wenig, denn meine Mutter war längst tot, und meine Verwandten dort würde ich zwar gerne kennenlernen, doch genau deshalb wollte ich ja hinfahren. Ich wusste nur von einem angeblichen Bruder, von dem ich nicht mehr kannte als einen Namen, eine Adresse und ein verschwommenes, uraltes Schwarzweißfoto, das mir das äthiopische Rote Kreuz gesandt hatte. Ich wusste noch nicht mal, ob das wirklich mein Bruder war oder nur einer der zahllosen Afrikaner, die nach jedem Strohhalm griffen, um einen Kontakt in die goldene Erste Welt zu bekommen. Nein, dieser Bruder würde sicher keiner Nachforschung des Außenministeriums standhalten.

Die Beamtin verschwand im Nebenzimmer, und ich begann hilflos auf meinem Handy herumzutippen. Mich quälte das Gefühl, sofort jemanden anrufen zu müssen, obwohl ich nicht wusste, wen und warum. Ich tippte immer noch – vielleicht auch, um den Anschein zu erwecken, irgend etwas Sinnvolles zu tun, oder um meine Fassungslosigkeit zu verbergen –, als die Beamtin schon wieder zurückkam. Mit einem breiten Lächeln sagte sie: »Es gibt noch eine Möglichkeit, ich habe mich informiert.«

Also doch ein afrikanisches Wunder, mitten in Berlin-Lichterfelde?

»Das ist extra für solche Fälle wie dich eingerichtet«, sagte sie siegesgewiss und griff in ein Regal mit Dutzenden verschiedener Formulare, um sich ein paar daraus zu angeln. Sie erzählte von einem äthiopischen Ausweis für »Halbäthiopier«, mit dem man mühelos ein Visum bekommen könne. Den könne sie hier an der Botschaft ausstellen, ganz einfach, nur ein paar Formulare.

Und der Haken daran?

Jetzt lächelte die Frau unsicher. »Na ja, er ist ziemlich teuer.«

Kurzes Schweigen.

»Aber du kannst es in zwei Raten bezahlen. Oder sogar in mehreren Raten.«

Bis sie endlich damit herausrückte – der Ausweis kostete über fünfhundert Euro. Sie wollten mich nicht in mein Land hineinlassen, weil der falsche Geburtsort im Pass stand, aber wenn ich ihnen fünfhundert Euro gäbe, sollte die Sache gegessen sein?

»Oh, es gibt noch eine Möglichkeit«, sagt die Frau hinter dem Schalter rasch, als sie merkte, dass ich mit dieser gekauften Unschuld nicht so glücklich war.

Langsam kam ich mir wie auf dem Basar vor – alle zwei Minuten ein neues Sonderangebot.

»Gibt es hier in Deutschland Leute, die wissen, dass deine Mutter Äthiopierin war?«

Eine Hoffnung? »Natürlich!«

»Und sind das auch Äthiopier?«

Ich bejahte, aber der Haken kam sicher umgehend. Da war er auch schon: »Haben sie einen äthiopischen Pass?«

»Aber sicher«, sagte ich, einfach nur so, um der Frau hinter der Scheibe keinen Triumph zu gönnen.

Sie erklärte mir dann, dass drei dieser Leute auf einem Formular bestätigen müssten, dass meine Mama Äthiopierin war, und wohin meine Zeugen die Kopien ihrer Pässe schicken sollten, doch die Sache war völlig illusorisch: Fast alle Äthiopier und Eritreer, die ich in Deutschland kannte, alle Bekannten und Verwandten, die auch meine Familie kannten, lebten schon lange in Deutschland und hatten längst deutsche Pässe – anders durften sie ja gar nicht hier im Lande bleiben. Es war also eine ziemlich unmögliche Forderung, drei Leute zu finden, die meine alten Familienverhältnisse kannten, Äthiopier waren, in Deutschland lebten und mit einem äthiopischen Pass winken konnten.

Resigniert steckte ich den Stapel Formulare, den mir die Frau überreichte, in die Tasche und stolperte wieder raus aus Afrika, auf die dunkle, gasbeleuchtete Nebenstraße in Lichterfelde. Es war also doch kein Wunder passiert, statt dessen hatte ich eine Gefühlsdusche aus meiner Heimat verabreicht bekommen: diese Hilflosigkeit gegenüber nationalistischem Hass! Die Unmöglichkeit, gegen sture Bürokraten durchzukommen, vermischt mit dem Beharren auf alten, schier unumstößlichen Vorurteilen …

Wie flott dagegen der vielgescholtene deutsche Amtsschimmel trabt! So war ich erst zwei Tage vor meiner Botschaftstour im Einwohnermeldeamt gewesen, um mir einen zweiten deutschen Reisepass ausstellen zu lassen, einen offiziell erhältlichen Reservepass, weil ich einiges von dem Ärger schon vorausgesehen hatte und wusste, dass die Äthiopier mich nicht in ihr Land hineinlassen würden, sobald sie einen eritreischen Einreisestempel in meinem Pass sahen – und umgekehrt. Dass nicht nur ein falscher Stempel meine Einreise verhindern könnte, sondern sogar ein »falscher« Geburtsort, hatte ich freilich nicht geahnt.

Zwar hatte mir auch auf dem Einwohnermeldeamt eine von den alten, verkniffenen Ladys dort Schwierigkeiten machen wollen und gemeint, so schnell, wie ich den Pass haben wollte, ginge das nicht, das »dauert Wochen«. Ich glaube, das kam einfach nur so über sie, weil sie keine junge schwarze Tussi bedienen wollte. Ihr war deutlich anzusehen, dass ihr das stank. Doch ich ließ nicht locker, weil ich wusste, dass das Ausstellen eines Passes normalerweise viel schneller ging, und verlangte nach ihrem Vorgesetzten.

Das brachte die Frau erst recht auf die Palme: »Der wird Ihnen dasselbe erzählen«, fauchte sie mich an, »da ist nichts zu machen!«

Doch es kam anders. Sie konnte nicht anders, als mich zu ihrem Boss zu führen. Nachdem ich eine Minute mit ihm gesprochen hatte, war die Sache gegessen, einen Tag später konnte ich den neuen Pass abholen.

Darin besteht der Unterschied zwischen der deutschen und der afrikanischen Bürokratie: Schlechtgelaunte Papiertiger gibt es überall, doch in Deutschland kann man sich gegen sie wehren. Wenn man aber in einer afrikanischen Behörde eine Beschwerde loswerden will, kann man genausogut gegen die Wand sprechen.

Vorbereitungen

Auch wenn Äthiopien fürs erste gestrichen war, Eritrea stand mir offen. Jetzt musste ich nur noch allen Mut aufbringen, um auch loszufahren. Mein Mut jedoch schien rapide zu schrumpfen, je näher das Abreisedatum heranrückte. Um mir selbst zu verdeutlichen, wie weit meine Reisevorbereitungen vorangeschritten waren, legte ich eines Abends alles, was ich zusammengetragen hatte, vor mir auf den Tisch: Mein Ticket. Den Pass mit dem Kamelstempel drin, der mein eritreisches Visum bezeichnete. Den brandneuen Impfpass, in dem ich im Tropeninstitut gleich ein paar Stempel gesammelt hatte – Polio, Diphtherie, Tetanus, Keuchhusten, Hepatitis A, Typhus, Gelbfieber. Ein paar Tage lang hatte ich kaum meine Arme heben können vor Einstichen und Schwellungen, und ein schwummriges Gefühl war durch meinen Körper gewabert, der vollgepumpt war mit den erlesensten Impfstoffen, die auf dem Pharmamarkt zu haben waren.

Dass ich mich auf meiner Reise mit Medikamenten schützte, von denen Afrikaner nur träumen können, weil sie sie sich nicht leisten können, fand ich nahezu pervers. Ist es nicht widersinnig, dass die Menschen, die ihr ganzes Leben lang tropischen Krankheitserregern ausgesetzt sind, meist nichts tun können, um sich dagegen zu schützen, während wir reichen Europäer uns mit allen erdenklichen Mittelchen vollstopfen, auch wenn wir uns nur ein paar Tage oder Wochen in Afrika aufhalten? Ich hatte damals in Eritrea ohne jede medizinische Betreuung gelebt – und zwar nicht in klimatisierten, sauberen Hotelzimmern, sondern wie die allermeisten anderen Menschen auch in Häusern, die in Europa bestenfalls als Garagen durchgehen würden, voller Ungeziefer, Mücken und kleinen Krabbeltierchen. Ich hatte im Freien übernachtet, in Zelten, in notdürftigen Quartieren, und keiner von uns hatte Moskitonetze, Anti-Mücken-Sprays oder gegen Insekten imprägnierte Kleidung dabei – ich glaube, niemand von uns wusste damals, dass es solche Dinge überhaupt gibt.

All das lag jetzt vor mir auf dem Tisch: No-Bite-Spray, Autan-Lotion, Malaria-Prophylaxe, falls ich auch in die malariaverseuchte westliche Tiefebene Eritreas reisen sollte, Pillen gegen Übelkeit und gegen

Durchfall, Aspirin und sogar Wasserdesinfektionstabletten. Das war zwar eine ansehnliche Kollektion, auf die jede afrikanische Apotheke stolz gewesen wäre, aber im Kampf gegen die Schatten meiner Vergangenheit, im Kampf gegen meine Unsicherheit und im Kampf gegen mein Gefühl der Zerrissenheit zwischen den beiden Kulturen waren das bestenfalls Placebos.

In Afrika musste ich keine Raubüberfälle, Diebstähle oder Entführungen fürchten, niemand würde mir nach Leib und Leben trachten, mir drohten keine Seuchen, keine wilden Tiere und auch keine Menschenfresser. Ich fürchtete mich nur davor, von meiner Familie abgelehnt zu werden, und das kam mir gefährlicher vor als jeder Buschräuber, Löwe oder Alligator. Was, wenn meine Großtante beleidigt wäre, weil ich mich so lange nicht gemeldet hatte? Was, wenn meine Stiefmutter Abrehet, die Mutter von Yaldiyan und Tzegehana, mich nicht empfangen wollte, weil sie von ihren Töchtern die fürchterlichsten Dinge über mich gehört hatte? Was, wenn sie mir den Zugang zu all den Verwandten, die ich noch kennenlernen wollte, verweigerte?

Wenn ich mir ausmalte, was alles passieren konnte, krampfte sich mein Bauch so zusammen, dass ich Lust hatte, die Packung mit den Magentabletten anzubrechen. Ich hatte sie schon in der Hand, als mir eine innere Stimme befahl, die Dinger wieder zum Reisegepäck zurückzustecken. Oh, könnte ich nur den inneren Teufel, der mich ständig belagert, zum Schweigen bringen!

Als mich am Abend vor der Abreise meine Bedenken, Angstphantasien und üblen Ahnungen fast schon an den Rand einer Krise gebracht hatten, beschloss ich gegenzusteuern. Ich lud ein paar Freunde in ein eritreisches Restaurant bei mir in der Nähe ein, um meinen Abschied zu feiern. Die Geschichten der anderen lenkten mich von meiner eigenen Geschichte ab, die Enjera schmeckte fast schon so gut, wie sie mir am nächsten Abend in Asmara schmecken würde, und Eritreer sowie Äthiopier unter meinen Gästen waren gerührt von dem Gedanken, dass ich in wenigen Stunden im Flugzeug nach Afrika sitzen sollte. Keiner meiner Freunde glaubte, dass ich etwas Negatives von meinen Verwandten zu erwarten hätte, jeder meinte, dass sich meine Leute gewaltig freuen würden, mich zu sehen, auch wenn sie schon lange keine Nachricht mehr von mir bekommen hatten.

Angesichts von so vielen guten Worten nahmen meine Bedenken ab. Wir prosteten uns reichlich mit äthiopischem Met zu, und spät abends fand ich einen kurzen, fast traumlosen Schlaf, bis mich der Wecker ins Hier und Jetzt zurückholte: Zeit für Afrika!

Eritrea

Der Frankfurter Flughafen hatte mir immer schon Angst eingejagt. Hier hasten zu viele Menschen über die Gänge, hier leuchten zu viele Hinweistafeln, hier bekomme ich zu wenig Luft. Zwischen zwei Flügen muss man dort jedesmal durch kilometerlange Terminals pflügen und in Hunderttausende Gesichter sehen. In diesen auf mich so bedrohlich wirkenden Gängen frage ich mich stets, wieso sich die Menschen das Reisen so schwer machen. Oder muss das so sein, weil so viele Menschen es zu Hause einfach nicht aushalten?

Trotz dieser anonymen Menschenmassen passierte in Frankfurt etwas Merkwürdiges: Je näher ich mich an das Abfluggate herankämpfte, desto mehr Menschen erkannte ich. Als ich nur noch ein paar Ausgänge von meinem Ziel entfernt war, kam mir bald jedes zweite Gesicht vertraut vor, und als ich der Stewardess meine Bordkarte vorzeigte, fühlte ich mich fast wie auf einer Geburtstagsparty. Von überallher nickten die Menschen einander zu. Wildfremde Leute, die ich noch nie gesehen hatte, lächelten mich an. Passagiere, die sich aus dem großen Strom gelöst hatten, der die Menschen von einem Gate zum anderen schwemmte, und zum selben Flug wie ich gekommen waren, warfen mir verschwörerische Blicke zu. Es war ein Grinsen und Winken und Begrüßen wie auf dem Fest einer sehr alten und sehr großen Familie, nur dass die Festgäste alle ziemlich jung zu sein schienen.

Und in gewisser Weise trafen sich hier tatsächlich die Angehörigen einer sehr alten und sehr großen Familie. Wir *hawesha* erkannten einander, wir Eritreer, die verstreut über ganz Europa leben, geflohen vor dem Hunger in unserer Heimat. Wir alle waren aufgebrochen, weil es zu Hause keine Möglichkeit gab, einen richtigen Job zu bekommen, der eine Familie nicht nur von der Hand in den Mund, sondern ein bisschen langfristiger ernähren konnte. Wir waren geflohen vor der politischen Ausweglosigkeit Eritreas, hatten den strengen Moralvorstellungen den Rücken gekehrt, die dort trotz all der Prinzipien von Marxismus, Freiheit und Gleichheit herrschen, deren sich das eritreische

System brüstet. Manche von uns, die sich in diesem Warteraum am Frankfurter Flughafen versammelten, waren noch nicht mal selbst geflohen, sondern stammten – wie in gewisser Weise ich auch – aus der zweiten Generation von Flüchtlingen, sie waren bereits die Nachkommen derer, die vor einer Realität geflohen waren, in der sie für sich keine Möglichkeit zu überleben sahen.

Was uns vereinte und einander zulächeln ließ, war nicht nur unsere gemeinsame Geschichte, die uns zu Flüchtlingen gemacht hatte. Was uns bereits zusammenschmiedete, bevor wir auch nur ein Wort miteinander gewechselt hatten, war das Wissen, dass wir schon wieder auf der Flucht waren – wenn auch diesmal in die andere Richtung und mit anderen Mitteln als beim ersten Mal. Diese Flucht sollte uns zwar nicht auf Eseln durch die Wüste führen, nicht in Gummisandalen über dornige Steppen oder durch ausgetrocknete Flussbetten. Diesmal irrten wir nicht über steinige Bergrücken, stahlen uns nicht klammheimlich davon, brauchten wir keine Verkleidungen als Beduinen, Bettler oder Wasser suchende Bauern. Diesmal flohen wir geordnet, in den Sitzreihen der Lufthansa-Economy-Class, jeder mit einem eigenen Reisepass, einem Ticket und einer Bordkarte. Wir flohen gut verpflegt mit Hähnchenbrust und Zucchinigemüse, mit Beck's-Dosen und Sektgläsern, mit Salzstangen und Erdnüssen. Doch ich glaube, wir flohen auch genau davor. Wir flohen vor dem Überfluss, den wir alle in Europa täglich erfuhren. Den selbst die ärmsten Sozialhilfeempfänger unter uns am eigenen Leib erfahren, verglichen mit der Armut, die bei uns zu Hause, in Eritrea herrscht. Wir flohen vor dem Zuviel an Dingen und dem Mangel an Gefühlen, den wir in unserer neuen Heimat erlebten. Wir ergriffen die Flucht vor der allumfassenden Sauberkeit. Wir machten uns davon vor der Ordnung, die so perfekt ist, dass wir sie kaum ertragen.

Natürlich wusste jeder von uns, dass diese Ordnung und Sicherheit und Sauberkeit ihr Gutes haben, und natürlich wollten wir diese Errungenschaften keinesfalls missen. Keiner von uns wollte für immer zurück nach Afrika – das nahm ich jedenfalls an, als ich meine lächelnden und westlich modern gekleideten Landsleute auf den sauberen Stühlen in der sauberen Lounge warten sah –, aber jeder von uns brauchte wohl eine kleine Auszeit von alldem.

Beruhigt atmete ich durch. Ja, hier war ich im richtigen Film, hier passte ich hin. Ich dankte Gott, dass er mich nicht im letzten Moment hatte zurückscheuen lassen vor diesem Trip zurück in die Vergangenheit, denn auf einmal hatte ich das Gefühl, dass mir die Reise so guttun würde wie nichts sonst auf der Welt.

Lufthansa

Befriedigt über meine Entscheidung ließ ich mich in den Flugzeugsessel plumpsen, schloss die Augen und genoss es, einfach nur da zu sein.

Plötzlich sagte eine nette Frauenstimme neben mir: »Hallo, Senait, ich kenne dich.«

Da ich dasselbe schon von fast allen Menschen an Bord gedacht hatte, wunderte mich das kein bisschen. Noch schläfrig von der kurzen Nacht, blinzelte ich nach rechts und sah in zwei glasklare Augen, so groß wie kleine Seen.

»Ich bin Flora«, sagte der Kirschmund, der zu den beiden Augen gehörte, »ich kenne dich aus dem Fernsehen.«

Normalerweise kann ich es nicht besonders leiden, angesprochen zu werden, nur weil mich jemand in einer Zeitschrift gesehen hat oder in einer Talkshow. Ich mag das oberflächliche Gerede nicht, das sich gewöhnlich aus solchen Situationen entwickelt: »Wie geht es dir? Was sind deine neuen Projekte? Mir gefällt deine Musik. Mir tut deine Vergangenheit leid …« Aber sosehr ich auf all das – und vor allem auf jedes Mitleid – verzichten kann, so sehr mochte ich Floras Art, die nichts Aufdringliches hatte, aber doch von einer gesunden, frischen Neugier gewürzt war.

Meist wurde ich ohnehin von Afrikanern erkannt, obwohl mich tausendmal mehr Deutsche in den Medien gesehen hatten, vor allem bei meinen Auftritten rund um den Song Contest, an dem ich ein Jahr zuvor teilgenommen hatte. Das liegt vermutlich vor allem daran, dass Weiße Schwarze nicht so gut voneinander unterscheiden können – für sie haben alle Afrikaner die gleiche dunkle Hautfarbe, für sie haben alle die gleichen gekräuselten Haare und die gleichen vollen Lippen. Das ist nur natürlich: Auch für uns Afrikaner sehen alle Weiße ziemlich gleich aus, besonders für die von uns, die noch nicht so viele Weiße gesehen haben.

Flora und ich kamen schnell ins Gespräch. Sie lebte in Frankfurt und war zur Hochzeit einer ihrer Schwestern unterwegs nach Asmara.

Hochzeit? Bei dem Wort läuteten sofort meine Alarmglocken. Flora gestand mir postwendend, dass es ihr bei diesem Thema nicht anders ginge als mir, womit das Eis restlos gebrochen war, wenn es denn je etwas wie Eis zwischen uns gegeben haben sollte. Eigentlich hatte ich meine Sitznachbarin schon in dem Moment ins Herz geschlossen, in dem sie mir ihren Namen nannte: Flora. So heißt auch meine allerliebste jüngste Schwester oder eigentlich Halbschwester, weil sie zwar die Tochter meines Vaters ist, aber eine andere Mutter hat als ich, nämlich Werhid, die dritte Frau meines Vaters. Doch ich kann den Ausdruck »Halbschwester« nicht leiden, er klingt nach Amputation und Missgunst und anderen schrecklichen Dingen. So beschloss ich, dass Flora genauso meine Schwester ist wie alle meine anderen Schwestern – die übrigens auch nur »Halbschwestern« von mir sind.

Beim Thema Heiraten hätte jede von uns die andere auch dann verstanden, wenn sie mit Taubheit geschlagen gewesen wäre. »Ich bin sechsundzwanzig, und meine Mutter macht sich schon ernsthafte Sorgen, ob ich wohl ›übrigbleiben‹ werde«, sagte Flora und kicherte.

»Mir sagen meine Leute, wenn ich nicht bald ein Kind bekomme, werde ich eine alte Jungfer«, gestand ich und musste so sehr lachen, dass sich die Leute drei Reihen weiter nach uns umdrehten.

Flora und ich sprachen bald so miteinander, als stünden wir schon seit Jahren in engstem Kontakt. Wir konnten uns beide über die Konventionen und Moralvorstellungen unserer afrikanischen Landsleute aufregen und herzlich darüber lachen, ohne sie zu verspotten, weil wir wussten, dass unsere Landsleute das gute Recht haben, diesen Vorstellungen nachzuhängen. Wir wussten allerdings auch, dass wir uns das Recht herausnehmen wollten, nach unseren eigenen Vorstellungen zu leben.

Also knabberten wir weiter Erdnüsse und tranken jede noch ein deutsches Dosenbier und zwei Gläschen Gin Tonic. Wir dankten der Lufthansa für die umsichtige Versorgung – wohl wissend, dass es gleich nach unserer Landung in Eritrea ein Ende damit haben würde. Nicht dass es dort kein Bier oder keinen Gin gäbe – selbst wenn es in Ländern der Dritten Welt sonst nicht viel gibt, Alkohol lässt sich überall organisieren. Wir wussten aber nur allzu gut, dass Alkohol dort nicht für uns reserviert ist und dass man uns in unseren Familien mit einer Mischung aus Entsetzen und Abscheu behandeln würde, wenn wir uns ein Gläschen genehmigten oder wenn man uns mit einer Zigarette in der Hand überraschte. Alkohol und Nikotin, das ist ein festgeschriebenes eritreisches Grundgesetz, sind nur für Männer da. Nicht dass wir uns jetzt deshalb betrinken wollten – doch wir fanden es ausgesprochen nett, noch das eine und auch das andere Mal auf unser gemeinsames Schicksal anzustoßen.

Unsere Laune wurde auch durch die Tatsache hochgehalten, dass in dem Flieger fast nur Schwarze saßen, von ein paar weißen Rucksacktouristen und Entwicklungshelfern abgesehen. Das klingt nicht weiter ungewöhnlich, ist aber für jemanden wie mich und wohl für die meisten Afrikaner, die in Deutschland leben, etwas ganz Besonderes: nicht die einzige Schwarze unter lauter Weißen zu sein. Dazu kam noch der erstaunliche Effekt, von lauter weißen Frauen bedient zu werden – auch das ist eine Verfremdung, denn wenn man in Berlin in der Öffentlichkeit Schwarze sieht, dann meistens als Hamburgerbrater, Reinmachefrauen oder im weitesten Sinne als Dienstpersonal, das für den Dreck der Weißen zuständig ist. Das soll nicht heißen, dass die Deutschen rassistisch sind, es heißt nur, dass ich Menschen meiner Hautfarbe normalerweise nur als dienstbare Geister sehe, was auf Dauer nicht ohne Folgen für die Psyche bleibt. Dass es an Bord der Lufthansamaschine nun genau andersherum war, veranlasste Flora und mich dazu, uns noch zwei Gin Tonics zu genehmigen.

Zwischen den Drinks genossen wir die Aussicht aus dem Kabinenfenster, vor dem die europäische Wolkendecke längst einem riesigen Hoch gewichen war, das den Blick auf eine unendliche Weite öffnete.

Eine Fläche, auf der es nichts zu geben schien außer Steinen, Sand und wieder Steinen.

Je weiter südwärts wir flogen, desto tiefer wurde der Schatten, der sich des weiten Landes bemächtigte. Während der Himmel blutiges Rot ausgoss, versank die Erde in undurchdringlicher Düsternis. Als die Sonne verschwunden war und die Schatten bis in den Himmel hinauf reichten und nur ein letztes Restchen Licht übrig ließen, wurde mir das Außergewöhnliche dieses Naturschauspiels bewusst: Kein menschliches Licht unterbrach die große Finsternis auf der Erde. Dort unten waren keine glitzernden Städte zu sehen, keine schnell fließenden Lichtbänder von Autobahnen, keine hell befeuerten Landepisten, keine Lichtpilze, die sich über leuchtendgrünen Sportplätzen wölbten – dort unten war es einfach nur finster. Es war so dunkel, wie es nur sein kann in einer unendlichen Nacht, die sich wie eine schwere Decke auf einen ganzen Kontinent legt. Ich stieß noch mal mit Flora an und spürte dabei geradezu körperlich, dass wir auf einem anderen Kontinent aufsetzen würden. In einer Welt, die grundverschieden war von jener, von der wir uns heute morgen zu verabschieden vergessen hatten.

Afrika!

Die andere Welt tat sich in dem Moment auf, in dem wir uns von den deutschen Stewardessen verabschiedeten. Die lächelten uns routinemäßig und unverbindlich zu, als wären wir eben in Frankfurt oder Hannover angekommen. Sie verabschiedeten uns, als gäbe es hier nichts jenseits der täglichen Routine. Als stünde draußen der Bus, um uns ins nächste Terminal zu bringen, von wo aus es weiter ginge in die U-Bahn oder zum Taxi. Dabei war hier alles ganz anders als in Hamburg, Stuttgart oder Paderborn-Lippstadt.

Schon beim ersten Schritt auf die Gangway fühlte ich, dass ich in meinem Land angekommen war. Gierig sog ich die nächtliche Winterluft des eritreischen Hochlands ein, und um ein Haar hätte ich geweint, als ich diese ganz spezielle Brise Asmaras in der Nase spürte. Über meiner langwierigen Reiseplanung war der Herbst längst zum Winter geworden, so dass ich noch ein paar Stunden zuvor, kurz nach mittag, bei Minusgraden in den Flieger gestiegen war. Nun war es fast elf Uhr abends, und die Eritreer zitterten unter der Kälte, die mir wie wohlige Wärme erschien. Das mochte an der enormen Trockenheit der Luft liegen, an der Höhe – Asmara liegt rund zweitausenddreihundert Meter über dem Meeresspiegel – oder einfach daran, dass ich noch viel zu warm angezogen war. Es kann aber auch an meiner Aufregung gelegen haben, dass ich keine Kälte spürte. Ich war so aufgeregt, dass ich kaum mitbekam, was um mich herum geschah.

Den Flughafen von Asmara muss man sich wie einen Busbahnhof vorstellen, an dem hin und wieder ein Flugzeug ankommt. Alles ist klein und überschaubar, so unaufgeregt und familiär, als ginge es nur darum, ein paar Leute zu empfangen, die von Potsdam nach Berlin gefahren sind.

Die Passagiere schlenderten zu Fuß ins Terminalgebäude, was gefahrlos möglich war, denn weit und breit war kein Fahrzeug oder gar ein zweites Flugzeug zu sehen. Vor dem Eingang saßen ein paar Typen, die in aller Seelenruhe unsere Ankunft beobachteten und uns freundlich zunickten. Arbeiteten sie? Bewachten sie das Rollfeld? Warteten sie auf ankommende Freunde? Das war nicht zu erkennen, aber es war auch nicht weiter wichtig. Wie ich Afrika kenne, war es noch nicht einmal sicher, ob sie selbst wussten, was sie taten.

Ich atmete noch einmal tief ein, zum zweiten Mal in den drei Minuten, die ich nun in Afrika war. Doch es war nicht die Abendluft, die ich einsog, es war die Ruhe. Die Lässigkeit, die über allem lag. Wer hier hetzte, hätte sich vor diesem Empfangskomitee lächerlich gemacht. Also spazierten wir ganz entspannt in das ebenerdige Gebäude hinein, an dem noch nicht einmal »Asmara« stand.

Drinnen wurde dann doch das übliche Flughafen-Generve zelebriert: Visum, Einreiseformular, Ausreiseformular, Devisenerklärung und was weiß ich nicht alles – der ganze Papierkram, der dann in verstaubten Regalen vergammelt, wenn er nicht von den in kleinen Glasboxen eingesperrten, gelangweilten Beamten schon nach Feierabend in die Tonne getreten wird.

Bitter vermerkte ich indes, dass es mir hier nicht anders erging als am deutschen Zoll – meinen Pass kontrollierten die Beamten besonders eindringlich. Die meisten Eritreer wurden ohne Aufhebens durchgewunken, und auch die Pässe der paar Weißen schienen die Grenzer nicht sonderlich zu interessieren. Doch der deutsche Pass mit meinem schwarzen Gesicht darin, noch dazu mit der Zeile »Geburtsort: Asmara« schien es ihnen besonders angetan zu haben. Immer wieder blätterte der Passbeamte darin, dann holte er einen zweiten Beamten zu Hilfe, und schon setzte es Fragen: »Warum hast du einen deutschen Pass?« – »Was willst du in Eritrea machen?« – »Von wo kommst du her?«

Ich musste mich zusammenreißen, um nicht frech zu werden: Woher sollte ich schon kommen, wenn weit und breit keine andere Maschine dastand als der Lufthansa-Airbus? Wie sollte ich es wohl anstellen, in Deutschland zu leben, ohne einen deutschen Pass zu haben? Was mochte mich wohl nach Asmara getrieben haben?

»Ich besuche meine Familie, was denn sonst?« bellte ich den Grenzer ungeduldig an.

Diese Antwort schien ihn zu erheitern, er grinste über das ganze Gesicht. »Ah, Familie, das ist gut«, sagte er in breitestem Tigrinya, in der Sprache, von der mir gar nicht aufgefallen war, dass ich sie ganz selbstverständlich sprach, seit sich Flora zu mir gesetzt hatte. »Ich wünsche dir alles Gute!« Mit lautem Knallen hämmerte er seine Stempel in meinen Pass und in die Einreisepapiere und winkte mich freundlich durch.

Ich schüttelte den Kopf. Wie konnte ich nur schon jetzt, bei der Einreise, vergessen haben, dass ich wieder in Afrika war und dass ich meine deutsche Rationalität getrost für ein paar Wochen stecken lassen konnte?

Hinter der Tür, die den Raum mit dem Gepäckband nur mühsam vor dem Ansturm der Flughafenbesucher und der Abholer abschotten konnte, schwappte eine Woge aus Rufen und Kreischen und Armen und Gesichtern und weißen Tüchern über mir zusammen. Eine Woge aus Menschen, die so lautstark und offensiv auf ihre Lieben warteten, dass einem Neuling in Eritrea die ersten Bedenken kommen müssten.

Nur widerwillig öffnete sich ein Pfad, als ich notgedrungen auf die Menschenwand zu schritt, um etwas weiter in mein Land hineinzukommen.

Jetzt hieß es, fürs erste von Flora Abschied zu nehmen, die längst zwischen ihren Schwestern und Brüdern herumgereicht wurde. Ein wenig klamm fühlte ich mich auch, weil keine der zum Willkommen ausgebreiteten Arme mir galten, doch ich hatte es so gewollt und niemandem mein Ankunftsdatum verraten. Ich wollte selbst bestimmen, wann ich soweit war, meiner Familie gegenüberzutreten.

Die Turmuhr

Vor dem Flughafen warteten die Hyänen. Nein, nicht die struppigen Raubtiere, die in Eritrea heute nur mehr auf dem Land zu sehen und vor allem zu hören sind, wenn sie nachts jaulend um ihre Futterquellen streichen. Hier auf dem Parkplatz sind die Hyänen nach Aufträgen hungernde Taxifahrer, die Fahrgäste für ihre verbeulten gelben Fiats oder ihre frisch gelieferten gelben Kias suchen. Doch fast alle Passagiere lassen sich abholen, um diese Hyänen zu vermeiden – außer mir.

Bevor die Hyänen auf mich losstürzen konnten, entdeckte ich Dawit. Ich bilde mir normalerweise nicht viel auf meine Menschenkenntnis ein, aber manchmal überkommt mich bei jemandem, den ich zum ersten Mal sehe, ziemlich bald das richtige Gefühl. Und dieser kleine, für eritreische Verhältnisse fast schon dickliche Taxifahrer mit den Glubschaugen, den langen Wimpern und dem Babyface konnte einfach nichts Böses im Schilde führen. So stieg ich in seinen quietschgelben Kia, bevor er mit den Verhandlungen beginnen konnte, die sonst immer die Kunden vom Zaun brechen. Hauptsache, die Hyänen blieben draußen und ich war auf dem Weg in die Stadt. In meine Stadt!

Wie schmuck Asmara bei Nacht aussah! Die Straßen lagen ruhig da, hinter den Schattenrissen der Palmen waren schemenhaft mit Zinnen und Türmchen verzierte Villen zu sehen, mit Bögen und Balustraden versehene Geschäftshäuser und kühne Büros, Tankstellen und öffentliche Gebäude aus den dreißiger und vierziger Jahren mit Fassaden wie aus einem frühen Fellini-Film. Es sah aus, als wäre ich hier im nächtlich verlassenen Rimini, in Ostia oder in der Cinecittà von vor fast siebzig Jahren gelandet.

Meine Träumereien bekamen noch mehr Nahrung, als wir die Liberty Avenue entlangrollten, die Freiheitsstraße, den größten – und einzigen – Boulevard der Stadt. Das war mein Kleinmädchentraum: diese Straße entlangzuschlendern, wenn ich einmal groß wäre, unbehelligt, unbeaufsichtigt. Hier einfach nur auf und ab zu gehen, wie das die anderen Menschen auch machten, die Asmarinos, die nicht wie ich im Waisenhaus steckten oder bei einer Großmutter lebten, die streng darauf achtete, dass man nicht verlorenging! Wie hatte ich diese Spaziergänger bewundert, denen es nicht um profane Dinge wie Einkaufen oder Im-Café-Sitzen ging! Geld hatte ohnehin niemand – auf dieser Straße war es nur wichtig, zu sehen und gesehen zu werden.

Das war es, was zählte: Mit wem war man aus, wen traf man, von wem wurde man gegrüßt? Das waren die Fragen, mit denen sich meine älteren Geschwister das Hirn zermarterten, wenn sie an die Prachtstraße dachten, die damals, nach dem Sturz des äthiopischen Kaisers Haile Selassie durch den neuen absolutistischen, marxistischen Herrscher über Äthiopien, Mengistu Haile Mariam, noch nicht Liberty Avenue, sondern Revolution Avenue hieß. In dessen Reich war Eritrea zur Zeit meiner Kindheit nicht mehr als die schäbigste, unbedeutendste Provinz im steinigen Norden des Landes.

Der gelbe Kia hielt mitten auf dem Boulevard an. Vor mir ragte das höchste Gebäude der Stadt, ja des ganzen Landes in den Himmel, so hoch, dass ich seine Spitze vom Auto aus nicht sehen konnte. Mechanisch stieg ich aus, ein Schauer lief mir über den Rücken. Auf dem schlanken Turm aus roten Ziegelsteinen prangte eine große weiße Uhr mit römischen Ziffern. Vom Hauptdach der italienisch anmutenden Kathedrale her winkte jemand zu mir herunter. Angestrengt starrte ich in den Nachthimmel, konnte die Figur dort oben aber kaum erkennen, denn auf das Gebäude fiel nur ein fahler Abglanz der Straßenbeleuchtung, die sich nach oben hin in den schwarzen Nachthimmel verlor – in Eritrea gibt es keine angestrahlten Gebäude. Doch das Wesen dort oben musste wohl eine Frauengestalt sein. Ein Engel, der einen Arm zum Gruß erhob.

»Wir sind da«, sagte Dawit unsicher, der merkte, dass ich mit Gedanken ganz woanders war. Ich starrte die Kirche an, sah wortlos auf die Stufen, die zum Haupteingang hinaufführten. Dann auf den Turm und vor allem auf die Uhr dort oben. Wie angewurzelt stand ich auf dem menschenleeren Boulevard und sah meine Kindheit vor mir: Wie ich mit den anderen Kindern aus dem Heim dort hinaufmarschiert war, immer zwei Kinder Hand in Hand, vorneweg die weißen Kinder, zuletzt wir schwarzen. Allen voran eine Nonne in ihrem gewaltig breiten Kleid, mit etwas Merkwürdigem auf dem Kopf, das ich nicht mehr genau vor mir sah. Das musste wohl eine der gestärkten weißen Hauben gewesen sein, die Klosterschwestern tragen.

Das stärkste Gefühl ging für mich von der Uhr auf dem Kirchturm aus. Die weiße Scheibe mit den römischen Ziffern darauf hatte sich mir unauslöschlich ins Gedächtnis gebrannt, und jetzt, als ich die Uhr nach fast fünfundzwanzig Jahren zum ersten Mal wieder sah, stiegen die Bilder von damals in mir auf. Noch vor einer halben Stunde hätte ich nichts über diese Uhr erzählen können, doch nun erinnerte ich mich wie gestern daran, wie sie mich jedes Mal zum Grübeln brachte, als wir mit den Nonnen in die Kirche gingen, zum Beten und auch zum Sprachunterricht. Schon als Kind spürte ich eine Liebe zu Zahlen, die mich heute noch dazu treibt, mir jede Telefonnummer auf Anhieb zu merken, jede Rechnungssumme und jedes Geburtsdatum. Ich liebte es, zu zählen, zu rechnen und die Uhr zu lesen. Doch diese Kirchturmuhr wollte mir ihr Geheimnis nicht preisgeben, weil ich die römischen Ziffern nicht deuten konnte.

»Wie sagt diese Uhr die Zeit?« hatte ich Schwester Florina einmal gefragt, und ich weiß bis heute ihre Antwort: »Senait, die ist zu schwer für dich. Das kannst du nie lernen.«

Damals habe ich wohl verletzt geschwiegen – zu protestieren wagte ich sicher nicht, denn wir waren unseren Schwestern gegenüber strengen Gehorsam gewohnt. Doch meinen Zahlenlerneifer hatte Schwester Florina dadurch um so mehr angefacht. »Alle Zahlen dieser Welt werde ich lernen«, dachte ich damals trotzig, »jetzt erst recht.«

Ich sah mich als Kind in den schwarzen Riesenbauch der Kirche hineingehen. Ich fühlte wieder diese Mischung aus Angst und gespannter Erwartung. In mir stieg erneut das Gefühl von Machtlosigkeit angesichts dieses machtvollen Bauwerks empor, das mir damals so überirdisch groß vorgekommen war und das mir heute zwar immer noch als groß erschien, aber auch nicht größer als eine mittelprächtige Backsteinkirche in Berlin-Kreuzberg. Für ein paar Augenblicke stand ich wieder als kleines schwarzes Mädchen unter der Obhut strenger weißer Klosterschwestern und betete voller Ehrfurcht und Sehnsucht zu den Statuen der schönen weißen Frau mit dem sternenübersäten blauen Umhang, die alle *Madre Maria* nannten. Das hatte mich emotional aber nicht befriedigt, sondern nur um so sehnsüchtiger gemacht, denn ich war damals schon alt genug, um zu verstehen, dass mir in meinem kleinen schwarzen Leben vor allem eines fehlte – eine Mutter.

»Hallo«, sagte eine Stimme hinter mir, vorsichtig, »wir sind beim Hotel!«

Verwundert drehte ich mich um – ach ja, hier stand Dawit, mein Fahrer, und lächelte mich an. Ich war nicht mehr das kleine Mädchen von damals, ich war die erwachsene Frau auf der Suche nach sich selbst. Auf der Suche nach ihrem afrikanischen Leben. Mühsam riss ich mich vom Anblick des Turmes los, mit aller Kraft zwang ich mich ins Heute zurück, wandte mich um und sah auf das nüchterne Gebäude auf der anderen Straßenseite, über dessen Eingang in trübleuchtenden Lettern »Hotel Ambassador« stand.

»Ja«, sagte ich zu Dawit, »lass uns sehen, ob die ein freies Bett für mich haben.«

Ambassador

Als ich am nächsten Morgen den ersten Blick aus meinem Zimmer im sechsten Stock hinunter auf die Straße warf, waren die Träumereien von gestern abend mit einem Schlag wie weggewischt. Vorsichtig schob ich den Vorhang beiseite, um wie ein Detektiv unbeobachtet hinausspähen zu können, doch diese Maßnahme wäre nicht notwendig gewesen – kein Mensch schien auch nur das geringste Interesse an der Hotelfassade oder meinem Zimmerfenster zu haben.

Dafür war ich um so mehr an meiner Umgebung interessiert. Mit offenem Mund starrte ich hinunter – die Liberty Avenue war rammelvoll mit Menschen. Die meisten von ihnen waren zu Fuß unterwegs. Auf der Fahrbahn pflügten lediglich ein paar qualmende Busse, Taxis und antiquierte Lastwagen durch die Passanten, nur selten rollte ein normales Auto durch. Es sah sonnig aus und heiß und belebt und extrem südlich, zumal die Straße zu beiden Seiten von uralten Palmen gesäumt war, die die Italiener während der Kolonialzeit gepflanzt hatten.

Weil ich in einem Eckzimmer wohnte, konnte ich auch einen Blick hinter die Kulissen werfen, auf die Rückseite der italienischen Stuckfassaden, die bei Tageslicht selbst aus dieser Distanz ziemlich brüchig wirkten. Wie anders sich Asmara von meinem zweiten Fenster aus zeigte! Dort unten war ein ausuferndes Labyrinth zu sehen, ein Gewirr aus Hinterhöfen, Wellblechdächern, Wäscheleinen, Müllhaufen, Gitterfenstern, Staubstraßen, Schildern, Fernsehantennen und bröckelnden Mauern mit einzelnen Menschen, die sich in diesem Labyrinth bewegten, mit Hunden, Hühnern, Katzen und ein paar abgestellten Fahrrädern. Auf dem Dach eines Schuppens gleich unterhalb meines Fensters stand eine angebundene Ziege, die in rhythmischen Abständen vor sich hin meckerte – das also war das Geräusch, das ich im Halbschlaf schon seit Stunden gehört hatte, halb bewusst, halb unbewusst, ohne es einem Menschen, einem Tier oder einer Maschine zuordnen zu können, denn die Ziege war von ihrem Gemecker schon so heiser, dass es kaum noch als solches zu erkennen war. Armes Tier, wie es hilflos und ohne Wasser an dem kurzen Strick hing – wahrscheinlich war der Besitzer außer Haus und hatte sie dort oben angebunden, damit sie ihm kein Fremder stahl.

Machte schon der erste Blick nach draußen klar, dass ich hier in einer anderen Welt war, so wurde das noch deutlicher, als ich den Blick durchs Zimmer schweifen ließ: Am Vorabend war ich so müde gewesen, dass ich kaum darauf geachtet hatte. Jetzt sah ich genauer hin und stellte fest, dass seit den sechziger oder siebziger Jahren, als das Hotel gebaut wurde, nicht mehr viel darin getan worden war, zumindest nichts Erhaltendes: die Tapeten lösten sich von den Wänden, der Teppichboden schlug Wellen, die Schranktüren hingen schief, die Lampen verbreiteten trübes Unterwasserlicht, der Fernseher war ein Flimmerkasten im wahrsten Sinn des Wortes, die Fliesen im Bad zeigten reichhaltige Muster aus Sprüngen und Schrammen. Eine Katastrophe, sagte der deutsche Regierungsbezirk meiner Seele – ein hinlänglich komfortables Zimmer, sagte die afrikanische Zone in mir, die in den nächsten Tagen vielleicht Oberwasser bekommen würde. Ein gutes Hotel, sagte sie, denn es gab fließendes Wasser, das klar und durchsichtig aussah und manchmal sogar leicht erwärmt war. Auch die Toilette hatte Wasser, es gab Toilettenpapier und sogar zwar verblichene, doch frisch gewaschene Handtücher – Herz, was willst du mehr? Das Ambassador machte seinem hochtrabenden Namen alle Ehre.

Boulevard

Wie schmal die Grenze zwischen meinem bescheidenen Luxus und der Welt hier draußen ist, dachte ich, als ich von der düsteren Lobby auf die sonnenlichtüberströmte Liberty Avenue hinaustrat. Nur eine trübe Glasscheibe trennte die dunkel furnierte Rezeption von den kriegsversehrten Krüppeln mit ihren handgeschnitzten Krücken, die fluchtartig über die Fahrbahn hinkten, wenn sich einer der schwarz qualmenden Busse näherte. Nur der dünne Schleier eines grau gewordenen Vorhangs versperrte den zerlumpten Kindern, die auf dem Bürgersteig vor dem Hotel bettelten, die Sicht auf die schläfrigen Damen hinter dem Tresen, der mit handschriftlichen Rechnungen überhäuft war. Nur ein Türsteher in dunklem Anzug hielt Rollstuhlfahrer, Betrunkene und alle, die nicht westlich genug gekleidet waren, davon ab, im hauseigenen Café eine Cola zu trinken.

Wenn ich diese zerbrechliche Schranke passiert habe, dachte ich, tauche ich in die andere Welt dort draußen ein. Sobald ich unter der afrikanischen Sonne bin, versinke ich in den Wogen des Straßenlebens von Asmara. Um nicht aufzufallen unter den Asmarinos, hatte ich eine billige Jeans angezogen, ein namenloses T-Shirt und dazu eine leichte Jacke. Im Mantel musste man nicht gehen, wie das viele Einheimische taten, denn es war zwar nicht heiß an diesem Wintervormittag, solange noch die Nebel am Horizont hingen, doch die zwanzig Grad waren zwanzig Grad mehr als im winterlichen Berlin, dem ich eben entflohen war.

Wie eine Touristin kam ich mir vor, während ich zwischen all den anderen Schlendernden unter Palmen den Boulevard hinabschlenderte. Ohne Ziel, ohne Bekannte, Freunde, Verwandte, eben aus dem Flieger gestiegen, mit einem Hotel als Wohnsitz. Genauso hatte ich mir meinen anonymen Einstieg in Eritrea gewünscht, um erst mal anzukommen, mich zu orientieren, einfach da zu sein und zu spüren, wie sich das anfühlte. Kann ich hier zu Hause sein? Das war die erste Frage, die ich mir gestellt hatte.

So ging ich zwischen den verblassten Kolonialfassaden dahin. Vorbei an Geschäften, die aussahen, als wären ihre Schaufenster seit zehn Jahren nicht mehr umdekoriert worden, und zwischen Menschen, die angezogen waren, als könnten sie seit zehn Jahren nichts mehr einkaufen. Die Asmarinos aber schienen vor allem ums Wetter besorgt zu sein. Entweder sie hüllten sich gegen die winterliche Kälte von guten zwanzig Grad in Pullover und Regenmäntel ein, obwohl kaum etwas so sicher war, wie dass es in den nächsten Wochen nicht regnen würde, denn die Regenzeit war längst vorbei. Oder sie unternahmen alles Erdenkliche, um sich vor der Sonne zu schützen: Frauen, aber auch Männer hielten sich eine Zeitung, ein Buch oder eine Handtasche schräg vor das Gesicht, um es zu beschatten. Manche Frauen trugen sogar einen aufgespannten Regenschirm, um an der Sonne nur ja keinen

Deut dunkler zu werden, denn nichts ist in Afrika schlechter angesehen als eine dunkle Hautfarbe.

Es mag merkwürdig klingen, aber Schwarz ist nicht gleich Schwarz, es gibt Hunderte verschiedene Schattierungen, die nur die Weißen alle in einen Topf werfen, weil sie sie nicht unterscheiden können. Wir Afrikaner können das sehr wohl. Wir können nicht nur aufgrund der Hautfarbe, sondern auch anhand der Haare, der Form der Lippen oder der Nase, ja selbst anhand der Größe und an der Art des Gangs feststellen, von wo jemand in Afrika herkommt. Klarerweise gibt es auf diesem Kontinent Rassismus wie überall sonst auch – Nordafrikaner kommen sich besser vor als Zentralafrikaner, Ostafrikaner fühlen sich Westafrikanern überlegen. Dieser Rassismus muss nicht gleich in blutige Stammesfehden ausarten – auch wenn das manchmal geschieht –, doch er dient als Mittel zur sozialen Unterscheidung. Er verschafft den Menschen das Gefühl, sie seien etwas Besseres, und lässt ganze Völker in die Wahnvorstellung verfallen, sie wären über andere Völker erhaben.

Bei uns in Eritrea und auch in Äthiopien sind einige Stämme wie die Tigrinya, zu denen ich gehöre, ziemlich hell – so hell, dass sie sich selbst nicht als Schwarze bezeichnen. Oft habe ich Eritreer über »Schwarze« reden gehört, über »Neger« und sogar über »Afrikaner« – gemeint waren immer die anderen, die West- oder Zentralafrikaner, aber nie sie selbst.

Erst nachdem ich ein paar Blocks auf der Liberty Avenue gegangen und mehreren hundert Menschen begegnet war, wurden mir zwei Dinge klar: Hier gab es keine Weißen, sondern nur Afrikaner, und alle sahen auf den ersten Blick, dass ich Ausländerin war.

Dass es hier keine Weißen gab, fand ich okay, weil ich mich dadurch als Teil der Norm fühlen konnte und endlich mal nicht die Ausnahme war, doch dass mich jeder als Fremde taxierte, erfüllte mich mit Grauen, denn das machte den Effekt Nummer eins zunichte.

Die Menschen nahmen mich keinesfalls so hin, als wäre ich eine von ihnen, sondern starrten mich im Gegenteil an, als käme ich vom anderen Ende der Welt – was auch der Fall war, nur hatte ich gehofft, es wäre nicht zu merken. Doch die Männer drehten sich nach mir um,

Mädchen kicherten hinter vorgehaltener Hand, Frauen musterten mich streng. Was war das nur, fragte ich mich mit wachsender Besorgnis? Lag es an meinen Jeans? Waren es die paar hellen, künstlichen Haarsträhnen, die in meine schwarze Mähne eingeflochten waren? Oder lag es an meinem bestimmteren, fast männlich wirkenden Gang, der vielleicht nur das Resultat von Jeans und Turnschuhen war, die ich anstatt von Röcken und Sandalen trug wie die anderen Frauen?

Ich war zuletzt mit neunzehn Jahren in Afrika gewesen. Damals hatte ich zum ersten Mal, seitdem ich vom Sudan nach Deutschland ausgereist war, Eritrea und Äthiopien besucht. Natürlich war ich schon bei diesem Besuch eine Frau, aber ich war noch sehr mädchenhaft und afrikanisch, von meinem ganzen Auftreten, meinem Äußeren, meiner Kleidung her. Davon konnte jetzt keine Rede mehr sein. Aber warum erregte ich soviel Aufsehen wie ein Weltwunder?

Ich konnte unmöglich jemanden auf der Straße fragen, warum mich alle so anstarrten. Alles hätte ich jeden beliebigen Fremden fragen können, nur das nicht, weil sich jeder sofort über die Frage lustig gemacht hätte. Wer gibt denn schon zu, jemand anderen frech angestarrt zu haben?

Flora! Das war die rettende Idee – das Mädchen, das ich im Flugzeug kennengelernt hatte. Sie müsste doch auch als Fremde angestarrt werden, sie konnte das Problem sicherlich verstehen. Ich kehrte auf der Stelle um und ging zurück ins Zentrum, von dort hinauf in Richtung der besseren Viertel Asmaras, die sich hinter dem Hügel mit den alten italienischen Villen erstreckten – Flora hatte mir gestern noch ausführlich den Weg beschrieben und mich mehrfach aufgefordert, ich solle bei ihr vorbeikommen. Das war gewiss kein bloßes Lippenbekenntnis von ihr, wie es in Deutschland oft dahingesagt wird, ohne dass jemand ernstlich damit rechnet, der Eingeladene würde wirklich demnächst vor der Tür stehen. Flora hatte das ernst gemeint.

Sie war freudig überrascht, als ich vor dem Gartentor ihres Hauses aufkreuzte, und bat mich sofort hinein. Ihre Familie wohnte in einem prächtigen Haus, für eritreische Verhältnisse war das ein kleiner Palast mit einem schattigen Garten, einem ersten Stock, voneinander getrennten Zimmern und vermutlich sogar mit fließendem Wasser in mehreren Räumen. Auch ihre Familie begrüßte mich sehr freundlich, offenbar hatte Flora ihren Schwestern und auch den Eltern von mir erzählt. Alle waren mit den Hochzeitsvorbereitungen beschäftigt und packten tüchtig mit an. Sie kochten wie wild, räumten Möbel hin und her oder besprachen aufgeregt, was es noch alles zu tun gab. Ich war ein bisschen neidisch – so eine fröhliche, intakte und offensichtlich gut zueinander haltende Familie hätte ich auch gerne gehabt.

Doch Flora – wie hatte sie sich verändert! Sie trug jetzt keine Jeans mehr, wie noch gestern im Flugzeug, sondern einen weiten, langen, bunten Rock. Sie hatte keinen engen Pullover mehr an, sondern eine langärmelige Bluse mit bunten Stickereien – keine eritreische Tracht, aber doch die Kleidung einer afrikanischen Frau. Selbst ihre Haare standen nicht mehr als wilde Mähne von ihrem Kopf ab, sondern waren zu vielen kleinen ordentlichen Zöpfchen zusammengebunden. Sie musste wohl gemerkt haben, dass ich ihr Äußeres so aufmerksam studierte, denn sie begann gleich zu kichern, nachdem alle Familienmitglieder begrüßt waren und wir beide abseits standen. Da in diesem Haus nur wir zwei Deutsch konnten, bekam niemand mit, wovon wir sprachen.

»Du denkst wohl, ich bin komplett bescheuert«, sagte sie ohne Umschweife, »aber mir ist es lieber so, als lange Diskussionen mit meinen Eltern zu haben. Du weißt ja, wie sie auf so was achten, wenn ein Mädchen noch nicht verheiratet ist …«

Ich musste mit ihr lachen – die gute Flora war aber auch zu rücksichtsvoll. Gleichzeitig stimmte es mich ein wenig traurig. Zwar brauchte ich niemanden, der mich in eine bestimmte Kleidung zwängen wollte, aber eine Familie, die mich wie Floras Familie liebevoll überwachte, fehlte mir doch.

»Ist das nicht ein schönes Gefühl?« fragte ich sie, aber Flora schüttelte nur halb verlegen, halb ärgerlich ihre süßen Zöpfchen. Sie konnte es nicht wertschätzen, dachte ich, weil sie diese Familie zeit ihres Lebens gehabt hatte.

Wegen der bevorstehenden Hochzeit, zu der sie mich noch mal nachdrücklich einlud, konnten wir nur kurz plaudern, doch es war auch kaum mehr nötig, sie nach meinen Erlebnissen auf dem Boulevard zu fragen: Natürlich war es mein westliches Auftreten gewesen, die offenen Haare, noch dazu mit Strähnchen, die enge Jacke, die enge Hose, die locker umgehängte Tasche, die für Aufsehen sorgten.

»Schwer zu sagen, ob es dein Aussehen oder deine Art waren, die die Leute verwirrt hat«, beruhigte mich Flora, »aber es ist nur gut, dass die mal sehen, dass unsere Frauen auch anders auftreten können, nicht nur als brave Ehefrauen oder Mütter im traditionellen Gewand.«

Orfan

Als mich Dawit, der Taxifahrer, wie ich es mit ihm verabredet hatte, am nächsten Morgen abholte, konnte er trotz seiner zurückhaltenden Art nicht umhin, mir ein Kompliment zu machen. Ich hatte mich aber

Dawit, der Taxifahrer, war der Meinung, mit dem Tuch hätte ich endlich die passende Kleidung gefunden.

auch bemüht: Zu meinen engen Jeans – andere besaß ich nicht – trug ich über dem T-Shirt ein großes Tuch, das ich mir bei Bedarf nicht nur über die Schultern werfen, sondern auch um den Hals wickeln oder über den Kopf legen konnte. Meine Haare hatte ich zu einem engen Knoten zusammengebunden, und statt der hochhackigen Sandalen vom Vortag trug ich leichte Turnschuhe. »Du siehst sehr schön aus«, sagte Dawit, und damit war klar, dass ich heute eine passendere Wahl getroffen hatte als am ersten Tag.

In Eritrea ist es normal, dass auch Leute, die einander nicht gut oder kaum kennen, offen miteinander sprechen. In Deutschland würde ich es als simple Anmache verstehen, wenn ein Taxifahrer mir sagt, ich sei schön, doch in Afrika liegen die Dinge anders. Hier können ein Mann und auch eine Frau eher etwas sagen, ohne dass die oder der andere das gleich auf die Goldwaage legt. Hier werden Dinge leichter gesagt – und sind dafür auch leichter wieder vergessen.

Ich hatte diese Aufmachung aber nicht gewählt, um meinem Taxifahrer zu gefallen, sondern weil ich an diesem Tag heikle Besuche in den beiden Kinderheimen vorhatte, in denen ich die ersten vier oder fünf Jahre meines Lebens zugebracht habe – ich wollte ein wenig Licht in das Dunkel meiner ersten Jahre bringen.

Mit bangen Gefühlen ließ ich mich an den südlichen Stadtrand von Asmara fahren, zum *Orfan,* dem staatlichen Waisenhaus. Dawit wusste sofort, wohin die Fahrt gehen sollte, denn jeder kannte das Orfan, einen verwunschenen Ort, wie anderswo die Irrenhäuser oder die Gefängnisse. In Eritrea gab es durch Krieg und Hunger viele Waisen, und deshalb hatte dieses Haus eine solche Bedeutung. Eine tragische Bedeutung, denn in Afrika ist die Familie alles und ein Mensch ohne Familie nichts.

Vielleicht musste ich deshalb siebenundzwanzig Jahre alt werden, bevor ich es wagte, den Ort meiner frühesten Kindheit aufzusuchen. Dawit spürte meine Beklemmung sehr deutlich und hielt sich mit Kommentaren zurück. Wie ein trauernder Verwandter blieb er immer ein paar Schritte hinter mir, als ich mit den Soldaten vor dem Gittertor sprach, das die Zufahrt zum Heim versperrte. Ich war so mit meiner Beklemmung beschäftigt, dass mir im ersten Moment gar nicht auffiel, wie merkwürdig es war, kleine Kinder, die ihre Eltern verloren hatten, vom Militär bewachen zu lassen.

Als ich endlich durch den Park ging, der die Gebäude umgab, wurde der Kloß, den ich seit einer guten Stunde im Hals spürte, noch ein paar Zentimeter dicker. Ratlos blieb ich stehen und sah mich um. Das war nicht der Garten, den ich dunkel in Erinnerung hatte, das war eine Müllhalde mit ein paar verhungerten Bäumen, die sich hier alles andere als wohl fühlten.

Ich stand vor einem Schutthaufen und konnte nicht anders, als hemmungslos zu weinen. Ich schluchzte, weil ich das Gefühl hatte, dass hier die Trümmer meiner Kindheit lagen. Überall auf den verlassenen Spielplätzen und dort, wo früher Gemüse und Blumen wuchsen, lag Müll verstreut: zerbrochene Stühle, zerschlissene Autoreifen, zerfetzte Kanister, verbogene Bettgestelle, verbeulte Fässer. Dazwischen standen verrostete Spielgeräte aus ehemals bunt lackierten Eisenstangen. Selbst diesen Schrott bewachten noch ein paar schlechtgelaunte Soldaten in abgerissenen Tarnanzügen. Mitten auf dem Gelände dösten sie in verbogenen Stühlen mit halb geöffneten Augen vor sich hin. Sollte das ein Platz sein, an dem sich Kinder wohl fühlen? Sollte ich hier glücklich gewesen sein?

Am Orfan waren nur zwei Dinge intakt – der Zaun rundherum und eine alte Holzbaracke, in der, wie ein Schild verriet, die Heimleitung residierte. Beklommen stieg ich die Stufen zu der hölzernen Veranda hinauf und hielt dort inne, weil es mich feurig heiß durchschoss: Hier saß ich als kleines Kind! Hier hockte ich im Staub und hörte voller Angst der Schwester zu, die von den Löwen erzählte, die nachts ums Haus schlichen!

Wie vom Blitz getroffen stand ich da und starrte auf das morsche Holzgeländer, auf den abblätternden Lack, der einmal hellblau gewesen war, und auf die staubige Fläche vor dem Haus. Noch vor zehn Minuten hätte ich niemandem so richtig erklären können, wie es hier ausgesehen hatte, weil meine Erinnerungen an das Orfan sehr verschwommen waren, wie verwackelte, unscharfe Fotos. Doch kaum dass ich hier stand, war mir klar, dass ich hier die Szene vor mir sah, von der der körnige Abzug vor meinem inneren Auge stammte.

Vorsichtig drückte ich die Klinke zum Eingang der Baracke hinunter, als lauerten die Löwen hinter dieser Tür und nicht wie einst draußen, vor den Zäunen des Waisenhauses. Mittlerweile hatten sie sich längst weit weg in die Wildnis zurückgezogen, weil die Stadt in den letzten Jahrzehnten über das Orfan hinausgewachsen war, bis an den Fuß der Berge, die man am Horizont sehen konnte.

Im Neonlicht der Baracke saß die Heimleiterin, eine dicke Matrone, hinter ihrem Schreibtisch. Wie die Herrscherin über ein Imperium thronte sie dort und nicht wie die Verwalterin eines dem Verfall preisgegebenen Waisenhauses – Kinder hatte ich auf dem Gelände bis jetzt keine gesehen. Feindselig musterte mich die Frau, sichtlich verärgert über die Störung, die mein Erscheinen für ihren friedlichen Büroalltag bedeutete.

Aber so leicht ließ ich mich nicht abschrecken. Ich fasste mir ein Herz und erzählte ihr meine Geschichte: »Ich bin das Kind aus dem Koffer«, sagte ich, *»das* Kind aus dem Koffer«, doch sie glotzte mich nur erstaunt an. Hatte sie etwa noch nie von dem Baby gehört, das von seiner Mutter in einen Koffer gesteckt und im eigenen Haus zurückgelassen worden war – als Mittelding zwischen versuchter Kindstötung und der vagen Chance, dass eine Nachbarin das Kind finden und an sich nehmen würde? Wohl die meisten Eritreerinnen ihres Alters – sie war sicher schon an die Fünfzig – kannten doch diese tragische Geschichte, die vor rund dreißig Jahren tagelang die Schlagzeilen des Landes dominierte und dazu führte, dass die Mutter des Kindes für sechs Jahre ins Gefängnis kam und das tatsächlich von einer Nachbarin gerettete Baby in ebendieses Waisenhaus gebracht wurde, in dem wir nun einander gegenübersaßen.

»Ich war dieses Baby«, sagte ich der Frau hinter dem Schreibtisch, die schnell eine Mitarbeiterin zu ihrer Verstärkung herbeigerufen hatte, »ihr habt mich hier aufgepäppelt!«

Die beiden Frauen schüttelten nur die Köpfe. Nein, diese Geschichte kannten sie nicht.

»Aber jemand hier muss sich daran erinnern können«, fuhr ich die beiden an, eine Spur zu unfreundlich, doch Geduld gehört nicht zu meinen Stärken.

»Vielleicht kann sich Zufan erinnern, sie ist schon lange bei uns«, meinte die Dicke nach einigem Nachdenken zu der ihr untergebenen Dünnen. »Hol sie mal!«

Die Dünne machte sich murrend auf den Weg, denn sie humpelte und das Laufen fiel ihr schwer. Es begannen bleierne Minuten des Wartens. Ich versuchte der Matrone noch ein paar Details meines Aufenthalts im Orfan zu erzählen, auf dass es bei ihr vielleicht doch noch klick machte, aber vergebens. Meine Geschichte rührte sie nicht, weder die Erzählung von der Flucht mit meinen Schwestern in den Sudan, noch von der Ausreise nach Deutschland, zu unserem Vater. All das schien sie nur zu langweilen. Teilnahmslos saß sie da, das runde Gesicht schwer auf beide Hände gestützt, den massigen Oberkörper fast auf die Schreibtischplatte gelegt. Nur hin und wieder hob sie kurz die linke Augenbraue, um sie gleich darauf wieder schlaff hinter das Glas ihrer überdimensionierten Brille sinken zu lassen.

Die Frau passte sehr gut in die Düsternis des spinatgrün gestrichenen Raums, der von einer Neonröhre kaum heller als ein Aquarium erleuchtet wurde. Wie ein fettgefressener Karpfen gründelte sie über ihrem leeren Schreibtisch, vergessen vom Rest der Welt. Kein Wunder, dass das Kalenderblatt an der Wand neben ihr über drei Jahre alt war. Doch die Stimmung in ihrem Unterwasserbüro erwies sich als gefährlich ansteckend. Während die Minuten verstrichen, verstummte auch ich und starrte trübsinnig vor mich hin.

Als die dünne Sekretärin zwar nicht mit Zufan, dafür aber mit einer Akte kam, auf die der Name »Senait« gekrakelt war, schreckte ich hoch. Sollte sich zwischen den blassgrünen Pappdeckeln doch noch meine Geschichte finden? Ein paar Aufzeichnungen darüber, wie ich als Kleinkind war? Vielleicht mein Geburtsdatum, das ich immer noch nicht kannte?

In Afrika besitzen die wenigsten Menschen eine Geburtsurkunde oder ein anderes Dokument, in dem ihr Alter eindeutig vermerkt ist, und die Eltern erinnern sich selten an die Geburtsdaten ihrer Kinder. Sie können nicht lesen und schreiben, besitzen keinen Kalender und merken sich, wie das der menschlichen Natur entspricht, eher die Jahreszeit oder den Monat der Geburt als das Kalenderjahr, in dem ein Kind zur Welt gekommen ist.

»Zufan kann sich dunkel erinnern«, sagte die humpelnde Sekretärin, »an die Geschichte mit dem Koffer. Keine Namen.«

Mehr war aus ihr nicht herauszubekommen. Soviel ich auch nachfragte, sie zuckte nur mit den Schultern. Diese Frau besaß die Emotionalität einer Eidechse.

Auch die Heimleiterin ließ meine Aufregung kalt. Im Zeitlupentempo blätterte sie durch die dünnen Akte und schüttelte den Kopf. »So wie du heißen viele«, sagte sie nach einer langen Pause, als hätte sie diesen Satz sorgfältig überdacht, »und einen zweiten Namen haben wir in den Unterlagen nicht.«

»Dann könnte es auch meine Akte sein?!« Ich versuchte, einen Blick auf die Papiere zu erhaschen. Sofort zog die Frau den Hefter mit einer unwirschen Bewegung noch ein Stück näher zu sich heran.

»Dieses Mädchen ist viel älter als du«, sagte sie böse, »das ist nicht deine Akte.« Sie sah mich herausfordernd an: »Warum willst du etwas über deine Vergangenheit wissen? Du hast doch deinen Vater in Deutschland gefunden, was willst du hier?«

Mir wurde es eng ums Herz. Bei meinem Versuch, etwas über mich zu erfahren, hatte ich mit die größten Hoffnungen auf das Orfan gesetzt. Konnte diese Frau nicht verstehen, warum ein Mensch an seine Wurzeln zurückmöchte? Immerhin war sie selber mal Insassin dieses Heims, hatte mir ihre Sekretärin verraten – wie die Sekretärin selbst auch, und wie viele, die hier arbeiteten. Ob diese verhärteten Frauen wohl genausowenig über ihre Herkunft wussten wie ich? Oder noch weniger?

»Du hast deinen Vater in Deutschland gefunden. Was willst du noch?« schnauzte sie mich an.

Mir war zum Heulen zumute, doch ich versuchte, tapfer zu bleiben: »Ich interessiere mich für meine Kindheit – warum denn nicht? Das ist schließlich mein Leben, um das es hier geht!«

Die Heimleiterin schien diese Antwort zu überraschen – Widerspruch war sie nicht gewohnt. Also beschloss sie, eine härtere Gangart einzulegen und schlug den Tonfall eines Verhörs an, seltsamerweise ohne ihre gelangweilte Körperhaltung aufzugeben. »Wo lebst du?« fragte sie mich geschäftsmäßig, »wo lebt dein Vater? Warum fragst du nicht ihn?«

Ich zögerte einen Moment, ob ich darauf eingehen sollte. Dann gab ich mir einen Ruck. Was hatte ich schon zu verlieren?

»Ich habe keinen Kontakt zu meinem Vater«, antwortete ich wahrheitsgemäß, »weil wir uns nicht verstehen.«

Das Verhör war noch nicht zu Ende. »Warum hast du keinen Kontakt zu ihm? Das geht sicher von dir aus! Warum gehst du nicht zu ihm hin? Bist du überhaupt verheiratet? Hast du Kinder?«

»Bin ich nicht«, erwiderte ich trotzig, »und Kinder habe ich auch keine.«

»Warum verschwendest du dann deine Zeit?« Sie wurde so laut, dass die Sekretärin, die sicher die ganze Zeit über heimlich gelauscht hatte, überrascht aus dem Nebenzimmer hereinsah. »Heirate lieber und gründe eine Familie, anstatt hier zu schnüffeln. Das wäre besser für dich …«

Jetzt platzte mir der Kragen. Ich wollte etwas über meine Kindheit erfahren und musste mir von einer Fremden Verhaltensmaßregeln für mein Leben anhören?!

»Warum hast du nicht gleich gesagt, dass du mir nicht helfen willst?« fauchte ich sie an, aber sie überschüttete mich nur von neuem mit Fragen und Frechheiten, ohne auf meinen Vorwurf einzugehen. Mir blieb nichts anderes übrig, als mich zu verabschieden und dieses Monster hinter seinem Schreibtisch sitzenzulassen.

Ich stampfte hinaus – äußerlich wütend, aber innerlich verzweifelt. Sobald ich außer Sichtweite war, konnte ich die Tränen nicht mehr zurückhalten. Es war eine Begegnung mit der Arroganz der Macht und mit dem Misstrauen gegenüber Ausländern, denn als Ausländerin galt ich hier allemal. Einheimische Frauen stellen keine Fragen, erheben keine Forderungen, sehen ihrem Gegenüber nicht ins Gesicht. Sie senken die Stimme, wenn sie »von oben«, von einem Mann oder von einer höhergestellten Frau, angesprochen werden. Einheimische Frauen stecken in Rollen, die mir vorne und hinten nicht mehr passen, selbst wenn ich mich darum bemühen würde.

Auf der Freitreppe
zum Krankenhaus
hinter dem Orfan.

Vielleicht, dachte ich unter Tränen, hasst mich diese Frau auch, weil ich nicht auf sie angewiesen bin. Weil ich jederzeit hinausgehen konnte aus ihrem Büro, aus ihrem verrotteten Heim, weil ich zurückfliegen kann in meine Welt, während sie ihr ganzes Lebens im Orfan zubringen wird – in dem Heim, in dem sie seit ihrer Geburt lebt.

Das hielt ich mir mit aller Kraft vor Augen, während ich über die hölzerne Veranda vor dem Büro ins Freie stolperte und über das Trümmerfeld ging, das einmal ein Spielplatz war und noch immer einer sein sollte, wenn man dem Gerede der Heimleiterin Glauben schenken wollte. Doch bis auf das Scheppern eines Kofferradios, das die Wachmänner unterhielt, war nichts zu hören. Kein Lachen, keine Abzählreime, keine Kinderlieder. War es zu meiner Zeit hier auch so still gewesen?

Obwohl ich nicht weinen wollte, konnte ich die Tränen nicht zurückhalten. Ein Gefühl der Verlorenheit brach sich mit aller Macht seine Bahn. Verstohlen sah ich mich nach dem Bürodrachen um, dem ich nicht den allerkleinsten Triumph gönnen wollte – und tatsächlich schielte die Leiterin zusammen mit ihrer Untergebenen hinter einer Ecke der Baracke hervor, um zu sehen, ob ich auch auf dem schnellsten Weg wieder verschwände.

Eigentlich wollte ich noch zwischen dem Müll und den verwilderten Oleanderhecken umherwandern, auch wenn alles sehr trostlos aussah. Gerne wäre ich in das Gebäude hinter dem Spielplatz gegangen, das mit den haushohen Fenstern und der riesigen Freitreppe davor, das noch während der italienischen Kolonialzeit erbaut worden war. Das war das Krankenhaus, und ich erinnerte mich dunkel daran, dass es gleich neben unseren hölzernen Schlafbaracken stand. Daneben, wo der Unrat unter dicht wucherndem Gestrüpp verschwand, musste der Garten beginnen. Doch ich konnte mich nicht auf meine Erinnerungen konzentrieren; sie verschwammen zusehends mit den Tränen, die mir die Gegenwart verschleierten. Die Wächter gafften schon neugierig zu mir herüber, weil sie merkten, dass etwas nicht stimmte mit mir. Ich musste sehen, dass ich rauskam.

Während ich mich zögernd von dem Gelände des Heims verabschiedete, verfolgt von den neugierigen Blicken der Wachen, sah ich den Gärtner vor mir. Ich ertappte mich dabei, den Garten verstohlen nach ihm abzusuchen. Halb bewusst, halb unbewusst durchkämmte ich mit Blicken das verwilderte Gestrüpp, das schon ewig keinen Gärtner mehr gesehen hatte, nach diesem damals schon uralten, hässlichen, vernarbten, schmutzigen, erdigen, grinsenden Mann. Doch wer weiß, vielleicht war er damals gar nicht alt. Mir kamen in meiner Kindheit alle Menschen, die älter als achtzehn waren, alt vor. Vielleicht war er auch nicht schmutzig, und nur meine Phantasie hatte das Bild von ihm geschaffen, das ich in mir trage. Aber ich sehe noch deutlich vor mir, wie der Mann nach mir fingerte. Wie wir kleinen Mädchen uns neben ihn ins Gras legen mussten. Was sonst noch geschah, hatte – glücklicherweise vermutlich – der Nebel gnädigen Vergessens verschluckt.

Draußen vor dem verrotteten, aber sorgfältig bewachten Gittertor stand Dawit, mein Fahrer, neben seinem Kia. Das Taxi kam mir wie eine Rettungsboje vor, wie der stets geöffnete Fluchtweg in eine andere Welt, in der demütigende Szenen wie die von vorhin nicht passieren konnten. Ich lehnte mich vor dem Gittertor an das leuchtende Gelb des Autos und schloss die Augen.

Hier also hatte meine Geschichte angefangen, vor über dreißig Jahren. Hier hatte ich meine ersten Lebensjahre verbracht. Hier spielen meine frühesten Erinnerungen. Wurde ich hier geprägt? – Vielleicht überfällt mich deshalb heute noch ein panikartiges Gefühl der Angst vor jeder Art von Abhängigkeit. Vor einer Abhängigkeit, die ich auf diesem Gelände schon früh zu spüren bekam. Angst davor, von Frauen wie dieser Heimleiterin abhängig zu sein. Angst davor, von Leuten abhängig zu sein, die mir wieder sagen könnten, wohin ich gehen soll und wohin ich nicht gehen darf. Angst vor Männern wie diesen Wächtern, die mich durch ihre Gitterstäbe misstrauisch musterten. Ich fühlte Angst davor, von dem autoritären System abhängig zu sein, für das diese Männer Wache standen.

Aber warum um alles in der Welt ist ein Kinderheim militärisch abgeriegelt, von hohen Zäunen umgeben, von einem Gift und Galle speienden Drachen bewacht? – Ich konnte es mir nur mit der prinzipiellen Einstellung eines Staates erklären, der Kinder allgemein und elternlose Kinder im besonderen als sein Eigentum betrachtet. Als eine strategische Reserve im militärischen Sinne. Als Nachwuchsbrigaden für seine nie endenden Konflikte mit Nachbarstaaten, revoltierenden Guerillas und marodierenden Moslems, an denen es in dieser Weltgegend nie mangeln wird.

Ich spürte, dass an diesem Ort der Ursprung meines Problems mit Afrika lag. Dass ich hier um die in Afrika immer wieder von dunklen Mächten geforderte Unterordnung nicht nur wusste, sondern sie auch fühlen konnte. Hier war mir nicht nur rational bewusst, dass meine Mitmenschen unter gewaltsamen Regimen lebten, hier spürte ich die allgegenwärtige Verfügbarkeit des einzelnen geradezu körperlich. Ich litt unter meiner Abhängigkeit von kleinen Männern, die groß tun und schwere Gewehre tragen, aber nur kleine Gedanken zulassen.

Hier im Orfan wurde mir wieder mal bewusst, dass die Menschen in Afrika bei aller Liebe, die sie im Herzen tragen, einander oft mit weniger Respekt behandeln, als Europäer das untereinander gewohnt sind. Afrika ist vermutlich der Kontinent unter der hellsten Sonne und deshalb wohl auch der, in dem die dunkelsten Schatten geworfen werden. Afrika ist der Kontinent der Kontraste. Sowohl diese Liebe als auch diese gegenseitige Geringschätzung kannte ich noch von meiner Kindheit her, weil ich sie als Kindersoldatin am eigenen Leib erfahren hatte, doch damals fehlte mir der Vergleich, und so machte ich mir weiter keine Gedanken darüber. Trotzdem litt ich unter dieser Geringschätzung, aber ich kannte es nicht anders und dachte, dass alle Menschen so miteinander umgehen.

Wie konnte ich vergessen, dass man in meiner Heimat nicht nur ein größeres Herz, sondern auch eine deutlich dickere Haut braucht, um über die Runden zu kommen?! Seufzend ließ ich mich in die Polsterung des Taxis fallen. Wie mich Deutschland doch verweichlicht hat, dachte ich. Aber ich war nicht darüber traurig. Lieber eine weichgespülte Deutsche sein als eine Afrikanerin, für die ein Schulterzucken schon die stärkste emotionale Regung ist!

Comboni

Ich hatte Dawit kaum das Wichtigste von meinen Erlebnissen im Orfan berichtet, als er den Motor seines gelben Taxis schon wieder abstellte. »Wir sind da!« sagte er und deutete auf eine gut verputzte, haushohe Mauer. Die nächste Station meines Lebens.

Ich war versucht, ihn zu bitten, noch ein wenig in der Stadt spazierenzufahren, weil mir das zu schnell ging, doch das hätte er nicht verstanden. In Eritrea fährt man nicht spazieren, dafür ist das Benzin zu kostbar. Nur zu gern hätte ich eine Zigarette geraucht, um mich zu beruhigen, doch auch daran war nicht zu denken, denn vor Dawit wollte ich mich nicht als Raucherin zeigen. Auch wenn ich ihm vielleicht nicht gleich als unbeherrschtes Flittchen erschienen wäre, gefallen hätte es ihm sicher nicht, mich rauchen zu sehen – ich weiß, wie unsere Männer denken. Außerdem hätte jeden Moment eine der Schwestern aus der Klosterpforte treten können, und das wäre eine echte Katastrophe: Eine katholische afrikanische Nonne und eine rauchende Frau können unmöglich gleichzeitig an einem Ort sein.

Mir blieb nichts anderes übrig, als mich aus dem schwitzigen Sitz zu schälen und in die nächste Station der Reise in meine Kindheit einzutreten – in das Comboni-Kloster von Asmara, zu meiner Zeit ein Waisenhaus mit Kindergarten und Schule. »Zu meiner Zeit« – das klang, als hätte ich hier eine wunderbare Zeit erlebt. Dabei habe ich mein Jahr bei den frommen Schwestern alles andere als schön in Erinnerung, eher als angstvoll, fremd und enttäuschend. Es hatte allerdings auch seine guten Seiten. So war mir bei den stets strahlend weiß gekleideten Nonnen zum ersten Mal klargeworden, dass der Magen kein Körperteil ist, den man ständig spüren muss, sondern dass es Menschen gab, die immer so viel Weißbrot, Milch, Käse und Pasta hatten, dass sie das Grummeln im Bauch nur ein- oder zweimal am Tag spürten, und dann nur für kurze Zeit. Erst hier hatte ich die weißen Tücher kennengelernt, mit denen man Betten zudecken konnte, vorher kannte ich weder Essbesteck noch Rohre, aus denen mitten in einem Haus Wasser lief, wann immer man das wollte.

»Was willst du hier, Schwester?«

Die Stimme klang barsch und ließ meine Kindheitsträume wie Seifenblasen zerplatzen. Der Pförtner musterte mich wie eine Bittstellerin. Ich kam mir vor wie eine traurige Märchengestalt, wie ein verlorenes Kind auf der Suche nach seinen verschollenen Eltern. Eine Entwurzelte, die sich verzweifelt an den Schatten ihrer Vergangenheit festhalten möchte.

»Suchst du etwas?«

»Meine Kindheit«, sagte ich knapp und staunte selbst über die Antwort, die so spontan und unerwartet ehrlich gekommen war. Aufmerksam beobachtete ich das zerfurchte Gesicht des Pförtners, der vielleicht schon vor einem Vierteljahrhundert hier gearbeitet hatte, als ich als fünfjähriges Mädchen noch auf seiner Seite der Mauer stand.

Deutlich sah ich diese Mauer vor mir, die mir die Aussicht auf die Welt versperrt hatte. Sie hatte mich zwar vor all dem Elend auf der anderen Seite geschützt, von dem ich noch kaum etwas wusste – vom Elend eines bettelarmen, Hunger leidenden Landes im Kriegszustand. Doch diese Mauer hielt mich auch davon ab, nach draußen zu sehen, sie stand zwischen mir und meiner Familie, denn soviel wusste ich: Jedes Kind hat einen Vater und eine Mutter, und meine Eltern mussten wohl hinter dieser Mauer leben, denn innerhalb von ihr waren sie sicher nicht.

Das Gesicht des Pförtners verfinsterte sich, je länger ich ihn anstarrte. Wie alle eritreischen Männer war er es nicht gewohnt, von einer Frau gemustert zu werden, von einer jüngeren Frau ganz zu schweigen. »Was gibt's da zu glotzen?« fuhr er mich an.

Er hatte keine Ahnung, was auf ihn zukam. Ich allerdings auch nicht. Wie in Trance stand ich da, unfähig, mich zu bewegen, zu keiner vernünftigen Antwort in der Lage. Mein Blick wanderte über die Schulter des Pförtners in seiner speckigen Arbeitskluft, der mindestens einen halben Kopf kleiner war als ich, in den Garten. Immerhin war der Film meiner Erinnerungen an Comboni schon bunter und nicht mehr so ruckelig wie der vom Orfan, die Szenen schwammen weniger ineinander. Hier waren die Käfige.

Ich sah genau vor mir, wie ich als kleines Mädchen jeden Tag vor den Käfigen kniete, um die Kaninchen zu füttern, die dort »gefangengehalten« wurden, wie ich zu den anderen Kindern immer wieder sagte. Ich sah die glänzenden Augen der Tiere vor mir, ihre weichen Schnäuzchen, die mir entgegenschnupperten. Ich spürte meine Verzweiflung, wenn eines der Tiere fehlte. Keines der Kinder erfuhr, wo das Kaninchen hingekommen war, doch einer der großen Jungs hatte behauptet, dass die Kaninchen aufgeschnitten, gehäutet und gegessen würden. Wir glaubten ihm kein Wort, aber niemand von uns wagte, bei einer der strengen Schwestern nachzufragen. Verstohlen hatte ich mich immer wieder umgesehen, ob in irgendeinem Winkel vielleicht ein aufgeschnittenes Kaninchen, ein ausgerissenes Hasenohr oder etwas dergleichen zu sehen wäre, aber ich war nie fündig geworden. Immerhin beschloss ich wenig später, nie wieder Fleisch zu essen. Ein Vorsatz, dem ich trotz manchmal widriger Umstände bis heute treu geblieben bin.

»Wir können hinein«, sagte eine gute Stimme neben mir.

Das war nicht der Pförtner. Mit einem Ruck landete ich wieder in der Gegenwart.

»Wir können hinein«, sagte Dawit noch einmal. Mein allerbester Taxifahrer sprach extra langsam und deutlich, weil er mitbekommen hatte, dass ich wieder einmal nicht ganz da war. Er hatte meine Erstarrung offenbar dazu benutzt, um beim Pförtner ein gutes Wort für mich einzulegen, denn der musterte mich deutlich milder. Ungefähr so wie man Menschen ansieht, die merkwürdige Dinge tun.

Ich hatte kein Wort des Gesprächs zwischen den beiden mitbekommen, doch so geht es mir manchmal: Wenn ich intensiv mit einer Sache beschäftigt bin, kann die Welt rund um mich in Trümmer sinken, und ich bekomme nichts davon mit. Meine Vergangenheit beschäftigte mich in diesen Momenten so stark, als hätte ich das Waisenhaus erst gestern verlassen und nicht schon vor siebenundzwanzig Jahren.

Wie abwesend ging ich hinter Dawit durch den Garten zum Hauptgebäude des Klosters. Den Klinkerbau im italienisch-romantischen Stil hatte ich kaum mehr in Erinnerung. Ich wusste nur noch, dass das Haus mit vielen Türmchen und Zinnen und Bögen geschmückt war. Als Kind kam es mir riesig vor, jetzt sah ich, dass das Kloster nur so groß war wie ein normales Schulgebäude oder ein kleines Krankenhaus, als welches es heute dient. Das Haus gehört den Comboni-Missionaren vom Herzen Jesu. Diesen Orden gründete der italienische Bischof Daniele Comboni im neunzehnten Jahrhundert, ein vom Gardasee stammender Missionar, der früh erkannt hatte, dass man Afrika nur mit Hilfe afrikanischer Missionare erfolgreich zum Christentum bekehren könnte. Ich finde zwar, man sollte den Menschen in der Dritten Welt den Glauben lassen, der zu ihrer Kultur gehört, doch für seine Zeit war Comboni fortschrittlich – immerhin trat er gegen Sklaverei und Menschenhandel und für die Gleichbehandlung von Afrikanern ein, als das noch lange nicht selbstverständlich war.

Ganz im Gegenteil: Ein knappes Jahrzehnt nach Combonis Tod im Jahre 1890 wurde Eritrea von den Italienern als Kolonie gekapert, und die Weißen errichteten dort ein brutales Apartheidregime, das die Zustände, wie wir sie aus Südafrika zur Zeit der Rassentrennung kennen, noch übertraf. Sie verbaten den Eritreern, den von ihnen selbst in schweißtreibender Arbeit errichteten Prachtboulevard im Zentrum Asmaras zu benutzen. All die toskanischen Paläste, Art-déco-Kinos und stuckverzierten Villen hatten Schwarze zwar mit gebaut und gepflegt, doch sie waren den Weißen vorbehalten. Die Schwarzen mussten mit ihren Hütten am Stadtrand vorliebnehmen, und ihre Kinder durften nur für jeweils vier Jahre zur Schule gehen, da Bildung für Afrikaner in den Augen der weißen Machthaber bloß rausgeschmissenes Geld bedeutete. In dem vom italienischen Faschisten Benito Mussolini als afrikanische Musterkolonie angelegten Eritrea war für die Schwarzen noch in den zwanziger und dreißiger Jahren des zwanzigsten Jahrhunderts nur eine Rolle vorgesehen: die der fleißigen, aber anspruchslosen Arbeiter. Die der braven, aber stummen Negerlein.

Weiße Männer durften schwarze Frauen offiziell weder heiraten noch mit ihnen Kinder kriegen, auch wenn sich die Italiener selbst bei weitem nicht immer daran hielten. Umgekehrt jedoch war es undenkbar, denn auch in Sachen Sex und Liebe war das Machtgefälle klar: Kinder von schwarzen Männern mit weißen Frauen sind nicht bekannt oder gab es keine – weiße Männer konnten sich ihre Partnerinnen aussuchen, schwarze nicht.

Diese Zustände änderten sich nach dem Zweiten Weltkrieg, als die an allen Fronten besiegten Italiener in unvergleichlicher Großmut auf ihre Kolonien verzichteten, die sie ohnehin längst verloren hatten, und die UNO das Land dem äthiopischen Kaiser Haile Selassie zur Verwaltung übertrug. Das bedeutete zwar das Ende der europäischen Herrschaft, war aber trotzdem ein unglückseliger Schritt, der den dreißigjährigen blutigen Befreiungskrieg der Eritreer gegen die äthiopische Herrschaft nach sich zog.

Als ich in den siebziger Jahren in dem Kloster lebte, bekam ich die letzten Spuren der weißen Unterdrückung noch deutlich zu spüren. Hier sah ich nicht nur zum ersten Mal in meinem Leben weißhäutige

Früher war ich hier im Kinderheim, heute ist es der Eingang zum Wohntrakt des Comboni-Klosters in Asmara.

Menschen, ich lernte auch, dass sie mehr wert waren als dunkelhäutige. Bei Comboni gab es nicht nur viel mehr weiße Kinder als schwarze, auch die meisten Schwestern waren hellhäutige Italienerinnen. Ich bewunderte ihre wie durchsichtig erscheinende Haut, hinter der manchmal sogar die Adern schimmerten, wie ich als Kind aufgeregt feststellte, besonders an den Händen. Nur ihre Haare, die mich sehr interessiert hätten, konnte ich nicht sehen, weil sie stets unter großen weißen, hart aussehenden Hauben verborgen waren, die man weder berühren noch abnehmen durfte. Nur zu gerne hätte ich gewusst, ob ihr Haar auch so golden war wie das Haar der Mutter Maria, der steinernen Frau, die auch im Orfan stand und die die allererste Weiße war, die ich in meinem Leben gesehen hatte.

Ganz in Gedanken merkte ich kaum, dass wir am Ziel angekommen waren – einem kleinen Warteraum bei der eigentlichen Pforte des Klosters. Vor dem Bereich, den nur die Nonnen selbst betreten durften.

Dawit und ich setzten uns auf Stühle, die an den Wänden aufgereiht standen. Auf dem Tisch in der Mitte des Zimmers lagen europäische Zeitschriften, an den Wänden hingen verblichene Fotos von Kirchen, Landschaften und italienischen Nonnen, die afrikanische Kinder herzten. Es wirkte wie der Warteraum eines sehr katholischen Arztes. Da saß ich nun wie eine Kundin auf Besuch in ihrer eigenen Vergangenheit. Als Kind hatte ich hier zwar in einer Oase der Sicherheit und Geborgenheit gelebt, aber auch auf einer Insel innerlicher Kälte und äußerlicher Disziplin. Auf einer Boje Europas inmitten einer wilden afrikanischen See.

Als eine weiße Schwester eintrat, musterte ich sie, ob mir ihr faltenreiches Gesicht bekannt vorkam. Sie war sicher um die sechzig Jahre alt. Ob sie damals schon hier gelebt hatte? Sorgfältig studierte ich ihre Züge, während ich mit ihr sprach, aber ich entdeckte nichts Bekanntes darin. Die Nonne stellte sich als Mutter Angela vor, sprach fließend Tigrinya und hörte interessiert zu, als ich ihr erzählte, wie ich ins Comboni-Waisenhaus kam, weil ich schon zu alt für das staatliche Orfan gewesen war. Sie schien gerührt von meiner Geschichte und besonders davon, dass ich aus Europa extra hierhergekommen war, um mehr über meine Vergangenheit zu erfahren. Sie versprach, eine Schwester herbeizuholen, die schon fast sechzig Jahre hier lebte und sich vielleicht an etwas erinnern könnte.

»Ich bin erst seit rund zwanzig Jahren hier«, sagte Schwester Angela, »ich habe noch nie etwas von deiner Geschichte gehört.«

Märchenland

»Bis Haregu kommt, zeige ich dir das Kloster«, bot Schwester Angela an, und ich willigte freudig ein – endlich musste ich mich einmal nicht dafür entschuldigen, dass ich mich für mein eigenes Leben interessierte. Wir gingen aus dem Hauptgebäude zu einem kleineren Haus hinter dem Garten. »Heute gibt es hier kein Waisenhaus mehr«, sagte die Schwester, wohl weil sie meine fragenden Blicke gesehen hatte. »Das große Haus ist wieder das Krankenhaus, als das es ursprünglich erbaut worden war. Aber hier hinten ist ein Kindergarten. Dort haben die Kinder immer schon gespielt.«

Wir betraten einen hohen Raum, der trotz der großen Fenster so düster war, dass sich die Augen nach dem gleißenden Sonnenlicht erst langsam an die Dunkelheit gewöhnten. In der Mitte des Raumes standen lange, niedrige Tische, an die rundherum kleine Stühlchen gestellt waren. Auf einem kleinen Tisch war ein künstlicher Weihnachtsbaum aufgebaut, denn die katholischen Weihnachten waren eben vorbei, und das orthodoxe Weihnachtsfest stand unmittelbar bevor. Die Plastikfichte war mit Lametta, bunten Glaskugeln und Kinderzeichnungen behangen, an ihrem Fuß versank eine Krippe mit Schafen und Engelsfiguren in einem undurchdringlichen Teppich aus Glaswolle.

Nach und nach traten die Wände aus dem Dunkel hervor. Ich sah Berge, Wälder, Wiesen. Ich sah Bären, Rehe, Gänse und Enten, Schneewittchen und die sieben Zwerge, Rotkäppchen und den Wolf. Meine Blicke wanderten über romantische deutsche Landschaften. Wie versteinert stand ich in der Mitte des Saals und starrte die Märchenszenen an: Das waren die Sehnsuchtsbilder meiner Kindheit, die Szenen aus einer besseren Welt, in der die Natur leuchtend grün war, wo die Menschen helle Gesichter hatten und das Wasser im Überfluss sprudelte. Damals war das auch deshalb eine Sehnsuchtswelt gewesen, weil wir schwarzen Kinder nur selten in diesen bunt bemalten Vorhof des Paradieses eingelassen wurden. Normalerweise mussten wir in einem anderen Raum essen, weil der Speisesaal den Kindern vorbehalten war, die so aussahen wie die Kinder auf den Fresken, und die waren damals in der Mehrheit. Auch wenn wir noch keinen Begriff von so etwas wie Rassismus hatten, empfanden wir das als ungerecht, aber schwerer als diese Ungerechtigkeit wog für uns die Tatsache, dass wir jeden Tag essen konnten, bis wir satt waren.

Neben dem Speisesaal lag der Spielplatz. Dort gab es Schaukeln, Rutschen und sogar ein Karussell mit bunt lackierten Pferden, die sich unter einem Baldachin um eine vielfarbige Pyramide drehten. Ich hatte noch nie zuvor solche Geräte gesehen, doch als schwarzes Kind durfte ich diese Wunderdinge nur betrachten, die den weißen Kindern vorbehalten waren. Wie anders wirkte der Spielplatz heute! Dutzende gutgelaunte, lachende und hübsch frisierte schwarze Kinder in blauen Uniformkleidchen tobten an den Geräten, die bei näherer Betrachtung uralt und verbogen und fast ein wenig gefährlich aussahen und deren Lack von tausend Kinderhänden stellenweise bis zum blanken Eisen abgegriffen war.

Als ich Schwester Angela fragte, warum früher alles so anders war als jetzt, verdüsterte sich ihr Blick unmerklich. Die Frage gefiel ihr nicht. »Wir haben keine weißen Kinder mehr, weil kaum Europäer in Eritrea leben«, sagte sie, was nicht ganz die Antwort auf meine Frage war.

Warum wir damals nicht hier spielen durften? hakte ich nach.

»Ich weiß davon nichts«, sagte sie ausweichend, »wir werden Schwester Haregu fragen. Aber ich habe noch nichts von einem Verbot gehört. Das ist mir neu.«

Ein wenig ratlos folgte ich ihr weiter auf unserem Rundgang. Sollte sie wirklich nichts wissen? Oder wollte sie nichts Schlechtes auf das Kloster kommen lassen?

Ich wusste mittlerweile, dass bald nach meiner Zeit bei den italienischen Schwestern überhaupt keine schwarzen Kinder mehr im Comboni-Heim lebten. Als ich das Heim verließ, herrschte ein inniges Verhältnis zwischen Äthiopien, Kuba und der Sowjetunion. Als den Italienern, die das Comboni-Heim wie viele andere Einrichtungen in ihrer ehemaligen Kolonie finanziell unterstützten, die äthiopische Vorliebe für den Kommunismus zuviel wurde, stellten sie ihre Hilfeleistungen für Eritrea ein, das damals nur eine äthiopische Provinz war. Dem äthiopischen Staat waren solche Heime aber zu teuer – also beschloss man, die Häuser nicht weiter zu erhalten, sondern alle Kinder nach Kuba auszufliegen.

Seit damals gibt es viele Äthiopier in Kuba. Viele der Mädchen gehen dort auf den Strich – vermutlich, weil sie keine Ausbildung, keine Familien und keine finanzielle Unterstützung haben. Wer weiß, wie mein Leben verlaufen wäre, wenn ich im Waisenhaus hätte bleiben müssen …

Ich trabte hinter Schwester Angela her, bis wir in einen kleinen Hof kamen, in dessen Eingang eine Marienstatue stand. Es war eine jener kitschigen Gipsfiguren, wie sie überall auf der Welt in Kirchen, Kapellen, Schulen oder Kindergärten zu finden sind, mit blauem Kleid, rotem Schultertuch, strohblonden Haaren, goldener Krone und leicht gesenktem Blick aus strahlend blauen Augen. Auf ihrem linken Arm saß das Jesuskind in einem weißen Babykleid, ebenfalls mit einer goldenen Krone geschmückt. Das war meine Maria! Meine Statue, meine Göttin, meine Idealmutter, mein Idol! Damals hatten uns die Schwestern erzählt, dass die Muttergottes unser aller Mutter wäre. Ich hatte das zeitweise ziemlich wörtlich genommen, weil ich weit und breit keine Mutter aus Fleisch und Blut zu sehen bekam.

Wie ernüchternd das war, nun wieder vor dieser Statue zu stehen. Diesmal nicht auf die Knie zu fallen vor dem süßlichen Bildnis, auch wenn es mir immer noch naheging – und das nicht nur aus sentimentalen Erinnerungen heraus. Ich bin immer noch gläubig, so wie damals, aber auch wenn ich mir etwas von dem kindlichen Glauben meiner Kindheit bis heute bewahren konnte, so stieß ich mich doch an dieser globalisierten, nordischen Madonna. Immerhin stammt das Christentum aus dem Morgenland, von der Sinai-Halbinsel, aus Bethlehem, aus dem Reich König Salomons, und nicht von der deutschen Ostseeküste – und doch sehen die meisten Marien- und Jesusstatuen auf der ganzen Welt so aus. Dass die Deutschen ihre Maria so darstellen, ist klar – aber warum bekamen wir sie als Kinder so vorgesetzt? Warum wurde uns auf diesem Wege eingeimpft, dass unsere Hautfarbe uns so sehr von unserer Mutter unterscheidet? Warum wurden wir auch dadurch immer wieder dazu gebracht, unsere Farbe als weniger göttlich, als zu dunkel, als minderwertig anzusehen?

Das ist kein Vorwurf an die Religion, aber doch einer an die weißen Vertreter Gottes, die damals in Afrika wirkten – und an einen ihrer wichtigsten, nämlich Daniel Comboni, der erst vor drei Jahren von Papst Johannes Paul II. heiliggesprochen wurde.

Je länger wir auf dem Gelände umherwanderten, desto gegenwärtiger wurde mir meine Kindheit. Ja, hier hatten wir unsere Schlafräume, dort aßen wir, über diesen Gang liefen wir zum Unterricht. Sogar der Name einer der Schwestern fiel mir wieder ein – Fiorina. Schwester Angela kannte sie nicht, sie war wohl längst gestorben oder in die Heimat abberufen.

Zurück im Wartesaal an der Klosterpforte empfing uns Schwester Haregu. Sie wirkte gebrechlich, ihr Gesicht glich einer Landschaft mit tief eingeschnittenen Flusstälern und kantigen Bergkämmen, über denen täglich eine milde Sonne aufging. Haregu war Eritreerin, sie stammte aus dem Bergland und lebte seit siebenundvierzig Jahren im Kloster. Es lief mir kalt über den Rücken – länger als ein durchschnittliches afrikanisches Menschenleben wohnte sie bereits in diesen Mauern, eine unvorstellbar lange Zeit.

Haregu war keine alte Jungfer oder eine versauerte Klosterschwester, sondern im Gegenteil die offenste und freundlichste von allen. Aufmerksam hörte sie sich die Kurzfassung meiner Lebensgeschichte an.

»Kind aus dem Koffer?« Bei der Erwähnung dieser Episode horchte sie auf, der Begriff sagte ihr etwas, ohne dass sie genau wusste, was. Sie schien in sich hineinzuhorchen, auf eine Stimme zu lauschen, die von so weit her erklang, dass sie sie kaum verstehen konnte.

»Das erinnert mich an etwas, aber ich weiß noch nicht, woran«, sagte Haregu. »Gib mir ein paar Tage Zeit, ich werde im Archiv nachsehen, ob ich etwas finden kann.«

Ich war so gerührt, dass ich spontan auf die Knie rutschte und ihr die Hand küsste. Bei Priestern oder Mönchen ist das üblich, bei Nonnen wahrscheinlich nicht. Aber ich tat es auch nicht aus Konvention, sondern weil ich Haregu danken wollte. Ich wollte sie wissen lassen, was es für mich bedeutete, wenn mir jemand helfen wollte, mich selbst zu finden. Haregu konnte meine Gefühle wohl auch verstehen. Sie segnete mich und legte mir zum Abschied ihre faltigen Hände auf die Haare.

Mit Tränen in den Augen verließ ich das Kloster, Dawit ratlos hinter mir her. Der Arme – in was für eine Geschichte war er als harmloser Taxifahrer da hineingeraten!

Tesfay

Kaum saß ich wieder im Kia, empfand ich so etwas wie Heimatgefühl. Die Umgebung meines kleinen Reiches, dieses knallgelben koreanischen Taxis, war mir immer noch ziemlich fremd: all die schwarzen Menschen auf der Straße, die Männer in ihren zerschlissenen Jacketts, die Frauen in den bunten Gewändern, meist mit Päckchen und Tüten und Bündeln von Brennmaterial oder anderen Dingen beladen. Die Radfahrer auf ihren verbogenen Drahteseln, die überladenen Busse, die zerlumpten Kinder, die ohne erwachsene Begleitung über die Straßen tobten. Die Dunkelheit, die sich plötzlich über die Stadt legte, als hätte jemand das große Himmelslicht ausgeknipst.

Noch geborgener fühlte ich mich nur in meinem Hotelzimmer. Dort angekommen, stellte ich den Fernseher an, damit mich die Finsternis und die Stille nicht anspringen konnten. Dann warf ich mich aufs Bett, zog die Decke über den Kopf und heulte los. Die ganze Wut über die Abweisung im Orfan, die Enttäuschung über die Gipsmadonna, die verschwiegene Zurückhaltung von Schwester Angela – alles weinte ich ins Kissen. Ich weinte und weinte, bis das Telefon klingelte.

Am anderen Ende der Leitung war Flora. Sie wirkte gestresst, kein Wunder so kurz vor der Hochzeit. Trotzdem wollte sie gern noch mal ausgehen, denn die Familie ist ja nicht nur Anlass zur Freude, sondern kann einem auch zur Last fallen, und genau das schien bei ihr im Moment der Fall zu sein. Ich zögerte kurz, doch dann sagte ich freudig zu: Musik und andere Menschen würden mich auf andere Gedanken bringen. In einer Stunde wollte Flora in der Hotelbar sein.

»Ambassador Lounge« hieß die Bar. Das klang ziemlich cool, und das war diese Bar auch, aber nicht so, wie man sich eine coole Bar aus europäischer Sicht vorstellt. Die Kellner trugen zwar Uniformen, aber mitunter hing einem von ihnen das Hemd aus der Hose, und wenn es einer Kellnerin zu kalt war, trug sie einen Pullover unter der weißen Bluse. Alle waren sehr freundlich, aber durch die langen Dienstzeiten zum Teil völlig übermüdet, so dass es vorkam, dass einer seinen Kopf auf den Tresen legte, um zu schlafen, während der andere zwischen der Bar und den Tischen hin und her schlurfte. Die meisten Gäste kannten diese Gebräuche, weil sie jeden Tag hier saßen.

Als ich die Bar betrat, war es früher Abend und daher kaum ein Platz frei. Suchend sah ich mich um. Die Menschen saßen in großen Runden beisammen, nicht allein oder zu zweit wie in Deutschland. Sie unterhielten sich lautstark und qualmten wie die Weltmeister, aber sie hatten nur wenige Drinks vor sich stehen – ihnen fehlte das Geld, um auch wie die Weltmeister zu bestellen. Dafür war der Zigarettenqualm so dicht, dass man die Kellner kaum ausmachen konnte. Von Flora war noch keine Spur zu sehen. Unsicher hielt ich nach einem Platz Ausschau. Von einem der Tische winkten mir die Leute zu, dass ich mich zu ihnen setzen sollte. Ich zögerte, aber sie ließen nicht locker, bis ich bei ihnen saß. Gleich zogen sie mich in ein witziges Gespräch hinein über das Woher und Wohin und Warum. Anders als ich befürchtet hatte, kam es dabei zu keiner Spur von Anmache. Gelöst ließ ich mich in das Gespräch fallen. Wie misstrauisch gegenüber den Menschen ich geworden war – lag das an Deutschland? Oder lag es an mir und meinen Erfahrungen, die mit so viel Negativem verbunden waren?

Bald stellte sich heraus, dass Tesfay, der Mann zu meiner Linken, nicht nur sang wie ich, sondern ebenfalls ein Waisenkind war. Er hatte mit sieben Jahren seine Eltern verloren, die auf der Flucht von Äthiopien nach Eritrea ums Leben gekommen waren. Damals wurden viele Eritreer aus Äthiopien vertrieben, was für Tesfays Familie doppelt bitter war, weil sie eigentlich Äthiopier waren. Seine Eltern gehörten zum Stamm der Tigrinya, dessen Siedlungsgebiet in der Kebessa-Hochebene liegt, die sich sowohl auf eritreischem als auch auf äthiopischem Gebiet erstreckt. Da es in dieser Gegend kaum Unterschiede zwischen Eritreern und Äthiopiern gibt, war es für die kriegführenden Parteien nicht leicht, Freund und Feind zu unterscheiden. So wurden Tesfays Eltern vermutlich irrtümlich vertrieben und umgebracht.

Jedesmal, wenn ich eine solche Geschichte höre – und es gibt unzählige davon! – überkommen mich Wut und Hilflosigkeit: Was ist das für ein Krieg, in dem die Kämpfer noch nicht mal wissen, wer zu ihnen gehört und wer nicht? Es ist schon absurd, Menschen eines anderen Volkes zu töten, nur weil sie eine andere Hautfarbe, eine andere Sprache oder eine andere Art zu beten haben, aber Menschen abzuschlachten, die genauso sprechen, denken, essen, wohnen und beten wie man selbst, ist wohl noch eine Spur absurder.

Über solchen Gedanken fanden wir rasch zueinander, doch als ich hörte, wo der kleine Tesfay leben musste, nachdem er seine Eltern verloren hatte, verschlug es mir fast den Atem: bei Comboni. In demselben Waisenhaus, das ich heute erst besucht hatte. Wir kamen uns wie Geschwister vor, die sich nach Jahrzehnten der Suche endlich wiedergefunden hatten, und fielen einander in die Arme.

Dass Flora inzwischen eingetroffen war, hatte ich nicht bemerkt, und auch sie musste sich eine Zeitlang umsehen, um mich zu finden. Als sie mich erkannte, konnte sie ihre Überraschung über die innige Runde an unserem Tisch nur schwer verbergen. Sie dachte, ich fühlte mich noch fremd in Asmara, und nun fand sie mich inmitten eines Kreises eng vertrauter Freunde vor.

Tesfay und ich begannen sofort zu überlegen, ob wir uns etwa schon als Kinder im Waisenhaus gesehen haben könnten, doch das war unmöglich: Tesfay war fünf bis sieben Jahre jünger als ich, genauer ließ sich das nicht rekonstruieren, und war im Alter von sieben nach Comboni gekommen, ich dagegen vermutlich bereits mit fünf Jahren.

Zunächst dachten wir zwar, dass wir etwa gleich alt sein müssten, doch wir hatten uns getäuscht. Wie die meisten Eritreer war Tesfay sehr dünn, aber trotzdem hoch aufgeschossen, und seine Züge waren bereits dicht von Falten durchzogen; zudem war seine Haltung leicht vorgebeugt – doch was in europäischen Breiten klare Indizien für ein Alter über dreißig wären, war in Afrika bloß ein Beleg für ein hartes, entbehrungsreiches Leben. Umgekehrt hatte Tesfay mich auf Mitte Zwanzig geschätzt, wegen meiner vollen Haare, der gleichmäßigen Züge, der glatten Haut und der guten Zähne – das alles war in Afrika ein klarer Hinweis auf Jugend, zeugte in Deutschland hingegen nur von einem guten Zahnarzt, von üppig verwendeter Feuchtigkeitscreme, viel Lippenbalsam und einem Beruf und einem Lebenswandel, die körperlich nicht an die Substanz gingen.

Sunshine Hotel

Schnell hatten Tesfay und ich die staunende Flora in unsere neu entdeckten Gemeinsamkeiten eingeweiht. Für sie war das eine fremde Welt – natürlich wusste sie um Krieg und Vertreibung, doch ihre Familie war davon fast ganz verschont geblieben. Floras Welt war wunderbar stabil, sorgenfrei und behütet, auch wenn sie, wie viele ihrer Geschwister, im Ausland lebte – doch genau diese Auslandseritreer bildeten das Fundament für den relativen Wohlstand ihrer Familien in Asmara.

Tesfay war ein religiöser Mensch. Mehrfach dankte er Gott, dass er auf mich, dass er auf uns beide gestoßen war. Sobald er hörte, dass ich ebenfalls Sängerin war, selbst komponierte, auftrat und Platten aufnahm, war er Feuer und Flamme dafür, mich in die Musikszene einzuführen. Auch Flora war einverstanden, war sie doch in den letzten Jahren wenig in Asmara gewesen und nicht sehr up to date, was das Nachtleben der eritreischen Hauptstadt betraf.

Wir machten uns sogleich in ein anderes Hotel auf. Das war zwar nur einen knappen Kilometer entfernt, aber niemals wäre es einem Eritreer auch nur in seinen übelsten Träumen eingefallen, eine solche Strecke zu Fuß zurückzulegen, wenn es die Möglichkeit gab, zu fahren. Dass wir als Europäerinnen uns die paar Nakfa für solch eine Fahrt leisten könnten, war jedem Asmarino klar.

Das »Sunshine« war im Vergleich zum Ambassador ein richtig schikkes Hotel mit einem tropischen Garten, einem funktionierenden Telefon und Kellnern, denen nichts über den Hosenbund hing. Hier sollte in wenigen Tagen die Hochzeit von Floras Schwester stattfinden.

Die Bar des Sunshine war gegenüber der Ambassador Lounge der pure Luxus: tiefe Sofas, schwere Vorhänge, gedämpftes Licht, ein wohlbestückter Tresen. Das Beste aber war die winzige Bühne: Dort spielten drei Musiker – ein Keyboarder, ein Gitarrist und ein Schlagzeuger – sehr einfühlsamen Jazz, zu dem ein vierter Musiker »My Funny Valentine« sang, eine alte Chet-Baker-Nummer, einer meiner Favoriten. Es war wunderbar, wie emotional dieser Sänger die Töne traf, mit wieviel Schmelz er den Song zum Vibrieren brachte. Wir klatschten, was das Zeug hielt, auch wenn das übrige Publikum recht kühl reagierte – die meisten Leute schienen von dem Gespräch mit ihren Tischnachbarn voll beansprucht zu sein.

Uns ging es bald nicht anders. Kaum hatten wir Platz genommen, wurde Tesfay von einem nach dem anderen begrüßt. Er schien jeden hier zu kennen, alle kannten ihn, und jeder wollte Flora und mich kennenlernen – ich kann mich nicht erinnern, jemals in meinem Leben in so kurzer Zeit so vielen Menschen erklärt zu haben, wer ich bin, wo ich herkomme und was ich so mache.

Von all den neuen Gesichtern beeindruckte mich das von Lula am meisten. Lula war vielleicht zwei, drei Jahre jünger als ich, sie war schön, hatte große Lippen und noch größere Augen, und doch konnte ich in ihrem Gesicht so viel Geschichte lesen. Ich weiß nicht genau, woran ich das sah – vielleicht an dem harten Zug, der sich ein Stück über ihrem Mund eingegraben hatte, vielleicht an ihrer Haut, die von ein paar zwar schon lange verheilten, aber noch sichtbaren Narben durchzogen war.

Als ich kurz davor war, sie zu fragen, ob sie im Krieg gekämpft hatte, erzählte Lula von sich aus davon. Sie sprach nicht verschämt darüber, nicht mit schlechtem Gewissen, wie das eritreische Frauen und manchmal auch Männer in Deutschland tun, die als Kinder mit der Waffe in der Hand für die Befreiung ihres Landes kämpfen mussten, sondern sie erzählte es voller Stolz. Lula war noch nie im Ausland gewesen, sie hatte noch nie kritische Stimmen über den Befreiungskampf gehört, sie kannte Begriffe wie »Kindersoldaten« oder »Zwangsrekruten« überhaupt nicht – für sie war es auch im nachhinein die selbstverständlichste Sache der Welt, für die Freiheit ihres Landes zu kämpfen. Nachdem ihr Volk den Kampf gewonnen hatte, grübelte sie über ihr Schicksal als Kindersoldatin nicht weiter nach. Lula hatte andere Pläne: Sie wollte Sängerin werden und sog deshalb begierig auf, was ich über meine Karriere zu erzählen wusste.

Unsere Unterhaltung wurde unterbrochen, als Tesfay aufstand und ans Mikrophon trat – er hatte uns verschwiegen, dass er hier als Sänger arbeitete. Deshalb also hatte er so vehement auf den Aufbruch gedrungen: weil er zu seinem Job musste, oder vielmehr zu einem seiner Jobs, wie wir später erfuhren, denn die Musiker verdienten hier so wenig, dass sie von ein paar Auftritten in der Woche nicht überleben konnten.

Hatte mir schon der vorige Sänger gefallen, so war ich von Tesfays Auftritt schlichtweg begeistert: Er begann mit »Gloomy Sunday«, sang dann »Yesterday« und zum Schluss seines ersten Sets »Blue Moon«, alles getragene, gefühlvolle Balladen, die bei ihm klangen wie in einem Nachtclub in der tiefsten Bronx, so echt, so bluesig und auch so gut intoniert.

Als er auf seinen Platz bei uns zurückkehrte, überfiel ich Tesfay mit Fragen: Wo er so gut singen gelernt habe, woher er die Lieder kenne, wie es kam, dass er mit einem so guten Akzent sang?

»So toll bin ich auch wieder nicht«, wehrte Tesfay zuerst bescheiden ab. Er hatte sich alles selbst beigebracht. Professionellen Gesangsunterricht hatte er nie, Englisch nur zwei Jahre in der Schule genossen und danach auf eigene Faust nach alten Lehrbüchern gelernt. Die Lieder hatte er nur ein paarmal auf kratzigen Kassetten bei einem Freund gehört, denn für einen eigenen Kassettenrecorder reichte sein Geld nicht.

Tesfay saß kaum wieder bei uns, als auch schon der nächste Sänger auf der Bühne stand, dann die nächste Sängerin, wieder der nächste Sänger – auch Lula sang ein eritreisches Liebeslied. Sie hatte eine schöne, helle, klare Stimme, die jedoch völlig untrainiert war. Ich sah, dass

Lula sang mit mir bei diesem Auftritt in Asmara.

sie während des Singens mit der Atmung zu kämpfen hatte und dabei noch zu aufgeregt war, aber ich mochte die Art, wie sie drauflosträllerte. Auch die Leute mochten sie und spendeten ihr mehr Beifall als manchem der anderen Sänger.

So ging das immerfort weiter. Das Publikum hatte Eintritt bezahlt und wollte dafür unterhalten werden. Ich bewunderte aber nicht nur einige der Sänger, von denen manche ohne größere musikalische Vorkenntnisse voller Inbrunst ihre Lieder vortrugen, ich bewunderte auch die Bandmitglieder, die Stunde um Stunde ohne Pause spielten, denn für sie gab es keinen Ersatz, sie standen den ganzen Abend auf der Bühne.

Wir bekamen auch ein paar Lieder auf Tigrinya zu hören, doch die meisten Sänger trugen amerikanische Songs vor. Ich fragte Tesfay, warum das so war.

»In uns wohnt eine große Sehnsucht nach der Ferne«, sagte er, und es klang theatralisch, obwohl er es nicht so gemeint hatte. »Wir wollen alle fort, vor allem nach Amerika. Wir wollen die Welt sehen, wir wollen Geld verdienen. Keiner von uns will reich werden, aber jeder will soviel haben, dass wir unsere Familien ernähren können.«

Erst jetzt wurde mir klar, dass Tesfay eine Frau hatte und eine drei Jahre alte Tochter. Ich erfuhr, dass kaum einer der Musiker nur von der Musik leben konnte und dass jeder entweder von Spenden seiner Familie abhängig war oder von noch schlechter bezahlten Nebenjobs, die eigentlich Hauptjobs waren. Aber nicht alle dachten so wie Tesfay. Der Keyboarder beispielsweise hatte jahrelang in Deutschland gelebt. Er sprach sehr gut Deutsch, mit leichtem fränkischem Akzent, denn er hatte sich in der Umgebung von Nürnberg als Bar- und Studiomusiker durchgeschlagen.

»Ich habe nicht schlecht verdient«, erzählte er, »aber ab einem gewissen Zeitpunkt konnte ich nicht mehr. Ich wollte meine Familie wiedersehen, meine Menschen, mein Land. Ich habe hier viel weniger Geld, aber ich lebe mehr.« Ich glaubte zu verstehen, was er meinte.

Nachdem eine ganze Reihe von Leuten in der Bar mitbekommen hatte, dass mit Flora und mir zwei Ausländerinnen hier waren, von denen die eine sogar singen konnte, kam ich nicht darum herum, selbst ein paar Lieder zum besten zu geben. Nicht, dass ich nicht auftreten wollte – ich war nur sehr aufgeregt bei der Vorstellung, in meiner Heimat zu singen und vor Menschen meines Volkes auf der Bühne zu stehen, die vielleicht besonders strenge Maßstäbe an mein Können anlegten.

Ein paar Leute aus dem Publikum kannten sogar meinen Namen, sie hatten mich in Europa bei den Vorausscheidungen zum Eurovision Song Contest gehört, an denen ich das Jahr zuvor teilgenommen hatte. Es hätte mir großen Spaß gemacht, eines meiner eigenen Lieder vorzutragen, aber leider kannte die niemand aus der Band, also einigten wir uns auf »I Will Always Love You« von Whitney Houston.

Die Band legte mir ein paar Takte vor, ich schloss die Augen, konzentrierte mich, dachte an die ersten Textzeilen und wollte eben ausholen, als mir auffiel, dass sämtliche Unterhaltungen, die eben noch die Bar durchzogen hatten, mit einem Mal verstummt waren. Plötzlich empfand ich die angespannte Konzentration eines Konzertsaals, und schon musste ich loslegen: »If I should stay, I would only be in your way …«

Oh, wie mir dieser Auftritt nahe ging! Ich konnte mich kaum auf den Gesang konzentrieren, weil die Gedanken in meinem Kopf Purzelbaum schlugen: Sie wollen von dir hören, wie du als Ausländerin singst! Sie bewundern dich, weil du es geschafft hast, in Deutschland bekannt zu werden! Sie sehen in dir eine Botschafterin Eritreas in der Welt! Sie haben besondere Erwartungen an dich, weil sie in dir eine internationale Berühmtheit sehen!

Ich musste höllisch aufpassen, dass ich mich in all diesen Gedanken nicht verhedderte, ob sie nun stimmten oder nicht. Ich musste versuchen, nicht den Boden unter den Füßen zu verlieren, jetzt nur nichts Besonderes machen, nichts Außergewöhnliches. Senait, sagte ich zu mir selbst, sei einfach du und sing! Und genau das tat ich, mit aller Innigkeit, die ich aufbringen konnte, denn das war für mich kein beliebiger Zwischendurchauftritt in einer kleinen Bar in einem ostafrikanischen Kaff, das war für mich keine nebensächliche Trällerei zwischen zwei Drinks – nein, das war mein erster Auftritt in meiner Heimat. Bei mir zu Hause in Afrika, vor meinen Leuten, in der Hauptstadt meines Landes.

»And I will always love you, will always love you«, sang ich so inbrünstig ich konnte. In diesem Moment meinte ich den ganzen Kontinent, auf dem ich hier stand.

Straßenkinder

Die Sonne stand schon hoch am Himmel, als ich mich am nächsten Tag aus dem Bett schälte. Es war spät geworden den Abend zuvor in der Sunshine-Bar, und ich hatte feststellen müssen, dass die Eritreer heftig zu feiern verstehen. Eilig lief ich unter die Dusche, um dann erleichtert festzustellen, dass es erst neun Uhr war. Es braucht Zeit, bis ein sonst in der europäischen Winterdunkelheit eingesperrter Körper begreift, dass der Tag um sechs Uhr morgens beginnt – mit einer Sonne, die sich so rasch ihre Himmelsbahn hinaufschwingt, als drehe sich die Erde hier ein paar Takte schneller als anderswo.

Doch ich hätte es gerne gesehen, wenn die Erde langsamer gewesen wäre. Ich hatte Angst davor, dass mir die Zeit in Eritrea zu rasch durch die Finger gleiten könnte, bevor ich alles erledigt hatte, was es zu erledigen gab. Immerhin war ich auf der Suche nach meiner Familie, nach meiner Vergangenheit, und ich hatte bis jetzt noch nichts gesehen außer zwei Waisenhäusern, in denen Mauern, rostige Spielgeräte und eine Gipsstatue der Muttergottes die einzigen vertrauten Dinge waren. Gleichzeitig spürte ich eine starke Scheu davor, mit meiner eigentlichen Suche ernsthaft zu beginnen, weil ich nicht wusste, was ich dabei alles aufdecken würde. Ich hatte das dumpfe Gefühl, dass mir meine Familie noch einige Überraschungen bereiten könnte – und ich hatte Angst davor, dass es unangenehme Überraschungen sein könnten.

Ich beschloss, noch einen weiteren Eingewöhnungstag einzuschieben, bevor ich mit den weiteren Recherchen begann. Es gefiel mir, wie eine Touristin durch die Stadt zu gehen, die in meinem Pass als Geburtsort vermerkt war. Ich zog meine festen Turnschuhe an, denn die Straßenverhältnisse können in Eritrea auch mitten in der Stadt sehr unwegsam sein, und machte mich auf den Weg. Kaum trat ich aus dem Hotel, war ich von einer Schar Kinder umringt, die mir lachend und schreiend ihre Hände entgegenstreckten. Es musste sich unter den Straßenkindern herumgesprochen haben, dass ich tags zuvor einigen von ihnen ein paar kleine Scheine zugesteckt hatte, denn jetzt hatte der Pulk regelrecht darauf gewartet, dass ich das Hotel verließ.

Mir gefielen diese trotz ihrer Armut so fröhlichen, aufgeweckten Kinder, doch sie machten mir auch Sorgen: Was sollte aus ihnen werden, wenn sie es schafften, bis zum Erwachsenenalter durchzukommen? Welche Chancen hatten sie, wer würde sich um sie kümmern – außer dem Militär, das immer an frischem »Menschenmaterial« interessiert ist?

Natürlich taugt das Betteln nicht zur Grundversorgung eines jungen Menschen – schon gar nicht in Afrika, wo die meisten Leute nichts zu verschenken haben –, doch ich konnte nicht anders, als wieder ein paar Scheine auszuteilen, die in Eritrea nur den Wert von jeweils einem Euro hatten – was eine Menge ist in einem Land, in dem viele Familien mit zehn bis zwanzig Euro im Monat auskommen müssen. Danach zerstob die Meute so rasch, wie sie sich vor mir aufgebaut hatte. Nur zwei Kinder blieben bei mir, ein Mädchen und ein Junge. Die beiden hatten schon tags zuvor den Hoteleingang bewacht und fühlten sich wie die eigentlich Anspruchsberechtigten meiner Spendenfreudigkeit. Jetzt schickten sie sich an, mich bei meinem Spaziergang zu begleiten.

Mir war zuerst nicht klar, wie ich mich verhalten sollte. Also versuchte ich halbherzig, sie zum Umkehren zu bewegen, aber sie ließen auf sympathische Art nicht locker. Sobald die beiden mitbekommen hatten, dass ich so gut Tigrinya sprach wie sie selbst, stellten sie mir viele Fragen: Warum ich ihre Sprache könne, woher ich käme, wo meine Familie lebe, ob ich wirklich ein so berühmter Mensch sei, wie ihnen der Portier vom Hotel gesagt hatte, und warum meine Haut heller war als die ihre.

Als ich lachen musste über ihre sprudelnden Fragen, war das Eis auch von meiner Seite her gebrochen. Ich fragte sie, ob sie mit mir etwas essen gehen wollten, denn es war fast schon Mittag, und ich hatte kein Frühstück gehabt. Die beiden sahen mich mit großen Augen ungläubig an, nickten stumm und kamen mit mir. Zu dritt trabten wir Richtung Markt, in ein muslimisches Viertel Asmaras. Dort wollte ich ein Restaurant suchen, weil ich Appetit auf *foul* hatte, ein Bohnenpüree, das meist mit Zwiebeln, Öl, Tomaten und Brot serviert wird – das typische Frühstück in der westlichen Tiefebene Eritreas, aber auch im benachbarten Sudan und in weiten Teilen Äthiopiens.

Auf dem Weg dorthin erzählten die Kinder aus ihrem kurzen Leben, das voller tragischer Geschichten steckte. Die beiden waren Geschwister, das Mädchen war neun Jahre alt, hieß Haddas und war drei Jahre älter als ihr Bruder Kinfe. Das bedeutete nach einem ungeschriebenen afrikanischen Gesetz, dass sie die volle Verfügungsgewalt über ihren Bruder hatte, denn bei uns werden Kinder, sobald sie dem Säuglingsalter entwachsen sind, auch dann nicht von ihren Eltern betreut, wenn die noch leben, sondern von ihren älteren Geschwistern. Die Eltern haben meist keine Zeit, keine Kraft oder auch keine Lust, sich selbst um die Kinder zu kümmern. Viele Menschen sind vollauf damit beschäftigt, das tägliche Essen zu beschaffen. Die Frauen kümmern sich zusätzlich noch um den Haushalt und ums Wasserholen, die Männer um die Tiere und um ihre Entspannung, die sie in ausgiebigen Mittagsschläfchen finden.

Bei Haddas und Kinfe war das auch mal so gewesen, bis ihre Mutter in dem Dorf im Hochland, wo sie lebten, von einer Mine zerfetzt wurde und ihr Vater im zweiten Krieg zwischen Eritrea und Äthiopien an der Front fiel.

Ich war entsetzt. »Seid ihr ganz auf euch allein gestellt?«

Haddas nickte. An der Art, wie sie das tat, erkannte ich, dass sie die Wahrheit sagte und nicht versuchte, mit ihrem Elend bei mir Eindruck zu schinden. Sie dramatisierte nichts, sondern erzählte ihr Schicksal so, als ob es nichts Besonderes wäre – was es in Afrika auch nicht war.

»Wir gingen nach Asmara, weil wir hier einen Onkel hatten«, erzählte Haddas. »Es war nicht leicht für uns, ihn zu finden. Der Onkel wollte uns aber nicht bei sich aufnehmen, weil er selber eine Familie hat und nicht genug zu essen und keinen Platz. Also sind wir auf der Straße geblieben und betteln.«

Ihre Schilderung brach mir das Herz, ich musste an mein eigenes Schicksal denken: Ich kannte das Gefühl, von der eigenen Familie nicht gewollt und auf sich selbst gestellt zu sein, auch wenn ich damals das Glück hatte, wenigsten in ein Waisenhaus gekommen zu sein. Dadurch hatte ich zwar regelmäßig zu essen und einen Platz zum Schlafen, aber meine Verlorenheit war deswegen nicht kleiner. Gott sei Dank hatte mich mein Onkel später in den Sudan geholt und mich damit gerettet – doch wer sollte der Retter für diese Geschwister sein?

Ratlos ging ich mit den beiden in ein Restaurant. Erst als wir vor der Theke standen, fiel mir auf, dass etwas nicht stimmte: Der Wirt, der Kellner und die paar Gäste, die an den Tischen im vorderen Gastraum saßen, starrten uns an, als würden wir aus dem Jenseits kommen. Ich sah schnell an mir herunter, ob etwas an meiner Kleidung nicht stimmte, doch dann merkte ich rasch, dass es es etwas anderes war, was die Menschen in blankes Erstaunen versetzte: Ich war offensichtlich eine Ausländerin und daher sicherlich reich, die beiden Kinder waren aber eindeutig Straßenkinder, wie jeder an ihrer abgerissenen Kleidung, den zerfetzten Sandalen und den struppigen Haaren erkennen konnte. Das waren Kinder, die der Wirt normalerweise mit dem Besenstiel vertreibt, wenn sie seinem Lokal zu nahe kommen, damit seine Gäste nicht von solchen Kreaturen belästigt werden, und nun standen sie mitten in seinem Restaurant und noch dazu in einer Begleitung, die es ihm unmöglich machte, zu seinem Stock zu greifen. Folglich stand er einfach nur stumm vor uns.

Ich brauchte einen Moment, um die Situation zu verstehen – einen Moment, der mir wie eine kleine Ewigkeit vorkam. Dann gab ich mir einen Ruck und sagte, dass wir drei gerne etwas essen würden. Der Wirt schluckte. Eine Frau ohne männliche Begleitung, die für sich selbst sprach, für sich selbst zahlen wollte und alleine in ein Lokal ging, war in Asmara zwar keine komplette Sensation mehr, wie sie das in einem Dorfwirtshaus gewesen wäre, aber doch alles andere als eine Selbstverständlichkeit, erst recht in einem muslimischen Viertel.

»Ihr könnt da hinten sitzen«, stammelte er und wies auf einen Tisch in dem ansonsten vollkommen leeren Nebenraum des Lokals. Offenbar wollte er uns dort vor den Blicken der anderen Gäste verbergen. Ich überlegte kurz, ob ich protestieren sollte, doch dann ließ ich es bleiben – die beiden Kinder waren ohnehin unsicher genug in der fremden Umgebung, und außerdem wollte ich in Ruhe mit ihnen essen und mich ungestört unterhalten.

Ich bestellte für uns Enjera, mit Fleisch für die Kleinen, und dazu Foul, Cola und Wasser. Dann ging ich mit den beiden zum Händewaschen, denn mit ihren schmutzigen Pfoten konnten sie nun wirklich nicht zugreifen. Bei uns isst man traditionell nicht mit Besteck, sondern mit den bloßen Händen, und das Händewaschen vor und nach jeder Mahlzeit ist sowohl zu Hause als auch unterwegs so selbstverständlich wie in Deutschland der Kaffee nach dem Essen.

Die Geschwister waren richtig baff, wieviel Essen der immer noch finster dreinblickende Wirt auffuhr, aber sie ließen sich von ihm nicht im geringsten beirren. Vorsichtig, ja fast andächtig rissen sie kleine Fetzen aus dem großen Teigfladen, der die ganze Platte bedeckte, und rollten darin ihre Fleischstückchen, Eier und Soßen ein – genau so, wie sich das gehörte, denn natürlich wussten sie wie jedes andere eritreische Kind auch, wie man Enjera essen musste, auch wenn sie es schon lange nicht mehr vorgesetzt bekommen hatten. Dabei aßen sie keinesfalls hastig oder gierig, sondern ruhig und langsam, mit großen Pausen dazwischen, wie um das Essen noch besser genießen zu können. Haddas erklärte mir den wahren Grund: »Wir sind nicht gewohnt, soviel zu essen, deshalb bekommen wir das nur langsam in uns hinein.« Ihr Bruder Kinfe pflichtete ihr stumm nickend bei.

Bei dieser kleinen Bemerkung krampfte sich alles in mir so sehr zusammen, dass ich selbst kaum noch einen Bissen von meinem Foul runterbrachte. Ich wusste aus meiner eigenen Kindheit, was es heißt zu hungern, und offensichtlich wussten das diese beiden kleinen unschuldigen und doch schon so erfahrenen Menschen auch nur zu gut.

Noch mehr Rührung empfand ich, als mir Haddas von ihrem Alltag erzählte und beschrieb, wie sie ein leeres Abwasserrohr, das in einem Vorort Asmaras am Rand eines Feldes lag, mit ein paar Fundstücken wie einer alten Decke, vier Säcken und einigen Ästen als Wohnung eingerichtet hatten. In der Nähe gab es einen Kanal, der manchmal Wasser führte, mit dem sie sich notdürftig waschen konnten. Als sie erwähnte, dass sie trotz aller Schwierigkeiten darauf achte, dass ihr Bruder und sie jeden Morgen, noch bevor sie zum Betteln gingen, pünktlich die Schule besuchten, damit sie Lesen, Schreiben und Rechnen lernten, um später mal in einem Beruf arbeiten zu können, quollen mir, ohne dass ich etwas dagegen tun konnte, die Tränen in die Augen.

Ich wandte mich kurz ab und tat so, als müsste ich mir mit dem Taschentuch eine kleine Fliege aus dem Auge wischen. Was sollten die Kinder denken, wenn sie mich jetzt weinen sahen? Ich wollte nicht, dass sie ihre Anstrengungen, es zu etwas zu bringen, für sinnlos hielten oder dass sie gar dachten, ich hielte ihr Tun für bedeutungslos. Mein Gott, was können Menschen, die nichts und wieder nichts haben, denn anderes tun, als zu hoffen, dass es ihnen einmal besser gehen würde? Was können sie Sinnvolleres tun, als sich nicht aufzugeben, sondern gegen ihr vermeintliches Schicksal anzukämpfen, sich ihren Glauben zu bewahren und positiv zu bleiben?

Nach dem Essen fiel mir auf, dass die Kinder ganz kleine Augen bekamen. Ich spielte mit dem Gedanken, sie ins Hotelzimmer mitzunehmen, verwarf ihn aber sogleich, weil der Portier das niemals zulassen würde, wenn er nicht seinen Job oder eine saftige Strafe riskieren wollte. Also verabschiedete ich mich schweren Herzens von den beiden, nicht ohne ihnen die Reste unseres Mahls für sie einpacken zu lassen, und schärfte ihnen ein, sie sollten am nächsten Tag wieder beim Hotel sein.

Erst als sie im Gewühl des Markts verschwunden waren, fiel mir auf, wie sehr mich dieses Treffen mitgenommen hatte. Ich fühlte mich wie nach einem Tag Schwerstarbeit – meine Knie zitterten, ich musste in der nachmittäglichen Hitze nach Luft ringen. Ich hatte das Gefühl, Schemen aus meiner eigenen Kindheit begegnet zu sein, und dachte zur gleichen Zeit, wie viele Schicksale es in Afrika gab, gegen die sich mein eigenes wie ein Honigschlecken ausnahm.

Mein Kopf war so voll, dass ich nichts mehr aufnehmen, nichts sehen, nichts verarbeiten konnte. Ich wollte nur noch zurück ins Hotel, um dort zu verschnaufen und mich vor dem Elend dieser Welt zu verkriechen, doch das war im Moment nicht leicht möglich. Die Mittagszeit war vorbei, und der Markt vor dem Lokal, in dem wir gegessen hatten, füllte sich augenblicklich mit Menschen. Aus allen Ecken quollen sie hervor, schoben ihre Fahrräder, zogen Handkarren, balancierten dicke Bündel auf den Köpfen, zogen Esel hinter sich her oder drängten mit ihren altersschwachen Autos die Passanten unsanft zur Seite.

Durch die Begegnung mit den beiden Straßenkindern war mein Blick so sehr geschärft worden, dass ich plötzlich nur noch Elend sah. Neben all den Kunden und Verkäufern sah ich die alten Frauen, die mit ein paar Büscheln Kräutern oder hinter einem kleinen Häufchen selbstgepflückter Kaktusfrüchte auf dem Boden hockten, um auf diese Weise die mikroskopisch kleinen Beträge zu verdienen, die sie hoffentlich am Leben hielten. Ich sah die alten Kämpfer, von denen manche nicht mehr als dreißig, vierzig Jahre zählten, die sich in behelfsmäßig zusammengezimmerten Rollstühlen ihren Weg durch die Menge bahnten. Ich sah die verkrüppelten Männer, die mit ihren Krükken in den Abfällen nach Essbarem wühlten. Ich sah die Marktstände, an denen es nichts als leere Plastikkanister, Dosen und alte Plastikflaschen zu kaufen gab, denn die durchschnittlichen Bewohner der Stadt haben keine Wasserleitung zu Hause und können nur davon träumen, sich eine Flasche Mineralwasser oder Fanta zu holen, wenn sie durstig sind – sie müssen sich mit solch alten Kanistern in der Schlange vor einem öffentlichen Brunnen anstellen, um zu etwas Trinkbarem zu kommen.

Ich sah die Bettler an der Hauptstraße der Stadt zwischen den Spaziergängern, die es sich leisten konnten, ohne Hast und Eile auf dem Boulevard der Freiheit auf und ab zu gehen. Ich sah die Straßenkinder, die die Stufen zur katholischen Kathedrale gegenüber vom Ambassador belagerten, und ich schlüpfte so schnell es ging ins Hotel, bevor sie mich entdecken konnten.

Ich hatte genug gesehen von dem Straßenleben meiner Heimatstadt. Noch heute würde ich zu meiner Familie fahren.

Zu Hause?

Meine Familie wohnte in Maitemenai, einem Vorort von Asmara, im ehemaligen Haus meiner Großeltern, die längst tot sind. Hier lebte ich, nachdem mich meine Tante Mbrat auf Geheiß meines Vaters aus dem Comboni-Waisenhaus geholt hatte. Hier erlebte ich die glücklichste Zeit meiner frühen Kindheit – oder besser gesagt die einzig glückliche. Ich war damals fünf oder sechs Jahre alt, durfte aber nur ein knappes Jahr dort bleiben, weil mein Vater es plötzlich für richtig befand, dass ich bei ihm und seiner neuen Familie leben sollte. Bis dahin hatte es ihn nicht gekümmert, dass ich in Waisenhäusern groß werden musste, doch ein sechsjähriges Mädchen wird für einen afrikanischen Haushalt langsam als Arbeitskraft interessant. Von meiner Mutter war Papa damals längst geschieden, die beiden hatten sich schon vor meiner Geburt getrennt.

Als Dawit mich nach Maitemenai brachte, hatte ich nur eine unklare Vorstellung davon, wie all diese Geschichten zusammenhingen. Ich wusste bloß, dass ich noch ein paar Geschwister haben musste, die aus einer Beziehung meiner Mutter mit einem anderen Mann stammten, doch von diesen Geschwistern kannte ich nicht einmal die Namen. Ich kannte nur Yaldiyan und Tzegehana, meine beiden älteren Schwestern, die Töchter meines Vaters mit Abrehet, mit der er nach meiner Mutter zusammengelebt hatte. Zusammen mit ihnen hatte mein Vater mich zur ELF gebracht, zusammen mit ihnen war ich in den Sudan geflüchtet, und zusammen mit ihnen war ich später nach Deutschland ausgereist, um dort auf unseren Vater zu treffen, der in der Zwischenzeit mit seiner aktuellen Frau Werhid wieder eine neue Familie gegründet hatte. Das klingt nicht nur für Außenstehende kompliziert, das war es auch für mich. Ich hatte das Gefühl, dass mir die Kontrolle über meine eigene Biographie entglitten war.

Wenn ich daher »nach Hause«, nach Maitemenai, fuhr, so war das in diesem Fall ein höchst relativer Begriff. Ich war noch nicht mal sicher, ob ich das Haus überhaupt finden würde, und ich war mir nicht sicher, ob man dort von meinem Aufenthalt in Asmara wusste – zwar waren meine Schwestern vor ein paar Monaten dort gewesen, doch wir hatten kaum mehr Kontakt, und so wusste ich nicht, ob sie mich angekündigt hatten. Ich konnte auch nicht sagen, wer heute in dem Haus wohnte – abgesehen von Dagniou, Mbrats Mutter.

Mbrat ist meine Tante, die Cousine meines Vaters. Als sie mich damals unter dem Vorwand, sie sei meine Mutter, aus dem Waisenhaus geholt hatte, glaubten ihr nicht nur die Klosterschwestern, die mich sonst nicht gehen gelassen hätten, damals glaubte auch ich ihr ohne weiteres. Es kam mir einfach zu schön vor, plötzlich eine Mutter zu haben, eine Mutter aus Fleisch und Blut, keine aus blau und rot angemaltem Gips. Wie gerne hätte ich Mbrat wiedergesehen, doch die lebte zu dieser Zeit in Saudi-Arabien. An ihre Mutter Dagniou konnte ich mich dagegen so gut wie nicht erinnern – damals in Maitemenai war sie für mich nur eine Randfigur.

Während Dawit sein Taxi die Straße nach Maitemenai hinaufschnurren ließ, grübelte ich über meinen Besuch nach: Was, wenn Dagniou mich nicht erkannte? Wenn sie nichts von mir wissen wollte? Was mochten ihr meine Schwestern über mich erzählt haben?

Glücklicherweise war es zu spät, noch länger darüber nachzudenken, denn Dawit verlangsamte bereits sein Auto. »Hier«, er deutete mit einer vagen Handbewegung auf eine Häuserzeile, »hier muss es sein.«

Die Hauptstraße war fast an ihrem höchsten Punkt angelangt, links hatten wir das Krankenhaus hinter uns gelassen. Dawit hatte alles richtig gemacht, jetzt war ich dran. Ich wusste nur, dass es rechts abging, doch die Häuser an der Straße sahen alle gleich aus: kleine schäbige Kästen mit vergitterten Fenstern und ein paar Stromdrähten auf den Dächern. Von der Hauptstraße abgesehen, gab es hier keine Straßennamen. Sämtliche Nebengassen glichen Schotterpisten und gingen schon nach wenigen Häusern in Feldwege über, die in den Wiesen hinter der Stadt versickerten. Ich ließ Dawit noch ein Stück weiter fahren, umkehren, zurückfahren, wieder umkehren – hoffnungslos, die Fassaden blieben stumm.

Ich musste in einem Laden nachfragen, von dem aus man mich gleich in die richtige Straße schickte, denn das Gute in Afrika ist, dass jeder seine Nachbarn kennt, und zwar nicht nur die in seiner Straße, sondern auch noch die in der nächsten und übernächsten. Warum hatte ich nicht gleich daran gedacht!? Die Menschen orientieren sich nicht mit Hilfe von Straßenschildern, Stadtplänen oder GPS-Geräten, sondern durch andere Menschen. Am Beginn der Seitenstraße fragte ich noch mal nach, und schon sah ich das Metalltor vor mir, durch das ich mit fünf Jahren zum ersten Mal in meinem Leben in das Haus einer richtigen Familie gegangen war. In das Haus meiner Familie.

Vorsichtig berührte ich das hellgrün lackierte Tor und lehnte mich gegen das kühle Metall. Hinter dieser Mauer hatte sich mir damals das Paradies aufgetan. Dahinter waren meine Großeltern, die mich vom ersten Augenblick an liebten, meine Tante, meine Cousins und Cousinen, der Hund und die Katze, die ich bald die meine nennen durfte. Als jemand plötzlich von innen die Tür öffnete, knallte ich fast auf den Boden.

Ich ging in die Knie und konnte mich eben noch an der Mauer festhalten, sonst wäre ich der Länge nach auf die Steine gestürzt. In der offenen Tür stand ein Junge und starrte mich aus aufgerissenen Augen an. Das hatte er noch nie gesehen: eine Fremde, die vor seinem Gartentor knapp über dem Boden herumturnte. Nach einer Schrecksekunde brach er in gellendes Schreien aus und rannte zurück in den Garten.

Ich konnte mich gerade noch aufrappeln, als auch schon eine ältere Frau in einem langen bunten Kleid vor mir stand. Auch sie starrte mich an, doch dann schlug sie plötzlich die Hände über dem Kopf zusammen, schrie: »Senu!« und umarmte mich unter Tränen, die ihr augenblicklich über die Wangen rannen. Ich erkannte die Frau nicht, aber es gab keinen Zweifel: Das musste Dagniou sein, meine Großtante. Also erwiderte ich ihre Umarmung, atmete tief durch und spürte, wie die Anspannung von mir wich und mein Körper immer schwerer wurde. Ich war zu Hause.

Ich weiß nicht, ob ich mich noch lange auf den Beinen hätte halten können, wenn mich Dagniou nicht sofort ins Haus geführt und auf ein Sofa gesetzt hätte, so butterweich fühlten sich meine Knie an. Dagniou – es war wirklich Dagniou – war ebenfalls ganz außer sich. Immer wieder rief sie meinen Namen, strich mir übers Gesicht, weinte und ging vor mir in die Knie, so dass ich kaum wusste, wie mir geschah. Und schon füllte sich der Raum mit Menschen: eine junge Frau, deren Mann, ein paar Kinder, noch eine alte Frau, eine zweite junge Frau …

Allmählich fand Dagniou ihre Fassung wieder und stellte mich den anderen vor. Dann machte sie mich bekannt – mit Lischa, ihrer Tochter, und mit Tewelde, deren Mann; außerdem mit einer Nachbarin, die zufällig zu Besuch war, mit ihrer Haushälterin und deren Freundin und mit ihren drei Enkelkindern. Die Menschen hier waren eine richtige Familie. Meine Familie.

Fragen

Alle saßen um mich herum, auf der guten Couchgarnitur im Wohnzimmer, der einzigen Sitzgelegenheit des Hauses, wenn man von den kleinen Schemelchen absah, auf denen die Frauen zum Kochen oder Abwaschen hockten. Die erste Flasche Fanta wurde serviert, ein Zeichen von Wohlstand. Alle sahen mich erwartungsvoll an. Eigentlich war ich ja hier, um mehr über meine Familie und über mich zu erfahren, doch meine Verwandten sahen die Sache anders: Sie wollten wissen, wer ich bin.

Bevor ich unsicher werden konnte, begann ich zu erklären, wie ich im Sudan gelebt hatte. Ich erzählte ihnen, wann ich mit meinen Schwestern nach Deutschland ausgereist war. Ich ließ sie wissen, dass ich schon lange nicht mehr bei meinem Vater wohnte, dass ich nach Berlin gezogen war, in die Hauptstadt Deutschlands. Ich erzählte, dass ich Sängerin war, Platten veröffentlichte, öffentliche Auftritte hatte und auch für die Sache Afrikas eintrat. Ich redete und redete, doch es passierte nichts. Ich machte eine Pause, sprach weiter, ließ eine noch längere Pause entstehen, was aber niemanden zu stören schien. Es war, als würden die vielen Daten, Fakten und Erfolge in meinem Leben nicht den geringsten Eindruck auf meine Verwandten machen. Ich hatte das Gefühl, als würden sie mich nicht verstehen, obwohl ich lupenreines Tigrinya sprach. Irgend etwas lief schief.

Ratlos stockte ich in meiner Erzählung, und wartete, was passierte.

»Du musst hungrig sein«, sagte Dagniou. »Wir werden gleich essen. Isst du gerne Enjera?«

Das war nicht die Frage, die ich auf meine Lebenserzählung hin erwartet hatte, aber ich wusste natürlich, dass dieses Essen eine sehr wichtige Angelegenheit war, weil es bei uns in Afrika nichts Edleres gibt, als einen Gast so fürstlich wie möglich zu bewirten. Doch plötzlich sah ich wieder den zuckenden Rumpf des Huhnes vor mir, dem mein Großvater den Kopf abgehackt und das er mir dann triumphierend entgegengehalten hatte, denn schließlich hatte er mich extra geholt, damit ich sah, wie so etwas funktioniert. Doch ich hatte mir die ganze Zeit über die Hände vors Gesicht gehalten und nur hin und wieder zwischen den Fingern hindurchgelinst. Was ich dabei sah, hatte gereicht. Nie wieder wollte ich Fleisch essen.

»Ich esse kein Fleisch«, sagte ich in Dagnious Richtung.

Sie stoppte mitten in der Bewegung. »Kein Fleisch?«

Dass jemand das hochwertigste, wertvollste und teuerste Lebensmittel von allen nicht aß, löste in Afrika, wo Lebensmittel knapp sind, Unverständnis aus. Wie sollte ich ihnen das erklären?

»Es schmeckt mir nicht«, sagte ich und merkte im selben Moment, dass sie mir kein Wort glaubten, »es tut mir nicht gut.«

Dagniou schüttelte den Kopf, ihr Schwiegersohn Tewelde war aufrichtig besorgt: »Bist du krank?«

Ich hatte gewusst, dass mir die Fleischfrage Schwierigkeiten eintragen würde, aber nach so vielen Jahren vegetarischer Ernährung konnte ich nicht einfach ihnen zuliebe Fleisch essen – ich hätte mich auf der Stelle übergeben, und damit wäre nichts gewonnen.

»Nein, ich bin gesund«, antwortete ich, »ich fühle mich sehr gut mit ein bisschen Gemüse und Enjera, wirklich. Ich liebe Enjera!«

Das stimmte hundertprozentig, aber die anderen sahen mich trotzdem an, als machte ich Witze. Schlechte Witze. Die Situation wurde mir zusehends peinlich, bis sie von Lischa, Dagnious Tochter, gerettet wurde: »Isst du Eier?«, fragte sie. »Wir haben Eier für dich!«

Erleichtert bejahte ich, auch wenn ich Eier nicht besonders mochte, und Lischa stand auf, um dem Hausmädchen Bescheid zu geben, das im Hof schon eifrig mit der Vorbereitung der Mahlzeit beschäftigt war. Ein Hausmädchen zu beschäftigen ist in Afrika weiter nichts Besonderes. Das leisten sich nicht nur Reiche, sondern auch gewöhnliche Leute, wenn sie wenigstens ein kleines, geregeltes Einkommen haben – genauso, wie es für arme Familien normal ist, noch unverheiratete Töchter zum Arbeiten in eine Familie zu schicken. Die verdienen dort zwar nichts oder so gut wie nichts, doch dafür bekommen sie etwas zu essen, haben ein Dach über dem Kopf und fallen der eigenen Familie nicht zur Last.

Die Pause nach dem Gespräch über das Fleischessen nutzte ich zu einer Frage an meine Großtante: »Was war ich eigentlich für ein Kind?«

Dagniou schüttelte den Kopf. »Ein normales Kind«, sagte sie zögernd, »lebhaft warst du. Sehr lebhaft.« Damit war der Fall für sie erledigt.

»Aber wie war es, als ich aus dem Heim kam?« wollte ich wissen. »War ich ängstlich? Oder verstört oder traurig?«

Dagniou sah mich an, als hätte sie die Frage nicht ganz verstanden. Wieder schüttelte sie den Kopf.

»War ich das ängstliche Heimkind?« setzte ich nach, doch alle diese Fragen schienen einer Kategorie anzugehören, für die sie keinen Empfänger hatte.

»Du warst ein normales Kind«, sagte sie, »wie die anderen Kinder auch.«

Ich konnte aber nicht lockerlassen, schließlich saß mir hier eine Frau gegenüber, die mich als kleines Kind gekannt hatte. Die einzige Frau, von der ich das mit Bestimmtheit wusste und zu der ich Zugang hatte – und sie ließ sich keine Aussage entlocken. Das durfte nicht sein!

»Was habe ich den ganzen Tag über gemacht?« unternahm ich einen neuen Anlauf in der Hoffnung, mit konkreten Fragen mehr zu erfahren.

»Was alle Kinder tun«, beschied Dagniou mich.

»Aber du musst dich doch an etwas erinnern können!« Ich konnte meine Ungeduld kaum noch verhehlen.

In diesem Moment hellten sich Dagnious Züge auf. »Natürlich kann ich«, sagte sie, wieder lachend. »Ich weiß noch, wie du einmal mit einer halbverhungerten Katze angekommen bist und gesagt hast, die wohnt ab heute bei uns. Meine Schwester sah sich das Tier an und sagte, das geht nicht, denn dieses Kätzchen ist krank und steckt unsere Katze oder die Hühner an. Darauf hast du geheult und geheult und geheult, bis dein Großvater ärgerlich ankam und fragte, was um Himmels willen los sei. Du hattest ihn in seinem Nachmittagsschlaf gestört, und das galt bei uns als schweres Vergehen. Da reagierte deine Großmutter sehr schnell und sagte zu dir, du solltest diese Katze zurückbringen, und dafür würde sie dir die Katze schenken, die bei uns im Haus wohnte und bis dahin der ganzen Familie gehörte. Das machte dich zwar nicht sehr zufrieden, und du musstest noch ein paarmal schniefen und schnauben, aber immerhin hast du aufgehört zu heulen und das kranke Kätzchen weggebracht. Von dem Tag an hast du unsere Katze gepflegt und herumgeschleppt. Ich glaube, du hast mehr gefaucht als die Katze, wenn sie jemand anderer streicheln wollte. Du konntest ganz schön trotzig werden, wenn du etwas durchsetzen wolltest.«

Jetzt war es an mir, zu lachen. Doch, ich konnte mir gut vorstellen, so reagiert zu haben.

»Ich renne heute noch jeder kranken Katze hinterher und versuche sie zu retten«, sagte ich, worüber alle anderen lachen mussten.

Lachen ist bei uns immer ein gutes Zeichen. Wer lacht, hat die Menschen auf seiner Seite. Lachen ist das beste Zeichen der Zuneigung, das man hier senden kann. Die Menschen kennen keine Ironie und kein hämisches Lachen. Wer lacht, meint es gut. Das ist eine afrikanische Faustregel.

Zusammen mit dem Hausmädchen trug Lischa die Speisen auf: eine riesige Platte mit Enjera, auf der Batzen verschiedener Beilagen lagen. Das Fleisch hatten sie auf einer Seite der Platte aufgelegt und sorgfältig darauf geachtet, dass es die anderen Speisen nicht berührte. Extra für mich brachten sie noch eine Schüssel mit drei hartgekochten Eiern. Als ich das sah, musste ich laut lachen.

»Ich glaube, ihr haltet mich für einen vegetarischen Vielfraß«, sagte ich scherzhaft. Die anderen mussten auch lachen, obwohl sie nicht ganz sicher zu sein schienen, ob das eine ernsthafte Anschuldigung war oder nicht. Verdammt, ich musste das doch einmal begreifen! Ironie bitte abhaken, Senait, dachte ich, wir sind in Afrika!

Ich führe manchmal Selbstgespräche, die ich in meinem Inneren Wort für Wort ausformuliere, wie richtige Dialoge. Wer weiß, vielleicht bin ich bald reif für die Klapse. In diesem Moment aber ließ ich es mir einfach nur himmlisch gut schmecken im Kreis meiner Familie.

Während wir uns mit Enjera vollstopften, kam die Unterhaltung immer besser in Gang. Tewelde ließ sich ein Bier bringen und fragte aus Höflichkeit, ob ich auch eins wollte. Dawit, der selbstverständlich mit uns am Tisch saß und aß, hatte automatisch eine Flasche vorgesetzt bekommen, aber Frauen trinken bei uns normalerweise keinen Alkohol, oder zumindest nicht in Anwesenheit von Männern oder älteren Frauen wie Dagniou. Doch vielleicht dachte Tewelde, dass man bei mir als Ausländerin, die kein Fleisch isst, nicht wissen konnte, was ich sonst noch alles für merkwürdige Vorlieben hatte. Er musste kichern, als ich tatsächlich um ein Glas Bier bat – seine Befürchtungen waren berechtigt gewesen.

»Du trinkst Bier?« fragte Dagniou erstaunt.

»Manchmal«, sagte ich in dem lockersten Tonfall, der mir möglich war. »Ein Gläschen zu einem gut gewürzten Essen.«

Sie musste lächeln. Mit dieser Antwort konnte sie leben, denn es klang gleichzeitig wie ein Kompliment für ihre Küche, und das war sehr angebracht, auch wenn sie beim Kochen nicht selbst Hand angelegt hatte. Alles schmeckte vorzüglich.

Vielleicht schmeckte mir die Enjera auch nur deshalb so gut, weil ich sie das erste Mal so aß, wie man diesen Riesenteigfladen eigentlich essen muss: im Kreise der Familie, wenn alle rund um die Platte sitzen, die oft größer ist als der Tisch, auf dem sie steht. Nicht mit Fremden, Freunden oder Bekannten wie in Deutschland, wenn ich mich mit anderen Leuten in einem äthiopischen oder eritreischen Restaurant treffe, sondern mit den Menschen, denen man am nächsten steht.

Aber über diese Menschen, die – bis auf Dawit – alle zu meiner Familie gehörten, wusste ich weniger als über meine Berliner oder Hamburger Freunde. Was waren das für Menschen? Was dachten sie, woran glaubten sie? Wovor hatten sie Angst, worüber freuten sie sich, wovon träumten sie?

Nach dem Essen reichte das Hausmädchen, wie schon vor der Mahlzeit, den obligatorischen Wasserkrug, eine Schale und ein Stück Seife mit einem Handtuch herum, damit wir uns die Hände waschen konnten. Dann ließen wir uns in die Sofas plumpsen. Mir fehlte zur völligen Entspannung noch eine Zigarette, aber damit würde ich die Toleranz wohl überstrapazieren. Frauen rauchen in Eritrea nicht, und schon gar nicht in Anwesenheit Älterer, die automatisch Respektspersonen sind. Das zweite Glas Bier, das mir Tewelde anbot, war noch irgendwie okay, aber mit einer der Zigaretten, die ich sorgfältig in der Handtasche verbarg, hätte ich Dagniou ernsthaft beleidigt.

Als Tewelde den Fernseher einschaltete, war es an mir, beleidigt zu sein: War ihm eine Sendung über die Fortschritte in der eritreischen Gemüseproduktion wichtiger als das Gespräch mit der neu in seinem Leben aufgetauchten Cousine? Ich machte ein paar Bemerkungen über den Fernseher, die er jedoch geschickt überging – oder hatte er sie nicht wahrgenommen? Dawit wollte mich beruhigen, das merkte ich, doch er konnte erst sprechen, als Tewelde hinausging, um noch ein Bier zu holen. Dann benutzte er sein gebrochenes Englisch, damit kein anderer verstehen konnte, was er sagte: »Tewelde meint es nicht böse, wenn er den Fernseher laufen lässt«, beschwichtigte er mich. »Es gehört bei uns dazu. Es wäre in seinen Augen unfreundlich, das Gerät für dich als Gast nicht einzuschalten. Aber du musst nicht hinschauen, und er wird auch nicht hinschauen, denn er hat es nur für dich eingeschaltet.«

So war es auch, wir unterhielten uns prächtig weiter – nur ein bisschen lauter, um den Fernseher zu übertönen. Das Hausmädchen machte sich in der Zwischenzeit an den Kaffee, was bedeutete, dass mich meine Verwandten noch lange in ihrem Haus haben wollten, denn die zum Kaffee gehörende Zeremonie dauert zwei Stunden – und das ist das absolute Minimum.

Während das Mädchen den kleinen, gusseisernen Zimmerofen mit glühender Holzkohle bestückte und die grünen, noch rohen Kaffeebohnen aus einem Säckchen in die Pfanne rieseln ließ, um sie darin zu rösten, sprach Dagniou endlich über meine Familie. Wir gingen die eine oder andere Schwester, Tante oder Cousine von mir durch, bis sie mich fragte, ob ich etwas Neues von Luul gehört hätte.

»Luul?« fragte ich zurück, »wer soll das sein?«

Dagniou schüttelte wie leicht verärgert den Kopf. »Luul? Wer das sein soll? Ich meine deinen Bruder Luul.«

Ein neuer Bruder

Mein Bruder Luul? Ich wusste, dass meine Mutter nach der Trennung von meinem Vater mit einem anderen Mann noch zwei Töchter und einen Sohn hatte. Nachdem deren Vater im Krieg zum Krüppel geworden war, ließ sie ihn und die Kinder im Stich. Soviel wusste ich aus der dürren Schilderung meiner Mutter, die sie mir bei meinem letzten und einzigen Besuch bei ihr in Addis Abeba gegeben hatte, nur ein Jahr vor ihrem Tod. Ich war damals neunzehn Jahre alt und hatte plötzlich drei neue Geschwister, die ich vielleicht nie kennenlernen würde, da meine Mutter mir weder ihre Namen noch ihre Wohnorte verraten wollte – wobei ich sie in Verdacht hatte, gar nicht zu wissen, wo sich ihre Kinder aufhielten. Das schien ihr auch herzlich egal zu sein.

Außerdem hatte ich durch das Rote Kreuz das Foto und die Adresse eines Mannes aus Addis bekommen, der behauptete, mein Bruder zu sein. Das war alles.

Während das Mädchen die gerösteten Kaffeebohnen von der Pfanne auf einen geflochtenen Fächer rieseln ließ, um sie auskühlen zu lassen, hakte ich nach: »Was wisst ihr über meinen Bruder?«

Nun war es an Dagniou, unsicher zu sein. »Hat dein Vater keinen Kontakt zu ihm?«

»Mein Vater?« Wieso sollte mein Vater sich um die späteren Kinder seiner Exfrau kümmern, die ihm sofort nach der Trennung völlig gleichgültig gewesen war?

Das Mädchen rollte den Fächer zu einer Rinne ein und ließ die gerösteten Bohnen in die schmale Öffnung einer irdenen, mit Wasser gefüllten Kanne gleiten, einer Art afrikanischer Espressomaschine, die sie nun auf die glühende Holzkohle stellte. »Wer denn sonst?« gab Dagniou zurück, »er ist doch auch sein Vater!«

Ich sank an die Rücklehne der Couch zurück und stieß Luft aus, wie ein eben aufgetauchtes Walross. »Sein Vater«, wiederholte ich geistesabwesend. Offensichtlich hatten Dagniou und ich von zwei verschiedenen Personen gesprochen, und es gab noch einen Bruder. Einen Bruder, der als einziges aller nach meiner Rechnung sechs Geschwister nicht nur einen Elternteil, sondern sowohl Vater als auch Mutter mit mir gemeinsam hatte. Einen ganz besonderen Bruder. Einen Bruder mit Namen Luul.

Dieser Bruder passte zu dem Foto in meiner Tasche. Vor ein paar Monaten hatte ich einen Brief aus Addis Abeba vom Suchdienst des Roten Kreuzes bekommen. Dort hatte sich ein Mann namens Luul Ghebrehiwet gemeldet, der sich als mein Bruder ausgab. In seinem ungelenken Schreiben behauptete er, sowohl meine Mutter als auch meinen Vater zu kennen, wusste im Gegensatz zu mir aber nicht, wo sich mein Vater aufhielt, und hatte auch keinen Kontakt zu ihm. Papa hatte mir allerdings noch nie von einem Sohn erzählt, genausowenig wie irgend jemand sonst von meinen Verwandten. Mir kam die Sache reichlich merkwürdig vor. Auch aus dem Foto, das dem Brief beilag, wurde ich nicht schlau. Es ließ undeutlich ein Gesicht erkennen, das dem meinen nicht besonders ähnlich sah, von den typischen Eigenschaften der Tigrinya, denen wir beide offensichtlich angehörten, abgesehen.

Ich hatte lange gezögert, bis ich an die Adresse schrieb, die der Mann in seinem Schreiben angegeben hatte. Mehrmals musste ich beginnen, bis ich den richtigen Anfang hatte und ein paar Zeilen zusammenbekam, die schilderten, wer ich war, wie ich lebte, und wie gerne ich ihn, Luul, kennenlernen würde – wenn er wirklich mein Bruder wäre. Es fiel mir schwer, in Tigrinya zu schreiben; ich sprach oft in meiner Muttersprache, aber schriftlich hatte ich sie jahrelang so gut wie nie benutzt. Ob Luul mein Gekrakel überhaupt entziffern könnte?

Es dauerte knapp drei Wochen, bis ich Antwort bekam – für einen Briefverkehr nach Afrika ein rekordverdächtiges Tempo.

Doch aus der Antwort wurde ich auch nicht schlau. Ich erkannte in den Sätzen dieses Luul keine Fakten aus meiner Lebensgeschichte wieder. Immerhin war es merkwürdig, dass er den Namen meiner Mutter und den meines Vaters, aber auch die Namen meiner Schwestern kannte. Wer war dieser Fremde? Ich beschloss, ihn bei meinem nächsten Aufenthalt in Afrika zu besuchen, aber ich wollte mich nicht auf einen neuen Bruder freuen, bevor ich nicht die Sicherheit hatte, dass er wirklich mein Bruder war. In Afrika gibt es unzählige Verzweifelte, denen eine Verwandte in der Ersten Welt mehr als gelegen käme, um ihre desolate wirtschaftliche Situation zu verbessern.

»Kennst du Luul denn?« fragte ich Dagniou, als ich die Überraschung einigermaßen verdaut hatte. Wie gerne hätte ich jetzt etwas Kräftigeres als das lauwarme Glas Bier vor mir gehabt, wie sehr hätte es mich beruhigt, einen tiefen Zug aus einer Zigarette zu nehmen! »Hast du ihn schon mal gesehen?«

Die Frage schien Dagniou fast zu beleidigen. »Was denkst du denn – natürlich! Er war doch hier zu Besuch! Wir haben ihm zu essen gegeben und ihn aufgenommen, er ist mein Neffe!« trompetete sie, als ob es einen Zweifel daran geben könnte, dass sie einen so engen Verwandten – der in Wirklichkeit natürlich bloß ihr Großneffe war – nicht bei sich aufnehmen würde. »Er ist ein guter Junge!«

Das Hausmädchen führte den glühenden Kohlen mit dem Fächer sorgfältig frische Zugluft zu und schwenkte den Tonkrug geschickt über dem Feuer, so dass das Wasser darin zwar gut am Kochen gehalten wurde, aber nicht als schwarzer Kaffeeschaum über den Rand des Gefäßes trat. Unterdessen ließ ich mir von Dagniou berichten, was sie von Luul wusste. Er war mein ältester Bruder, sagte sie, hatte viele schwere Zeiten in Kenia, im Sudan und auch in Eritrea durchgemacht und schon lange versucht, seinen Vater und mich zu finden. Jetzt lebte er in der äthiopischen Hauptstadt Addis Abeba, gar nicht so weit von hier – und doch für mich unerreichbar, weil ich kein Visum für Äthiopien bekommen hatte. Meine Verwandten sprachen mir Mut zu – irgendwann werde es sicher klappen, dass ich nach Addis reisen könnte.

Ich war aufgeregt wie schon lange nicht, weil es mich noch einmal geben sollte. Sicher nicht in meiner Gestalt, nicht mit meinen Eigenschaften, aber doch mit den komplett gleichen Erbanlagen, vom selben Vater, von derselben Mutter. So etwas erfährt man nicht täglich. Ob ich eines Tages wirklich über mich Bescheid wissen werde? Ob ich das Dunkel klären kann, das über meiner Kindheit und meiner Familie liegt?

Mir fuhr der Duft von brennenden Grashalmen und glimmendem Weihrauch in die Nase, die das Hausmädchen angezündet hatte. Der

Weihrauch und das Gras gehörten zur Kaffeezeremonie. Sie dienten dazu, den Geruch im Raum zu verbessern und die Menschen auf den Duft des Kaffees vorzubereiten, der sich jetzt schockwellenartig im ganzen Raum verbreitete. Nun dauerte es nicht mehr lange, bis das Mädchen die ersten kleinen Tässchen mit dem gut gesüßten, kohlrabenschwarzen Sud an uns verteilte.

Beim Kaffee dachte meine Familie glücklicherweise nicht ganz traditionell, denn sonst wäre der erste Aufguss für die Männer und erst der zweite für die Frauen bestimmt gewesen. Der dritte ginge dann an die Kinder, weil der Kaffee von Mal zu Mal deutlich dünner wird. Im Haus meiner Tante ging es aber einigermaßen aufgeklärt zu, weshalb wir alle gleichzeitig trinken durften – leider ohne die für mich dazugehörende Zigarette.

Auch meine Großtante schien sich erst jetzt richtig entspannen zu können und stellte nun auch von sich aus wirkliche Fragen. »Senait, wie geht es dir?« wollte sie wissen. »Du hast gesagt, dass du nicht mehr bei deinem Vater lebst?«

Das war ein heikles Thema, denn es gehörte sich für ein eritreisches Mädchen nicht, von zu Hause auszuziehen, ohne verheiratet oder fest verlobt zu sein. Ob ich das war, wagte sie nicht zu fragen, doch sie ging völlig zu Recht davon aus, dass ich längst gesagt hätte, wenn es so wäre. Ich hatte freilich meine Gründe gehabt, von zu Hause wegzuziehen: Ich war jung und rebellisch, hatte die Freiheit Deutschlands verspürt und verstand mich nicht gerade gut mit meinem Vater. Warum hätte ich unter diesen Umständen zu Hause bleiben sollen?

Als ich gerade zu einer langen Erklärung ansetzen wollte, winkte Dagniou ab – spätestens von diesem Moment war sie mir wirklich sympathisch. »Ich weiß schon, dass ihr es schwer miteinander hattet«, sagte sie, »aber trag ihm nichts nach. Er ist ein Idiot, ein dummer Mensch. Wir hatten es alle schwer mit ihm.«

Mir stand der Mund offen. So hatte ich noch nie jemanden über meinen Vater sprechen gehört, und schon gar nicht jemanden aus seiner eigenen Familie, ganz zu schweigen von seiner Cousine. Dabei war es bei uns für eine Frau alles andere als üblich, solch klare Worte über einen männlichen Verwandten zu verlieren. Oder sollte die alte festgefügte Ordnung in Afrika nicht mehr so fest gefügt sein wie zur Zeit meiner Kindheit?

Bei den anderen Knackpunkten unserer Familiengeschichte hielten sich meine Verwandten allerdings zurück. Als die Rede auf die Kindesweglegung durch meine Mutter kam, nannten das alle nur »die schreckliche Sache« oder »diese schlimme Sache«, lediglich Dagniou nahm als einzige das Wort »Koffer« in den Mund. Ich war mir nicht sicher, ob sie aus Rücksicht mir gegenüber Zurückhaltung übten oder ob man über solche Dinge generell nicht sprach, aber es gab ohnehin so viele neue Eindrücke zu verdauen, dass ich keine große Lust verspürte, die dunklen Seiten meiner Vergangenheit durchzukauen.

Die Verabschiedung zog sich noch eine gute Stunde hin, da der Kaffee nicht alle wurde, und es sich einfach nicht gehörte, das angebotene Getränk stehenzulassen. Zwar wurde der Kaffee von Aufguss zu Aufguss dünner, doch seine Wirkung ließ nicht nach, sondern putschte mich mehr und mehr auf; ich war es nicht gewohnt, solche Mengen davon zu trinken. Als ich mich schließlich verabschiedete, musste ich allen versprechen, in den nächsten Tagen wiederzukommen, damit sie ein, wie sie sagten, »richtiges« Essen für mich vorbereiten könnten.

Auf dem Weg zum Auto spürte ich, dass mir fast übel war von dem vielen Kaffee. Gleichzeitig war ich so aufgekratzt, dass ich die Wände hätte hochgehen können. Ich tat aber nichts dergleichen, sondern winkte und winkte bloß. Sobald wir um die Ecke gebogen waren, steckte ich mir eine Zigarette an. Was Dawit von mir denken mochte, war mir jetzt egal, nun gab es kein Halten mehr.

In die Berge

Am nächsten Morgen wollten wir nach Adi Keyh aufbrechen, in das Dorf, aus dem mein Vater stammt und wo noch Verwandte von ihm lebten. Adi Keyh ist zwar nicht einmal zweihundert Kilometer von Asmara entfernt, doch Dawit plante einen halben Tag Fahrzeit ein. Die Straßen seien schlecht, sagte er, die Strecke eng und kurvenreich, und da Dawit nicht zu Übertreibungen neigte, glaubte ich ihm aufs Wort.

Es wäre also ratsam gewesen, früh zu Bett zu gehen, doch mir ging wieder und wieder die Unterhaltung mit meiner Familie durch den Kopf. Wie naiv ich doch gewesen war! Wie konnte ich nur vergessen, dass solch ein Gespräch in Afrika anders funktioniert als in Deutschland? Ich hatte Informationen abfragen wollen, wie in einem Auskunftsbüro, aber ich hatte keine bekommen. Ich hatte Einschätzungen hören wollen, die meine Annahmen und Vorurteile stützen sollten, doch sie waren mir verweigert worden. Aus gutem Grund: Die Menschen wussten nicht, wie ich über meine Familie dachte, sie mussten erst meine Meinungen testen, bevor sie aus der Reserve gehen konnten, denn sie wollten mich weder mit entgegengesetzten Urteilen verletzen noch sich mit Meinungen in die Nesseln setzen, die ich nicht teilte. In Afrika tastet sich jeder erst vorsichtig an sein Gegenüber heran, bevor er ein Urteil ausspricht, denn zumindest im familiären Bereich gilt es immer als besser, sich keine Feinde zu machen, als der Wahrheit einen Dienst zu erweisen. Egal, wie man dazu stand, zu ändern war es nicht. Also beschloss ich für mich, das zu akzeptieren, auch wenn meine eigene Strategie eine andere war – dazu hatte ich mich viel zu sehr daran gewöhnt, mit meiner Meinung nicht hinter dem Berg zu halten, sondern so zu sprechen, wie mir der Schnabel gewachsen ist.

Irgendwann muss ich trotz aller Grübelei eingeschlafen sein. Als der Wecker am anderen Morgen klingelte, fühlte ich mich, als ob ich eben erst eingeschlafen wäre. Ich erschrak, als ich mich im Badezimmerspiegel sah, so dunkle Ringe hatte ich unter den Augen. Das sah so deutlich nach Zechtour aus, dass ich Dawit schwor, am Vorabend nicht mal mehr das Hotelzimmer verlassen zu haben. Ich kramte meine Sonnenbrille heraus, tat so, als wäre alles in Ordnung, und wir konnten losfahren.

Bald passierten wir das größte Monument Eritreas, ein Kriegerdenkmal mit dem wohl merkwürdigsten Thema aller Kriegerdenkmäler: einem Paar schwarzer Plastiksandalen. Diese Latschen sind so groß wie zwei Mittelklasseautos und nehmen den gesamten Platz in der Mitte des größten Kreisverkehrs von Asmara ein. Die Sandalen sollen ein Symbol für die Härte und Ausdauer eritreischer Freiheitskämpfer sein, die sich mit der schlechtesten Ausrüstung begnügen mussten. Für richtiges Schuhwerk, das beim Kampf in steinigen Wüsten, schroffem Bergland und dichtem Dornengestrüpp sehr nützlich gewesen wäre, hatte es an Geld gefehlt – also trugen fast alle Kämpfer diese primitiven Plastiksandalen, die in einer der wenigen eritreischen Fabriken angefertigt wurden, denn ganz ohne Schuhwerk hätten die Eritreer ihren Kampf wohl verloren.

In südlicher Richtung fuhren wir aus der Stadt. Die Straße wurde breiter und breiter, weil die Reihen ebenerdiger Häuser immer weiter vom Asphaltband der Straße zurückwichen. So entstanden zwischen Fahrbahn und Häusern immer größere sandige und steinige Flächen, auf denen Autos repariert und Esel geführt wurden, auf denen Verkäufer Kaugummis und Nüsse anboten und über die Frauen ihre Einkäufe und Kinder ihre Wasserkanister schleppten.

Sobald wir die letzten Häuser hinter uns gelassen hatten, rollte der Kia durch wüstenartige Geröllhalden, hinter denen die Berge immer näher rückten. Aus dieser Entfernung war nicht vorstellbar, dass sich zwischen diesen abweisend schroffen Felsflanken eine Straße hindurchwinden könnte.

Außer uns waren auf dieser Route überquellend volle Autobusse, schwarz rauchende Lastwagen, mit Mopedmotoren angetriebene Lastkarren, Pferdefuhrwerke, Lastesel, Radfahrer und Fußgänger unterwegs. Obwohl die Straße einigermaßen belebt war, drehten sich die meisten Menschen nach unserem Taxi um. Erst dachte ich, sie würden wegen mir gaffen, weil ich Ausländerin war oder weil sie sich fragten, wohin sich die Fremde wohl bringen ließ, doch dann merkte ich, dass ihr Interesse einen viel simpleren Grund hatte: Wir waren so gut wie die einzigen, die in einem Pkw unterwegs waren. Praktisch alle normalen Autos, die in Eritrea zugelassen waren, schienen in Asmara und der nächsten Umgebung der Stadt zu fahren. Für Überlandfahrten fehlte es den Menschen an Geld für das Benzin, am Mut, ihre kostbaren Gefährte den Schlaglöchern auszusetzen, und vor allem an Anlässen für ihre Reisen. Außerdem musste jeder, der ein Auto hatte, auf die eine oder andere Art Geld verdienen, und das war in Eritrea nur in der Hauptstadt möglich.

Ich hatte selbst erwogen, mit dem Bus zu fahren, den Gedanken aber weniger aus Bequemlichkeit als aus Angst verworfen. Das Reisen war in Eritrea keine ungefährliche Angelegenheit, und Busse hatten oft Unfälle, Pannen und Verzögerungen. Ich wollte vermeiden, die Nacht oder auch nur ein paar Stunden unter lauter Fremden zu verbringen, die mich misstrauisch beäugten und sich wunderten, dass ich eine so lange Reise ohne männlichen Schutz angetreten hatte.

Je weiter wir uns von Asmara entfernten, desto leerer wurde die Straße. Dafür trafen wir immer häufiger – auf Mitarbeiter von Hilfsorganisationen sowie der UNO, insbesondere auf Mitglieder der Friedenstruppen, die die Grenze zwischen Eritrea und Äthiopien sichern sollten. Doch die dreitausendfünfhundert Soldaten und zivilen Angestellten der UNMEE, der »United Nations Mission in Ethiopia and Eritrea«, standen an der rund tausend Kilometer langen Grenze auf verlorenem Posten. Die von Äthiopien nicht anerkannte und von Eritrea mit nationalem Geschrei verteidigte Grenzlinie verläuft ausschließlich durch Hochland, Gebirge und unwegsames, steiniges, verdorrtes, brachliegendes und dicht vermintes Gelände. Ich werde nie verstehen, warum für ein paar Quadratkilometer auf der einen oder anderen Seite dieser Grenze seit 1998 geschätzte zweihunderttausend Menschenleben geopfert wurden.

»Wie kommen die Leute dazu, hier oben in unseren Bergen Wache zu schieben?« fragte ich Dawit und deutete auf einen weißen Lkw, dessen Ladefläche mit indisch aussehenden UNO-Soldaten vollgepackt war. »Sie kennen unser Land nicht, sie haben hier keine Verwandten oder Freunde, sie stammen nicht von hier, aber sie müssen unter Einsatz ihres Lebens eine Grenze bewachen, die sie nichts angeht!«

Dawit musste lachen. »Die sind glücklich oben in den Bergen«, sagte er fröhlich, während er mit heftigen Lenkbewegungen einer ganzen Kolonne von weißen Jeeps mit Blauhelmen auswich. »Sie bekommen regelmäßig zu essen, verdienen eine Menge Geld und kehren nach ein paar Jahren als reiche Leute in ihre Heimat zurück. Sie sind die einzigen, die etwas von diesem Konflikt haben. Sie müssen bloß aufpassen, dass sie auf keine Mine treten, aber das passiert ohnehin fast nur den Einheimischen, die ihren Tieren folgen müssen und keine Minensuchgeräte haben.«

Dawit hatte vor allem als Afrikaner gesprochen, nicht als Eritreer, denn er war alles andere als ein glühender Patriot. Ganz im Gegenteil, er sprach auch über die Fehler und Unzulänglichkeiten seines Vaterlands, die zwar nicht zu übersehen waren, von manchen Eritreern – vor allem von solchen, die im Ausland leben – aber trotzdem gern übergangen werden.

Die Straße wand sich jetzt wie eine schmerzgekrümmte Schlange über Bergrücken, entlang steiniger Abhänge und durch tiefe Täler. Hier war nichts zu sehen außer Steinen, Dornen und hin und wieder einem vertrockneten Baum oder Busch. Um so erstaunlicher waren die Fußgänger, die alle paar Kilometer hinter einem Felsvorsprung oder einer Kurve auftauchten, hagere Gestalten in langen weißen Gewändern, die manchmal einen Esel oder zwei Ziegen vor sich her trieben. Es war nicht zu erkennen, woher diese Menschen kamen oder wohin sie gingen. »Überall in den Bergen stehen einzelne Hütten und auch ganze Dörfer«, sagte Dawit, »aber es führen keine Straßen dorthin, und die Saumpfade sind für den, der sie nicht kennt, selbst aus der Nähe kaum zu erkennen.«

Dawit fixierte den Straßenrand, um mir den Anfang eines solchen Saumpfades zu zeigen, als er plötzlich auf die Bremse trat und das Steuer herumriss. Ich schrie auf und schlug die Hände vor die Augen, doch das Taxi stand, und nichts war geschehen. »Es ist nichts«, sagte Dawit, »du kannst wieder schauen. Nur ein Lastwagen.«

Vorsichtig öffnete ich die Augen. Fast über die gesamte Breite der Straße lag ein umgekippter Lkw, seine Ladung mit Sand oder Zement hatte sich über die Fahrbahn und die Böschung neben der Straße ergossen. Unter der Fahrerkabine war eine dunkle Flüssigkeit hervorgeströmt und hatte sich mit der Ladung vermischt. »Blut!« schrie ich, doch Dawit beruhigte mich wieder. »Das ist nur Motoröl.« Er setzte den Wagen ein paar Meter zurück und schickte sich an, auf dem schmalen Bankett zwischen Abgrund und umgestürztem Laster an dem Wrack vorbeizuschlingern. Ich war entsetzt. »Du kannst doch nicht einfach weiterfahren«, rief ich, immer noch in Alarmbereitschaft, »wir müssen ihm helfen!«

Dawit lächelte nur. Ihn schien der Unfall nicht im geringsten aufzuregen. »Wem denn?« fragte er. »Hier ist niemand mehr.«

Und wirklich: Als ich aus dem Auto sprang und das Wrack untersuchte, stellte ich fest, dass die Führerkabine leer war. Auch sonst war nirgends die Spur eines Menschen zu sehen. »Der Unfall ist schon lange her«, sagte Dawit, »sieh mal die vielen Spuren um die Stelle herum. Alles ist schon ganz eingetrocknet. Solche Autos liegen oft wochenlang, bis ein Kran kommt oder ein großer Abschleppwagen. Davon gibt es nicht so viele in Eritrea. Komm, wir können fahren.«

Ich sah ein, dass er recht hatte, und setzte mich erleichtert neben ihn, froh, nicht mit Toten und Schwerverletzten hantieren zu müssen. Das war eine Erfahrung, die ich in meiner Zeit bei der ELF oft genug hatte machen müssen. Wir Kinder waren damals für das Verscharren der Leichen zuständig, wenn der Krieg in der Nähe unseres Camps Opfer unter den eigenen Leuten gefordert hatte. Ich weiß, wie es aussieht, wenn jemand verblutet, wenn ein lebloser Körper daliegt. Die Bilder dieser Toten verfolgen mich bis heute in meinen Träumen und werden das wohl bis an mein Lebensende tun. Diese Bilder sind schuld daran, dass ich in Situationen, in denen Gefahr droht, in denen es um Verletzte und Tote gehen könnte, leicht die Nerven verliere. Ich habe Angst, dass all das, was ich früher erlebt habe, irgendwann einmal zu mir zurückkommen könnte.

Oasen

Nach zwei Stunden Kurbelei weitete sich die Landschaft und wir fuhren in ein Tal hinunter, in dessen Mitte sich eine kleine Stadt ausbreitete – Dekemhare. Aus der Ferne wirkten die Häuser, Fabriken, Kirchen und ein paar Türme wie eine Oase inmitten einer steinigen Wüste. Sie bildeten die Umrisse einer richtigen Stadt, doch je näher wir ihr kamen, desto mehr änderte sich das Bild: Während in dem Tal aus der Nähe betrachtet sogar spärliches Gras wuchs, gab es zwischen den Häusern nichts als Steine, Sand und Staub. Als wir über die Hauptstraße rollten, mitten durch dichtesten Fußgängerverkehr, sah ich, dass die meisten Häuser einfache, ebenerdige Lehmhütten waren, provisorische Behausungen, mit Wellblech gedeckte Schuppen. Aus den unbefestigten Nebenstraßen strömten die Menschen zur Hauptstraße, an der ein kleiner Markt abgehalten wurde. Wir beschlossen anzuhalten und eine Kleinigkeit zu essen, da wir noch nicht gefrühstückt hatten.

Unser Auto war bald von Neugierigen umringt, die uns stumm musterten. Hier erschien auch Dawit als Fremder, weil er eine richtige Hose, ein Hemd und Lederschuhe trug. Die meisten Menschen hatten nichts als ein paar Tücher oder ein altes T-Shirt und eine ausgebleichte Trainingshose am Leib, an den Füßen trug fast jeder Sandalen oder Badelatschen, die Kinder gingen barfuß.

Dawit steuerte auf ein Haus zu, das sich erst bei näherem Hinsehen als Restaurant entpuppte – kein Hinweisschild, keine Aufschrift und kein Schaufenster deuteten darauf hin. In den leeren Fensterhöhlen saßen Jugendliche und beobachteten die Straße, aus dem Inneren drangen laute Wortfetzen. Drinnen waren nur Männer zu sehen. Ich zögerte und zog mir instinktiv das Tuch, das ich um die Schultern gelegt hatte, halb über den Kopf.

»Dawit, kann ich dort rein? Da sind nur Männer!« raunte ich meinem Begleiter zu.

Er sah mich erstaunt an. »Natürlich«, sagte er, »das ist ein ganz normales Restaurant.«

Doch »normal« ist eine höchst relative Sache und »Restaurant« ein weitgefasster Begriff. Das Lokal bestand aus zwei kleinen Räumen. In dem einen stand ein uralter zerschlissener Billardtisch, der so dicht von jungen Männern umlagert war, dass man ihn dazwischen kaum sehen konnte. Die Jungs stießen die Kugeln mit den bloßen Händen an, weil es keine Queues gab. Das war wahrscheinlich gut so, denn in diesem Gedränge mit langen Stöcken zu hantieren hätte mit Sicherheit zu Verletzten geführt.

In dem anderen Raum standen ein paar Esstische, ebenfalls alle von

Männern umlagert. Doch kaum jemand hatte ein Getränk vor sich stehen, niemand aß etwas, die Menschen saßen einfach nur da und unterhielten sich.

Die Gespräche erstarben, als wir eintraten. Dadurch nahm auch der Wirt von uns Notiz, und nachdem Dawit ihm gesagt hatte, dass wir essen wollten, scheuchte er die Männer von einem Tisch weg. Die Tischplatte war voller Flecken, doch er machte keine Anstalten, den Tisch abzuwischen, sondern sah uns bloß fragend an. Natürlich gab es keine Speisekarte, weil es nur eine Speise gab – Foul, das Bohnenpüree. Das war genau das Richtige für mich, und zusammen mit frischem Brot und starkem, süßem Tee bekamen wir eine wunderbare Mahlzeit.

Nachdem sich die anderen Gäste an uns sattgesehen und registriert hatten, dass wir Tigrinya miteinander sprachen, ließ ihre Spannung nach, und sie wandten sich wieder ihren Gesprächspartnern zu. Bald war es wieder so laut wie vor unserem Eintreffen.

»Die Menschen hier sind Fremde nicht gewohnt«, sagte Dawit, »sie meinen es nicht böse.«

Das hatte ich auch nicht angenommen, ich war nur selbst immer wieder überrascht, wie fremd mir mein Heimatland immer noch war.

Gestärkt durchquerten wir das weite Tal hinter der Stadt. Hier weideten vereinzelt Schafe und Kühe, fast jedes Tier wurde von seinem Eigentümer bewacht. In der Ferne war nahe der Straße ein Gebilde zu sehen, das wie ein Bauwerk aussah. Beim Näherkommen entpuppte es sich jedoch als riesengroßer Baum, es war ein wilder Feigenbaum, eine Sykomore.

»Der ist heilig«, sagte Dawit knapp.

Ich bat ihn anzuhalten und stieg aus. Es war schon später Vormittag und die Landschaft lag in hellem Sonnenglanz da. Als ich die Sonnenbrille abnahm, schmerzte das Licht in den Augen. Dabei war es nicht heiß, sondern nur angenehm warm, vielleicht fünfundzwanzig Grad; immerhin befanden wir uns auf über zweitausend Metern Höhe, und es war Anfang Januar, also tiefster Winter.

Als ich näher zu dem Baum trat, bemerkte ich, dass im Schatten unter seiner dicht belaubten Krone zwei Hirten mit ihren Kühen rasteten. Sie schienen mich nicht zu bemerken, jedenfalls lagen sie reglos da, mit geschlossenen Augen. Ihre Tiere lagen neben ihnen auf dem Boden, durch Stricke an sie gebunden, und käuten gleichmäßig wieder. Ich blieb stehen, weil ich die Ruhe der beiden Männer nicht stören wollte. Andererseits konnte ich mich kaum von ihrem Anblick losreißen. Die lagernden Hirten mit ihren Tieren unter diesem heiligen Baum in der weiten, friedlichen Landschaft kamen mir wie eine biblische Szene vor.

Unfall

Nach ein paar Kilometern Fahrt durch den Talgrund, in dem noch einige weitere gewaltige Sykomoren standen, schlängelte sich die Straße wieder die Berge hinauf. Auf dem Wege nach Adi Keyh mussten wir den höchsten Gebirgszug Eritreas überqueren. Die Straße war abenteuerlich angelegt, aber in gutem Zustand. An vielen Stellen führte sie auf schmalen Felsbändern zwischen Bergflanken und schwindelnden Abgründen hindurch. Links und rechts waren bloß Steine zu sehen, Steine und noch mal Steine, zwischen denen mannshohe Kakteenstauden standen, manche von ihnen in voller leuchtendroter Blüte.

Mir wurde ganz anders, wenn sich eine der felsigen Tiefen auf meiner Seite auftat, denn Leitplanken oder gar Begrenzungsmauern gab es hier nicht. Plötzlich durchzuckte mich ein Schmerz. Hier, auf dieser Strecke, musste meine Mutter zu Tode gekommen sein. Sie war bei einem Unfall ums Leben gekommen, als bei einem der altersschwachen Reisebusse, wie sie in Eritrea gang und gäbe sind, die Bremsen versagten und der Bus mit Fahrer und Fahrgästen Hunderte Meter in die Tiefe stürzte.

Mir zog es das Herz zusammen – wie hatte ich das vergessen können! Eigentlich wusste ich doch, dass meine Mutter auf dem Weg von Adi Keyh nach Asmara verunglückt war, und zwar genau auf diesem Abschnitt durch das hohe Gebirge, zwischen Dekamhare und Adi Keyh.

Auf einmal sah ich die Tiefe mit anderen Augen. Ich stellte mir einen grässlichen Tod vor, zwischen brüllenden Menschen, splitterndem Glas, polternden Steinen und berstendem Stahl. Sicher hatte der Bus gebrannt – es war niemandem gelungen, der Katastrophe lebendig zu entkommen, wie mir Verwandte berichtet hatten.

Ich erzählte Dawit von dem Unglück, der sofort vollstes Verständnis für meine unguten Gefühle hatte. Er fragte sogar, ob er langsamer fahren sollte. So viel Einfühlungsvermögen steht beim afrikanischen Durchschnittsmann nicht auf der Tagesordnung.

Dawit kurbelte noch vorsichtiger als vorher um die engen Kurven, während wir uns über unsere Eltern unterhielten. Er nötigte mir das Versprechen ab, zu ihm und seinen Eltern zum Essen zu kommen, wenn wir wieder in Asmara wären – eine Bitte, der ich gerne nachkommen wollte.

Mitten im Gespräch schrie ich auf: »Halt an! Dawit, halt an!«

Ich deutete auf den Abgrund zu meiner Seite. Dort unten, ein paar hundert Meter tiefer als die Straße, lag ein Bus auf dem Dach, die Räder in die Höhe gestreckt. Es sah fürchterlich aus, nach Tod und Verderben.

»Der Bus hat gebrannt«, sagte Dawit und stieg ebenfalls aus, um besser sehen zu können. »Der Unfall muss schon ein paar Jahre her sein, denn rund um den Bus ist nichts mehr vom Feuer zu sehen. Da sind schon ein paar Büsche nachgewachsen.«

Ich erschrak noch mal – der Unfall meiner Mutter war damals knapp zehn Jahre her, das könnte passen. »Bleibt denn ein Bus so lange liegen?« fragte ich und merkte im selben Moment, wie naiv die Frage war.

»Der wird immer dort unten liegen bleiben«, sagte Dawit. »Er ist nur noch Schrott. Außerdem gibt es keine Maschinen, die ein Wrack aus so großer Tiefe heraufholen könnten.«

Warum verstand ich eigentlich immer noch nicht, dass in Afrika andere Maßstäbe galten als in Europa? Warum musste ich immer noch deutsch denken? »O doch, diese Maschinen gibt es«, sagte ich zu Dawit, »in Europa bergen sie sogar hoch oben in den Bergen Seilbahnen, wenn da mal etwas abstürzt.«

Dawit sah mich zweifelnd an, aber ich war mit den Gedanken ganz woanders. Wahrscheinlich glaubte er mir kein Wort, doch er respektierte die Andacht, mit der ich für einige Minuten vor dem Abgrund verharrte.

Da es ausgeschlossen war, dort hinunterzuklettern, kniete ich am Straßenrand nieder, um mit geschlossenen Augen zu beten. Das war nicht geplant, es geschah mit mir wie in einem Reflex. Ich bete immer wieder zu Gott, aber selten in der Öffentlichkeit. Ich bete nicht zu festen Zeiten oder nach festen Regeln, und ich bete keine auswendiggelernten Gebete, sondern ich bete meist im stillen, mit meinen eigenen Worten oder auch nur in Gedanken. So ging es mir auch jetzt. Ich dachte an meine Mutter und wünschte ihr den Frieden, den sie zu Lebzeiten kaum gehabt hatte, soweit ich ihr Leben kannte, und ich wünschte ihr, dass sie nun bei Gott sei.

Als ich die Augen wieder aufschlug, drängte sich der abgestürzte Bus in mein Blickfeld. Rasch wich ich vom Straßenrand zurück, weil ich erst jetzt wahrnahm, wie steil es hier hinunterging – das war eine Stelle zum Abstürzen. Vorsichtig, wie auf einem Berggipfel, stand ich auf, um mich noch einmal zu bekreuzigen.

Dawit, dem die innere Bewegung aufs Gesicht gemalt war, bekreuzigte sich mit mir. Er war, das wusste ich, ein religiöser Mensch, ein koptischer Christ wie ich. Mir kam es fein von ihm vor, dass er sich in diesem Moment der Andacht so zurückhaltend und doch anteilnehmend verhielt. Ich dankte ihm dafür. In diesem Moment mochte ich Dawit sehr.

Bergstadt

Schweigend passierten wir die restlichen Kurven, bis wir nach nur vier Stunden Fahrt Adi Keyh erreichten – die Stadt, aus der mein Vater stammt, in der meine Mutter jahrelang wohnte und in der noch viele meiner Verwandten leben sollten. Ich war erst einmal hier, für nur zwei Tage. Das war im Jahr 1993, zusammen mit meinen Schwestern Yaldiyan und Tzegehana, und wir besuchten ihre Mutter Abrehet, die zweite Frau meines Vaters. Ich war damals neunzehn Jahre alt und mehr mit mir als mit meiner Umgebung beschäftigt, von meinen Verwandten ganz zu schweigen, die noch dazu gar nicht meine waren, sondern Abrehets. Damals war ich heilfroh, in Deutschland zu leben, und betrachtete das eritreische Hochland als etwas mindestens so Exotisches wie die Oberfläche des Mondes, die dieser Landschaft übrigens ziemlich ähnlich sieht.

So hatte ich nur gut zehn Jahre alte Erinnerungsfetzen im Kopf, als der Kia in die Straßen von Adi Keyh eintauchte. Wobei »Straßen« das, was ich durch die Scheiben des Autos sah, nicht genau trifft. Das waren eher ausgefahrene Feldwege, mit Schutt und Steinen bedeckte Pisten, leere Bachbetten, mit Schotter und Abfällen übersäte Freiflächen und staubige Trampelpfade als Straßen in unserem Sinne. Das Auto musste sich merklich abmühen, um bis ins Zentrum dieses fast zweitausendvierhundert Meter hoch gelegenen Nestes vorzustoßen, das mit dreiundzwanzigtausend Einwohnern die größte Ansiedlung weit und breit ist.

Nach ein paar Rumplern durch Steine und Schlaglöcher war Dawit schon in Sorge um seine rollende Existenzgrundlage, so dass ich ihm

Die Hauptstraße von Adi Keyh.

vorschlug, zu Fuß weiterzugehen. Ich hatte gehofft, dass ich die Straße, in der meine Stiefmutter wohnte, mühelos wiederfinden würde, aber es sah alles gleich aus. Einstöckige Häuser reihten sich aneinander, die ihre Gärten hinter hohen Mauern zur Straße hin verbargen, um die Sandstürme, den Staub und auch die streunenden Hunde, die in den Straßen ihr Unwesen trieben, abzuhalten. Freiliegende Stromdrähte spannten sich von Haus zu Haus, viele Mauern bestanden aus unverputzten Ziegel- oder Betonsteinen, als wären sie eben erst fertig geworden, was durchaus möglich war, denn große Teile der Stadt wurden im Krieg gegen Äthiopien zerstört und konnten erst in den letzten Jahren wieder aufgebaut werden.

Was nun? Ich fragte zwei, drei Passanten nach Abrehet, bekam aber keine Antwort. Die Menschen schienen sie nicht zu kennen, sie schüttelten bloß den Kopf oder starrten mich ungläubig an. Eine fremde Frau, die nach jemandem fragte, den sie nicht kannten, war ihnen noch nicht untergekommen. Die Menschen hier waren verschlossener als in Asmara, zurückhaltender Fremden gegenüber, wenn man von der unverhohlenen Neugier, mit der sie mich musterten, absah. Wieder war ich froh, mein Tuch dabei zu haben, um mich vor ihren Blicken schützen zu können.

Hier gab es ein Afrika zu sehen, das in Asmara kaum mehr existierte: Männer trieben schwerbeladene Esel über die Hauptstraße. Vor Hauseingängen und rund um den Markt rasteten Kamele, die ihre Besitzer dort abgestellt hatten wie Autos – statt mit einem Schlüssel mit einem Strick gesichert, der den armen Tieren jeweils zwei Beine so eng zusammenhielt, dass sie sich kaum bewegen konnten. Viele Männer und fast alle Frauen trugen das traditionelle weiße Gewand der Bergbewohner, das *shamma,* ein zweiteiliges Kleidungsstück aus dünner, von Hand gewebter Baumwolle, dessen Ränder mit Stickereien oder einfachen Borten verstärkt waren. Das größere der beiden Teile wurde wie ein Kleid um den ganzen Körper gewickelt, das kleinere Teil diente je nach Situation oder Temperatur entweder als Kopftuch, Schal oder Jacke.

Die Frauen hatten ihre Haare, wenn sie sie nicht unter einem Kopftuch verbargen, fast alle auf alte, *shoruba* genannte Weise geflochten: sie liefen von der Stirn in vielen winzigen, eng anliegenden Zöpfchen zum Hinterkopf, von wo sich die natürlichen Locken, eventuell noch mal extra eingedreht, nach allen Richtungen ausbreiteten. Das Kopftuch hatte hier nichts mit dem Islam zu tun; fast alle Tigrinya, die im eritreischen Bergland leben, sind koptische Christen. Weil die Religion hier sehr traditionell verankert ist, kleiden sich sowohl Männer als auch Frauen wie ihre biblischen Vorbilder. So sah ich die weißen Gewänder und die Kopftücher nicht nur auf den Straßen, sondern auch auf alten Fresken in Kirchen und Klöstern.

Als wir auf unserer Suche immer weiter durch die Straßen wanderten, kam ich mir bald wie in einer Bibelszene vor, so stimmig war alles – mit Ausnahme meiner Jeans, meines T-Shirts und der Turnschuhe, die nicht dazu passen wollten.

Offensichtlich kamen wir aber nicht ans Ziel, wenn wir weiter nach dem Zufallsprinzip Passanten befragten. Adi Keyh war zu groß, als dass jeder jeden kennen könnte. Oder lebte Abrehet gar nicht mehr hier und war längst in Vergessenheit geraten? Wie sollte ich Kontakt zu meiner Familie knüpfen, wenn Abrehet als meine erste Anlaufstelle nicht mehr da war? Doch aufgeben kam nicht in Frage. Ich beschloss, systematischer vorzugehen, und schlug vor, in einem kleinen Lokal zu fragen, vor dem wir eben standen. Wer dort arbeitete, kannte sicher viele Menschen, vielleicht konnte der Wirt uns weiterhelfen. So traten wir in eine Bar, die aus nichts anderem als einem hölzernen Tresen, ein paar Hockern und kahlen Wänden bestand.

Der Wirt war zu unserer Überraschung eine Frau, die sich in angeregtem Gespräch mit zwei anderen Frauen befand. Als wir eintraten, verstummte sie und musterte uns argwöhnisch. Sie war eine fette, polternde Matrone, die sich nicht von uns befragen ließ, sondern ihrerseits ungeniert uns befragte: Wo wir herkämen, was wir hier wollten, ob wir Neger wären?

»Neger?« Ich verstand gar nicht, was die Frau meinte, doch sie erklärte es mir: »Ich will wissen, ob ihr aus Afrika kommt.«

Die Erläuterung machte die Sache für mich nicht klarer. Hilflos sah ich mich nach Dawit um: »Verstehst du, was sie meint?« fragte ich ihn auf englisch.

Er musste lachen: »Sie glaubt nicht, dass wir Eritreer sind, weil wir nicht ihren Bergdialekt reden. Deshalb denkt sie, wir wären aus Zentral- oder Westafrika.«

Endlich verstand ich: Die Alte war so beschränkt, dass alles, was sie nicht kannte, von weither sein musste. Sie dachte, alle Eritreer müssten genauso sprechen und aussehen wie die Menschen in ihrer Kleinstadt. Dass Eritreer sich prinzipiell niemals als Afrikaner oder gar Neger bezeichnen, wusste ich natürlich. Für sie sind die Schwarzen immer die anderen, die eine oder mehrere Nuancen dunkler sind als sie selbst, also etwa die Bewohner des angrenzenden Südsudan, die Somalier oder auch die Menschen aus dem südlichen Äthiopien – von zentralafrikanischen Dschungelbewohnern ganz zu schweigen. Das ist bei uns genauso wie in Nordafrika: Ein Ägypter oder ein Marokkaner würde sich auch nie als Afrikaner, sondern immer als Araber oder als Bewohner des Maghreb bezeichnen. Aber dass sie ausgerechnet uns für Neger gehalten hatte?

Als uns die Wirtin weiterhin feixend musterte, platzte mir der Kragen. »Hör mal gut zu«, sagte ich ihr in breitestem Asmarino-Slang, »wir sind genauso Eritreer wie du, und was soll das Geschwätz von Afrikanern? Die sind wir doch alle, auf welchem Kontinent leben wir denn?«

Die Wirtin glotzte mich an, aber sie trug meine Zurechtweisung mit Fassung.

»Jetzt bringst du uns erst mal zwei Bier und erklärst uns, wie wir zu Abrehet kommen!«

Dawit sah mich überrascht an, dann prustete er los. »Ja, genau«, pflichtete er mir bei, »ein Bier könnte ich jetzt auch gut gebrauchen.«

Ich glaube, wir waren in den Augen der Wirtin so ausgeflippt, dass sie beschloss, sich nicht weiter aufzuregen. »Gut«, sagte sie, »könnt ihr haben. Aber wer ist Abrehet?«

Sie stellte zwei Flaschen auf die Theke, und ich erklärte ihr meine Beziehung zu meiner Stiefmutter und nannte ihr noch ein paar Familienmitglieder, damit sie sich besser orientieren konnte.

Plötzlich begann die Wirtin zu grinsen. »Halt, ich glaube, ich weiß, wen ihr meinen könntet. Wartet hier!«

Wollte die falsche Schlange wirklich mit uns kooperieren oder dachte sie nur daran, uns noch zwei Bier zu verkaufen?

Jedenfalls watschelte sie hinaus und rief einer alten Frau, die auf der anderen Straßenseite im Schatten saß, etwas zu. Die erhob sich zögernd und humpelte zu uns herüber. Die Wirtin fragte sie nach Abrehet, und die andere begann mit einer weitschweifigen Erklärung, wieso sie Abrehet kenne und seit wann.

Weit kam sie nicht damit, weil ihr die Wirtin unvermittelt ins Wort fiel: »Die beiden Afrikaner hier wollen Abrehet sehen«, sagte sie zu ihr, »das Mädchen sagt, sie ist Abrehets Tochter.«

Eigentlich war es völlig sinnlos, dieser Ignorantin etwas zu erklären, aber ich konnte es nicht lassen. »Verstehst du gar nichts?« fuhr ich sie an. »Ich bin aus Asmara, genauso wie Dawit auch! Verstehst du: A-s-m-a-r-a! Das ist die Hauptstadt von Eritrea! Schon mal davon gehört?«

»Ach ja«, sagte die Wirtin achselzuckend, »dann wird das wohl so sein.«

Dawit bog sich vor Lachen. Er wusste, dass solch ein Dialog kein ernstgemeinter Streit war, sondern Spaß – für mich sowieso, und ich glaube, sogar die falsche Schlange von Wirtin hatte ihre Freude daran. Sie glaubte uns kein Wort, genauso, wie ich ihr kein Wort glaubte. Das ist normal zwischen Fremden in Afrika. Man glaubt höchstens den engsten Familienangehörigen, man glaubt guten Freunden, aber einem Fremden – nie und nimmer.

Dieses Klima des Misstrauens in Afrika kommt daher, dass die meisten Menschen nichts zu verlieren haben und deshalb zusehen, dass sie etwas gewinnen können, egal, wie. Wahrheit, Freundlichkeit oder Respekt voreinander spielen dabei oft nicht die Rolle, die sie spielen sollten. Wenn uns die Alte beispielsweise nicht noch zwei Bier verkaufen wollte, hätte sie uns schon längst rausgeschmissen, weil wir nur ihr Gespräch mit den Nachbarsfrauen gestört haben. Was sollte es ihr schon bringen, Fremden Auskünfte zu erteilen?

Ich sah ein, dass es keinen Sinn hatte, mit ihr zu argumentieren. »Wie heißt du?« fragte ich die andere Frau, die Abrehet kannte.

»Semira«, sagte sie, »kommt, ich führe euch zu deiner Mutter.«

Mein Gott, musste ich ihr auch noch mal erklären, wer ich eigentlich war?

Semira verstand schneller als die Wirtin. Sie sagte, Abrehet habe schon von mir gesprochen, aber ich merkte bald, dass sie mich mit einer meiner Schwestern verwechselte, die während der letzten Jahre schon ein paarmal bei ihr gewesen waren. Wenigstens wusste sie, wo wir hin mussten.

Der Weg führte uns aus dem Stadtzentrum hinaus und durch ein weites, ausgetrocknetes Flussbett in eine Siedlung am anderen Ufer. Hier gab es keine Straßen mehr, jeder freie Raum zwischen den Häusern diente als Straße, Gehweg oder Parkplatz. Vor allem Handkarren und Kamele waren hier geparkt. Abgesehen von ein paar Bäumen, die aus ummauerten Gärten herauslugten, wuchs hier nichts, und so konnte auch nichts zertrampelt oder beschädigt werden. Als Zeichen des Fortschritts ragte das Neonschild einer halbfertigen Tankstelle auf, die sich neben dem Flussbett in Bau befand, aber bis auf einen dort abgestellten Bus und einen Lastwagen war weit und breit kein Auto zu sehen.

Mit gemischten Gefühlen ging ich hinter Semira her. Natürlich wollte ich Abrehet wiedersehen, immerhin war sie die Mutter meiner Schwestern Yaldiyan und Tzegehana, und ich hatte sie bei unserem gemeinsamen Besuch vor zehn Jahren liebgewonnen, obwohl sie immer die Rivalin meiner Mutter gewesen war, die mit ihr um die Zuneigung meines Vaters gekämpft hatte. Das war eigentlich kein gutes Vorzeichen für die Beziehung zwischen uns. Doch von wem konnte ich mehr über meine Familie erfahren als von ihr? Sie war die einzige Ansprechpartnerin in Adi Keyh, die mir bekannt war, also musste ich mit ihr reden.

Als wir den Hügel auf der anderen Seite des Bachbetts zu der dort gelegenen Siedlung hinaufstiegen, fiel es mir wie Schuppen von den Augen: Am Ende der Straße, dort, wo die letzten Häuserreihe der Stadt nahtlos in wüstenartige Steppe überging, stand Abrehets Haus. Obwohl ich den Weg nun kannte, bestand Semira darauf, mich bis ans Ziel zu begleiten. Zweifellos war sie neugierig, was dort passieren würde. Ich wäre jetzt gern alleine oder nur mit Dawit hier gewesen, doch ich konnte Semira unmöglich zurückschicken, noch dazu, da unsere Gruppe mit der Zeit immer größer wurde. Eine Tochter Semiras war uns über den Weg gelaufen und hatte sich uns angeschlossen. Ein Junge aus Abrehets Nachbarschaft wollte uns helfen, den richtigen Weg zu finden, und auch eine Nachbarin von Semira kam einfach mit, da sie nichts anderes zu tun hatte. Offensichtlich hatten viele Menschen hier nichts anderes zu tun, als zu sehen, was auf der Straße passierte, und mit den Nachbarn darüber zu sprechen.

So stiegen wir in einer immer größer werdenden Gruppe den Hügel hinauf, und als am Ende ein weiter, gewölbter Horizont sichtbar wurde, standen wir vor Abrehets Haus. Es war ebenerdig wie alle anderen Häuser auch, ein schmuckloser Kasten, lediglich mit dem Luxus einer kleinen, überdachten Loggia versehen, die gleichzeitig als Eingang diente. Die Fenster waren vergittert, die Scheiben durch Fensterläden aus Kartons und Plastiktüten ersetzt, die von Verpackungen amerikanischer Hilfslieferungen stammten. Vor dem Haus lag der Hund.

Sobald er uns sah und bemerkte, dass dieser Menschenauflauf seinem Haus galt, sprang er auf und stürzte wild bellend auf uns zu. Die paar Hühner, die vor dem Haus dösten, stieben entsetzt auseinander. Erst an der Gartenpforte, die in eine hüfthohe Mauer aus lose aufeinandergeschichteten Steinbrocken eingelassen war, machte das Biest halt, stemmte sich daran hoch und kläffte mir mitten ins Gesicht, als ginge es um sein Leben.

Ich wich entsetzt zurück. Hunde haben es immer auf mich abgesehen, weil sie meine Angst riechen, aber ich konnte noch nie etwas dagegen tun, außer Hunden generell aus dem Weg zu gehen. War dieser kläffende Empfang etwa ein schlechtes Zeichen für meinen Besuch?

In diesem Moment erschien eine junge Frau in der Tür. Sie kam mir bekannt vor, doch ich wusste nicht, wem ich das rundliche Gesicht mit den gleichmäßig über den Kopf geflochtenen Zöpfchen zuordnen sollte. Der Frau schien es ähnlich zu gehen, sie starrte mich aus großen Augen an, bis ihr plötzlich eine Idee zu kommen schien, denn sie zuckte zusammen und verschwand blitzschnell im Haus. Kurz darauf erschien mit einem Schrei eine andere, ältere Frau in der Tür – das musste Abrehet sein. Sie riss die Arme in den Himmel und rief: »Senu! Senu!«

Ich wollte zu ihr hinlaufen, doch der Hund kläffte immer wütender. Aus dem Haus kamen Leute, die ich nicht kannte. Ein Junge nahm einen Stock und drosch auf den Hund ein, bis sich das Gebell in Gejaule verwandelte und das Tier in seinem aus lockeren Betonziegeln errichteten Verschlag verschwand. Und schon war Abrehet bei mir, um mich zu umarmen. Sie küsste mich, weinte, küsste mich noch mal und starrte mich an, als könne sie nicht glauben, dass ich wirklich da war. Es war ein so herzliches Wiedersehen, als würde sie die lange Jahre vermisste Tochter endlich wieder in die Arme schließen.

Ich wünschte, ich hätte dasselbe von mir sagen können. Zwar umarmte ich Abrehet auch, doch ich wusste nicht, wie mir geschah. Ich beobachtete die Szene, als würde ich neben mir stehen. War ich so abgebrüht, so kalt, so europäisch, dass ich nichts fühlte? Dass keine Tränen kamen?

»Du erkennst mich noch!« sagte ich zu Abrehet, die ich kaum erkannt hätte, wenn ich ihr irgendwo auf der Straße begegnet wäre. Ihr Gesicht war sehr verändert, die Stirn und die Wangenknochen standen viel stärker hervor, die Augen saßen tiefer in den Höhlen. Ihr Haar – zumindest das, was davon unter ihrem weißen Tuch hervorlugte – war ergraut, ihre Ohren standen dürr vom Kopf ab. Abrehets Gesicht sprach von Entbehrungen, von Sorgen und von Arbeit, von sehr viel Arbeit. Wie fast alle in Adi Keyh lebte sie in großer Armut und war, soweit ich wusste, von Hilfslieferungen der Vereinten Nationen sowie von kleinen Geldspenden ihrer Töchter abhängig.

Abrehet hakte mich unter und führte mich in ihr Haus. Ich musste mich sofort auf das gute Sofa setzen. Es war das einzige Möbelstück im Haus, von zwei oder drei Betten und einem niedrigen Tisch abgesehen. Abrehet setzte sich neben mich. Sie sah mich an, ohne etwas zu fragen, ohne etwas zu sagen, sie sah mich einfach nur an. Ich wusste nicht, was ich tun sollte. Ich fühlte mich unbehaglich, bedrängt, und schnatterte aus Unsicherheit irgendwelche Belanglosigkeiten über die Reise, über Asmara, über das Wetter, über die Berge, bis ich nicht mehr weiter konnte und auch verstummte.

»Ich freue mich so, dich zu sehen«, sagte Abrehet.

Ich nickte stumm und wurde allmählich ruhiger. Das ist wieder die andere Art zu kommunizieren, dachte ich, stell dich darauf ein, Senait. Beruhige dich. Ich lehnte mich erst mal zurück.

»Du siehst schön aus«, sagte Abrehet und strich mir übers Haar.

Ich wusste immer noch nicht, ob meine Gefühle den ihren gleichkamen, doch ich begann mich zu entspannen.

Die junge Frau, die vorhin in der Tür gestanden hatte, brachte ein Baby. Jetzt erst wurde mir klar, wer das sein musste.

»Du bist Fiori!« rief ich, und sie nickte freudig. Wie schnell die Zeit verging – bei meinem letzten Besuch vor zehn Jahren war Abrehets jüngste Tochter noch ein Kind gewesen, und nun hatte sie selbst schon eines. Sie war eben achtzehn geworden, und ihr Mann war wie fast alle jungen Männer seines Alters beim Militär, er diente in der Truppe, die die nahe Grenze zu Äthiopien bewachte.

Die beiden Frauen begannen unverzüglich über das Essen zu sprechen. Normalerweise aßen sie wie alle Menschen hier nur abends eine Mahlzeit, denn es fehlte ihnen an Geld, um Zutaten für mehrere richtige Essen pro Tag kaufen zu können. Wieder gab es eine Diskussion, weil ich kein Fleisch aß, doch es half nichts, die Frauen bestanden darauf, ein Huhn zu schlachten, da noch mehr Gäste erwartet wurden, und außerdem musste auch Dawit entsprechend bewirtet werden. Weil Frauen bei uns kein Tier schlachten dürfen, schickten sie nach einem Jungen von nebenan, der kaum älter war als zwölf. Der schnappte sich das Messer und lief einem der Hühner nach, die draußen im Hof gakkerten. Es dauerte keine Minute, bis der Kopf des Federviehs ab war und Fiori den noch leicht zuckenden Körper in eine bunt gescheckte Plastikschüssel voll heißem Wasser tauchte, um das Hähnchen zu rupfen.

Gekocht wurde im Haus, auf dem Boden, da es keine Küche gab. Es gab auch keine Küchenmöbel oder irgendwelche Küchengegenstände außer einem winzigen blechernen Öfchen, in dem Holzkohle glimmte, und einem Gaskocher, auf dem Abrehet ein paar Eier aufgesetzt hatte. Die eigentliche Kontaktaufnahme funktionierte mehr über das Essen als über Gespräche oder Gedankenaustausch, weil die

Menschen sich über das Essen darstellten, das sie anboten. Sieh her, wollten sie damit sagen, wir können es uns leisten, extra für dich ein Tier zu schlachten. Wir haben alles im Haus, wir können dir eine üppige Mahlzeit bieten.

Blutsbande

Ich wollte aber mehr als eine warme Mahlzeit, ich wollte alles über meine Eltern wissen. Ich wollte wissen, wie meine Schwestern aufgewachsen waren, Abrehets Töchter. Ich wollte wissen, ob es noch Verwandte von mir gab. Ich wusste mittlerweile aber auch, dass ich nicht zu viele Fragen auf einmal stellen durfte.

Manche Fragen beantworteten sich von selbst, etwa die nach den Verwandten: Zwei alte Frauen tasteten sich aus dem gleißenden Sonnenlicht in das dunkle Zimmer. »Das sind deine Tanten«, sagte Abrehet, »die Schwestern deines Vaters.«

Hatte ich ein paar Minuten zuvor nicht mal gewusst, dass ich noch lebende Tanten hatte, so lag ich plötzlich in ihren Armen und sah in ihren Gesichtern, dass sie vom selben Fleisch und Blut wie mein Vater waren.

Noch bevor ich mit ihnen sprechen konnte, kam schon neuer Besuch: eine Frau aus der Nachbarschaft zusammen mit Semira, die uns den Weg hierher gewiesen hatte. Semira brachte ihren Mann Afewerki mit und stellte ihn uns, wie es sich für eine eritreische Frau gehört, voller Stolz vor. Übersetzt bedeutete sein Name »Goldmund« oder »Der nie lügt«, und er tat seinem Namen alle Ehre, als er aus dem Stand eine Willkommensansprache für mich hinlegte, als stünde er vor großem Publikum.

»Sei willkommen, verlorene Tochter des Ghebrehiwet, willkommen zurück in deiner Heimatstadt Adi Keyh«, begann er, »wir alle sind glücklich, dass wir dir in die Augen schauen dürfen. Du bist die Freude unseres Alters, du bist der Stolz unserer Stadt«, pries er mich und fügte dem Strauß an Komplimenten noch eine Reihe weiterer hinzu, die ihm auf die Schnelle einfielen. Etwas Persönliches konnte er nicht sagen, da er mich nicht kannte; er war lediglich ein Freund der Familie und damit ein Bekannter meines Vaters, der allerdings seit fast einem Vierteljahrhundert in Deutschland lebte, so dass Afewerki ihn jahrzehntelang nicht gesehen hatte. Doch er war ein Pope, wie die Priester in der orthodoxen Kirche genannt werden, und als solcher war er darauf trainiert, zu allen denkbaren Gelegenheiten etwas Passendes vorzutragen.

Als wir uns nach der Begrüßung und all den Umarmungen wieder setzen konnten, bekam Afewerki den Ehrenplatz auf dem Sofa neben mir zugewiesen. Ich hätte lieber bei meinen Tanten gesessen und über unsere Familie gesprochen, aber die Sitzordnung bei einem solchen Treffen ist eine ernste Angelegenheit, die niemand willkürlich verändern darf. Grundsätzlich gilt, dass Männer besser sitzen als Frauen, Alte besser als Junge, und spezielle Würdenträger – wie eben beispielsweise ein Pope – besser als einfache Leute. Ich fiel als Gast aus Deutschland eindeutig unter die Kategorie spezielle Würdenträger, also musste der Pope neben mir sitzen. Afewerki schwadronierte von seinen Kindern, von denen zwei in Deutschland und eines in Südafrika lebten, und von seiner Hochachtung für das deutsche Volk, und da ich nicht unhöflich sein durfte, hörte ich zu, nickte und beantwortete seine Fragen.

Zwischendurch gelang es mir dann doch, mit meinen Verwandten zu sprechen. Sie hatten durch die Bank eine schlechte Meinung von meinem Vater, was mich bei seinen Schwestern wunderte, nicht aber bei Abrehet, seiner Exfrau. Schließlich hatte er sie bedroht und geschlagen, um ihr Yaldiyan und Tzegehana wegzunehmen. Das tat er nicht nur aus Liebe zu seinen Töchtern, sondern, wie ich glaube, auch aus praktischen Erwägungen, denn solange es in der Ehe mit seiner dritten Frau Werhid noch keine Kinder gab, brauchte er billige Arbeitskräfte, und als solche schienen ihm seine Töchter geeignet.

Die Tanten übten heftige Kritik an meinem Vater: »Er hat euch zur Jebha gebracht, ohne jemanden aus der Familie zu fragen«, sagte die eine. »Das wäre nicht notwendig gewesen, wir hätten euch schon durchgekriegt«, sagte die andere.

»Jebha-al-Tahrir« oder kurz »Jebha« war der andere Name für die

Eritrean Liberation Front, zu der unser Vater Yaldiyan, Tzegehana und mich gebracht hatte, als wir ungefähr elf, acht und sechs Jahre alt waren – weil er uns nicht mehr ernähren konnte und weil er den eritreischen Freiheitskampf unterstützen wollte. Dort taugten wir zwar zum Holzschleppen, Wassertragen und Leichenverbuddeln, aber für den richtigen Kampf gegen die Feinde waren wir alle – und ich besonders – noch zu jung, abgesehen davon, dass ich zuviel Angst hatte, um zu kämpfen.

Ich konnte meinen Tanten nur beipflichten, und trotzdem hinterließ das Geschimpfe auf meinen Vater bei mir einen schalen Nachgeschmack. Es lag mir nicht, und es widersprach allen eritreischen Gepflogenheiten, wonach man über seine Eltern nur Gutes sagen sollte.

Afewerki, frei von verwandtschaftlichen Bindungen, legte noch eins drauf: »Dein Vater ist in Eritrea ein gesuchter Mann«, fügte er hinzu, und unterstrich, was er meinte, mit einer Schnittbewegung in der Gegend seines Kehlkopfs. »Er hat fünfzig Leute aus Adi Keyh an die Äthiopier verraten, in den Bergen, durch einen Schuss in die Luft. Dadurch konnten die Soldaten unsere Landsleute finden und allesamt erschießen.«

Diese Episode aus dem Leben meines Vaters war mir nicht bekannt, und sie kam mir merkwürdig vor: Wieso sollte mein Vater, ein glühender eritreischer Patriot, Landsleute an die Feinde verraten haben? Ich fragte Afewerki, ob er Näheres wisse, doch er winkte ab. Das habe ihm ein enger Freund erzählt, es gebe keinen Zweifel am Wahrheitsgehalt des Vorwurfs.

So enden afrikanische Geschichten häufig: Jemand erzählt die unglaublichsten Dinge, doch wenn man nachhakt, kommt man dahinter, dass der Betreffende die Geschichte nicht persönlich erlebt, sondern selbst nur erzählt bekommen hat. So ähnlich wird es auch mit demjenigen gewesen sein, der Afewerki das Schauermärchen über meinen Vater erzählt hatte. Afrika ist der Kontinent der langen Geschichten, die oft in einer eigenen Wirklichkeit existieren, aber nichts mit der Realität zu tun haben.

Dann servierte Fiori das Essen. Zu der klassischen Enjera gab es extra für mich hartgekochte Eier und eine Gemüsesoße, während die anderen eine Soße aus Chili, Tomaten, Zwiebeln und dem geschlachteten Hühnchen bekamen. Als das Essen bereitstand, verstummten die Gespräche schlagartig. Der Pope sprach ein feierliches Tischgebet, und erst nach dem gemeinsamen Kreuzzeichen konnten wir zugreifen.

Dem Popen und Dawit bot Abrehet *araki* an, den scharfen Anisschnaps, den ich glücklicherweise nicht erst ablehnen musste, weil er bei uns ohnehin als Männergetränk gehandelt wird. Ich benutzte das Essen, um das Gespräch auf andere Themen als meinen Vater zu lenken, was den anderen nur recht war. Eigentlich unterhielten sich ohnehin fast nur Afewerki, Abrehet und ich, die anderen Frauen schwiegen, wie sich das gehörte. Nur Abrehet war als Gastgeberin von diesem unsichtbaren Schweigegebot befreit, das bei Tisch für Frauen in Anwesenheit der Männer gilt.

Am schwierigsten war es für mich, Kontakt zu Fiori herzustellen. Sie war die Jüngste hier und verhielt sich daher besonders zurückhaltend. Wie anders ihr Leben im Vergleich zu meinem war! Als ich knapp zwanzig war, führte ich in Hamburg längst mein eigenes, freies Leben. Fiori dagegen war bereits verheiratet, hatte ein Baby und lebte dennoch bei ihrer Mutter. Sie musste sich um ihr Kind kümmern, sie musste sich um ihren Mann sorgen, der jeden Tag durch eine Mine oder einen Schuss umkommen könnte. Sie hatte ertragen müssen, ihren Vater nach einer Verletzung im Krieg sterben zu sehen. Täglich musste sie etwas zu essen auftreiben, sie und ihre Mutter waren für den gesamten Haushalt zuständig. Wo blieb in dieser Sorge um das unmittelbare Überleben ihr eigenes Leben, fragte ich mich, wo blieb ihre Eigenständigkeit, ihre Freude, für die es sich zu leben lohnte?

Ich suchte nach Worten, um mit ihr darüber zu sprechen, aber ich brachte nur die Frage heraus, ob sie mit ihrem Leben zufrieden sei.

»Natürlich«, antwortete sie, ohne einen Moment zu zögern, »warum nicht? Ich habe einen guten Mann, unser Kind ist gesund, und ich lebe bei meiner Familie. Anders könnte ich mir es nicht vorstellen. Ich habe von deinen Schwestern gehört, dass du alleine in einer anderen Stadt wohnst als sie, und auch als euer Vater. Ist das nicht furchtbar für dich?«

Es verschlug mir fast die Sprache. Fiori sah die Sache genauso wie ich, nur umgekehrt. Sowenig wie ich ihr Leben hätte führen mögen, so wenig Positives konnte sie meinem Leben abgewinnen. Wie selbstgefällig ich doch war, zu glauben, ich könnte ihr als strahlendes Beispiel für Freiheit und Selbstbestimmung vor Augen stehen! Nun wusste ich nicht, was ich sagen sollte. Sollte ich ihr erzählen, dass ich nach Berlin gegangen war, weil dort meine Plattenfirma sitzt? Das Studio? Mein Manager? Die beiden größten deutschen Musik-TV-Kanäle? Alles das war so meilenweit von ihrem Leben entfernt, dass sie nicht verstanden hätte, warum mir das wichtig war – genausowenig, wie ich verstand, was es für sie bedeutete, wenn sie über ihr Kind oder ihren Mann sprach. Also lachte ich sie einfach an, umarmte sie und sagte: »Nein, Fiori, es ist gut für mich, dass ich dort wohne, wo ich wohne.«

Sie sah mich ein wenig unsicher an, ob ich das wirklich ernst gemeint hatte, doch dann lachte sie zusammen mit mir.

»Ich dachte, du musst viel Angst haben, ohne Familie, alleine«, sagte sie nur, aber ich lachte und lachte, bis ich bemerkte, dass viel Wahres war an dem, was sie eben gesagt hatte. Wurde ich nicht regelmäßig von Ängsten geplagt? Hatte ich nicht immer wieder Angst, meiner Umwelt, meinen Plänen, den Anforderungen meiner Umgebung nicht zu genügen? Lebte Fiori womöglich das erfülltere Leben von uns beiden?

Wieder konnte ich nichts tun, als sie zu umarmen. »Gute Fiori«, murmelte ich, diesmal unbewusst auf deutsch, »ich dachte, ich kann dir etwas über die Welt erzählen, und dabei kann ich so viel von dir lernen …«

Steine

Zigarette! Das war mein erster Gedanke, sobald ich draußen war. Ich steckte mir eine Zigarette an, atmete tief durch und ließ den Rauch durch meine Lungenflügel fließen. Ich weiß nicht, warum ich so ein entsetzlicher Suchtcharakter bin, aber ich brauche es einfach, den

Rauch durch mich hindurchzutreiben. Dabei paffte ich viel weniger, seit ich in Eritrea war. Das lag natürlich daran, dass es viele Situationen gab, in denen ich nicht rauchen konnte oder durfte, wie etwa vorhin bei Abrehet im Haus. Es lag aber auch daran, dass ich weniger oft das Bedürfnis danach verspürte, ausgenommen Momente wie diesen, nach einer großen Anspannung und dem schweren Essen.

In Deutschland musste ich mindestens ein Päckchen pro Tag rauchen, aus der Illusion heraus, ich könnte damit Stress abbauen. Das hängt mit meinem Lebensstil zusammen, dachte ich, während ich von der Straße vor Abrehets Haus in die Weite hinaus trat, in die Wüste, auf die Hochebene, auf die Geröllhalde oder wie immer man diesen sanft gewölbten, vertrockneten, steinigen Bergrücken auch nennen mochte.

Ich blickte über diese das Herz öffnende Weite, die erst am Horizont von blau schimmernden Gebirgszügen begrenzt wurde, und nahm noch einen tiefen Zug aus der Zigarette. Welche Situationen waren es denn, in denen ich in Deutschland unbedingt rauchen musste? Wenn ich einen Journalisten treffe. Wenn ich vor einer Kamera etwas sagen soll. Wenn mich die Tontechniker im Studio erwartungsvoll ansehen. Wenn ich in ein Lokal gehe, in dem alle rauchen. Wenn ich einen Stapel Abrechnungen unterschreiben soll. Wenn ich den Manager meiner Plattenfirma treffe. Mein Gott, es gibt so viele Situationen, die ich als Stress empfinde. So viele Situationen, vor denen ich nicht fliehen kann und die ich mir deshalb durch eine Zigarette ein wenig erleichtern muss. Und hier?

Ich sah mich um. Vor mir war nur weites Land zu sehen, bevölkert von drei Jungen, die ein paar Ziegen und einen Esel von links nach rechts trieben. Von einem alten Mann, der seine beiden Schafe von rechts nach links trieb. Von ein paar Frauen, die auf dem Boden hockten. Von Männern, die in langen weißen Gewändern über die Steine schritten. Nichts davon sah nach Stress aus. Der ferne Horizont, die kleinen Wölkchen hoch darüber, die Steine unter mir, alles strahlte Frieden aus. Ich sah meine Zigarette an und wusste, dass ich sie nicht mehr brauchte. Dass ich hier anders zur Ruhe kommen konnte als durch Zigaretten. Ich warf die halb fertig gerauchte Kippe weg und bewegte mich auf den Horizont zu, auf dem Weg zu einer weiteren Erleichterung.

Da es in den Dörfern fast nirgends fließendes Wasser oder eine Kanalisation gibt und Senkgruben bei den hier herrschenden Temperaturen eine unzumutbare Geruchsbelästigung darstellen würden, gibt es in so gut wie keinem afrikanischen Dorf eine Toilette. Wenn sich die Menschen erleichtern wollen, gehen sie einfach ein Stück aus dem Dorf heraus und verrichten dort ihr Geschäft. Im Dschungel, im Wald, im hohen Gras der Steppe oder in der Ufervegetation eines Flusses ist das einfach, doch um Adi Keyh herum war nichts als eine riesige, leicht gewölbte Ebene voller Steine, mit ein paar Grashalmen dazwischen, die so armselig und verhungert waren, dass man sie mit der Lupe suchen musste.

Für jemanden, der mal musste, gab es daher keine andere Möglichkeit, als geradewegs aus dem Dorf hinauszugehen, egal in welche Richtung, aber zumindest so lange, bis niemand mehr in der Nähe war. So weit zu gehen, bis alle Menschen komplett außer Sicht waren, war unmöglich, da der Blick kilometerweit reichte und allerorten jemand dem imaginären Örtchen zustrebte. Da ich in diesen Dingen ein ziemlich zurückhaltender Mensch bin, ging ich einfach immer weiter, weil ich dachte, hinter der Kuppe, zu der sich die Ebene vor mir formte, werde es sicher ein ruhiges Plätzchen geben. Ich ging und ging, stets den Horizont im Blick, der sich vor mir herzuschieben schien wie mein Schatten in der Nachmittagssonne, die mir von hinten in den Rücken schien.

Darum wanderten hier so viele Menschen scheinbar ziellos hin und her, ohne Lasten, ohne Tiere, ohne Wasserkanister, meistens alleine, selten zu zweit und nie in größeren Gruppen – sie waren alle auf derselben Suche wie ich. Dabei hatten sie es meist wesentlich einfacher: Wenn sie einen geeigneten Ort gefunden hatten, ließen sie sich einfach nieder, denn ihre weiten, weißen Gewänder bedeckten höchst elegant alles, was unter ihnen passierte. Aus der Ferne sah es aus, als würden die Menschen auf dem Boden sitzen, um zu rasten oder die langsam kühler werdende Nachmittagsluft zu genießen. Doch ich, mit meinen Jeans?

Ich ging weiter und weiter, bis der Boden vor mir allmählich den Blick auf die Landschaft hinter der sanft geschwungenen Kuppe freigab. Vor mir lag ein weites Tal mit vielen verstreuten Siedlungen und Schafen und Eseln und Ziegen und einzelnen Menschen, die zwischen den Siedlungen hin und her wanderten. Ich suchte mir einen Stein, der ein bisschen größer war als die Millionen anderen Steine ringsum, hockte mich hin und tat, was alle taten. Dabei war ich noch ziemlich komfortabel ausgerüstet, denn ich hatte Papiertaschentücher mit für jenen Vorgang, für den die anderen einen von der Erosion glattgeschliffenen Stein nehmen mussten.

Enthüllung

Auf dem Weg zurück zu Abrehets Haus fühlte ich mich erfrischt: Es regnete! Kaum merkbar waren mitten aus dem blauen Himmel ein paar Wolken aufgezogen, die dünne Tropfen fallen ließen. Mir kam es wie ein Wunder vor in dieser ausgedörrten, staubtrockenen, steinigen Landschaft, doch die anderen Menschen in meinem Blickfeld gingen einfach weiter ihrer Wege, ohne die Nässe oder die Wolken auch nur eines Blickes zu würdigen. Als ich mit der ELF in die Gesh-Berka-Region im Westen Eritreas an der Grenze zum Sudan kam, war jeder Regen für uns Kinder ein gewaltiges Fest. Wir jubelten, wenn endlich die langersehnten schweren Tropfen fielen, die dort, in einer der heißesten Gegenden Eritreas, schnell zu einem prasselnden Gewitterregen werden konnten.

Wie anders war es hier: Diese Tropfen waren klein und zart, und die Wolken, aus denen sie fielen, waren nicht schwer und dunkel, sondern zarte, weiße Schleier, die wie Nebelschwaden über die Berge geweht kamen. Bis ich zurück beim Haus war, hatte sich der Regen wieder erschöpft, und mir wurde klar, warum niemand Freudentänze vollführt hatte – die Menschen wussten, dass die paar Tropfen nicht der Rede wert waren.

Abrehet und die anderen hatten schon auf mich gewartet, denn der

Kaffee war fast fertig. Afewerki, der Pope, hatte tüchtig dem Araki zugesprochen, den ihm Abrehet immer wieder anbot, und unterhielt die Runde mit Schnurren aus dem Leben seiner Gemeinde.

Ich überlegte gerade, wie ich das Gespräch in andere Bahnen lenken könnte, als Afewerki mich fragte, ob ich schon meine Großmutter besucht hätte.

»Großmutter? Meine Großmutter? Welche … Großmutter?« stammelte ich.

Afewerki schien nicht zu verstehen, was mir daran nicht klar sein könnte. »Sifan natürlich, die Mutter Adhanets«, sagte er, als wäre es das Selbstverständlichste der Welt.

Meine Hände verkrampften sich vor Spannung. Adhanet war meine Mutter, die vor zehn Jahren verstorben war. Sollte ihre Mutter, meine Großmutter, noch am Leben sein?

»Sie sieht schlecht«, sagte Afewerki, »aber sie freut sich sicher, wenn sie dich umarmen kann.«

Ich hatte Mühe, ruhig zu atmen. »Wo lebt Sifan denn?« fragte ich.

»Wir gehen nachher bei ihr vorbei«, sagte Afewerki statt großer Erklärungen bloß.

»Gehen?« fragte ich. »Willst du damit sagen, dass sie in Adi Keyh ist?«

Nun war der Pope erstaunt. »Wo denn sonst?« fragte er. »Deine ganze Familie ist doch von hier.«

Ich hätte gerne etwas gesagt, aber ich brachte keinen Laut heraus. Erst musste ich das Chaos in meinem Kopf ordnen. Meine Großmutter lebte. Sie wohnte in Adi Keyh, wenige Minuten zu Fuß von hier. Sie war alt. Sie war krank. Sie sah nichts. Weder Abrehet noch meine beiden Schwestern, noch meine Mutter hatten sie jemals auch nur mit einem Wort erwähnt. Ich war nicht auf die Idee gekommen, dass sie noch leben könnte, die Eltern meines Vaters waren ebenso wie mein Großvater mütterlicherseits längst tot. Und nun stellte sich heraus, dass meine Großmutter noch lebte! Sifan musste längst ein für afrikanische Verhältnisse biblisches Alter erreicht haben. Mir war schon die Existenz der eigenen Mutter stets als gewagter und unerfüllbarer Wunsch erschienen, ich hatte nie zu denken gewagt, dass von den Vorfahren in meiner engeren Familie noch jemand am Leben sein könnte – und nun sollte es plötzlich eine Großmutter geben, die zwei Häuserecken weiter lebte und sich über meinen Besuch freuen würde?

Plötzlich steckte mir ein Kloß im Hals. Ich wollte schreien. Ich wollte Abrehet rütteln und sie zur Rede stellen, warum sie mir nichts von Sifan gesagt hatte. Aber ich sah an ihren ängstlichen Blicken, dass sie bereits jetzt das schlechte Gewissen plagte. Ich würde kaum von ihr erfahren, warum sie Sifan vor mir verheimlicht hatte. Hatte sie geglaubt, meine Großmutter könnte meine Aufmerksamkeit von ihr ablenken? Glaubte sie, Sifan könnte schlecht von ihr reden?

Während die Unterhaltung längst zu anderen Themen übergegangen war, saß ich immer noch da wie vom Donner gerührt und versuchte, so gut es ging, mir selbst Mut zu machen. Bald bist du ein anderer Mensch, dachte ich, du wirst deine Großmutter kennenlernen!

Oma

Ich konnte es kaum erwarten aufzubrechen. Zum Glück dauerte es weniger als eine Stunde, bis wir aufstanden, um uns zu verabschieden, eine Stunde allerdings, die mir wie eine Ewigkeit vorkam.

Als Dawit und ich aufbrachen – nachdem ich alle Angebote, noch mehr zu essen, hier zu übernachten oder doch wenigstens bis zum Abend zu bleiben, abgewehrt hatte –, kam rasch eine kleine Karawane zusammen. Wir wurden nicht nur von Afewerki und Semira begleitet, von Abrehet, meinen beiden Tanten und dem Nachbarsjungen, der das Huhn geschlachtet hatte, sondern auch noch von einem Freund des Popen sowie von zwei Kindern, die aus der Nachbarschaft herbeigelaufen kamen.

So bildeten wir eine Prozession, die sich nur langsam durch den Ort bewegen konnte, weil die beiden Tanten und auch Afewerki nicht mehr gut zu Fuß waren. Der Pope ging natürlich voran, wie das bei Prozessionen seinem Job entsprach. Er war eine stattliche Erscheinung: groß, hager, unrasiert, in weißem Hemd, schwarzer Hose und schwarzer

Weste, über der er einen weißen Regenmantel trug. Auf seinem Kopf saß ein hellblauer Turban. Beim Gehen stützte er sich mit der einen Hand auf einen hölzernen Gehstock und mit der anderen auf einen schwarzen Regenschirm, den er aufspannte, als zwischen zwei sonnigen Himmelsstücken wieder ein paar Tröpfchen auf uns niederfielen.

Die Menschen, die uns begegneten, wichen scheu aus, als seien wir die ersten Vorboten für das Epiphaniefest, das Fest der Erscheinung des Herrn, das am nächsten Tag bevorstand. Im koptisch-christlichen Glauben ist es das Fest zur Geburt und Taufe Jesu, das dem Weihnachtsfest der abendländischen Christen entspricht. Nur die Mutigsten winkten uns zu, und die frechsten Kinder liefen im Kreis um uns herum.

Als wir Afewerkis Haus passierten, verabschiedete er sich zusammen mit seiner Frau, den beiden Tanten und seinem Freund, die er alle noch zu sich eingeladen hatte. Auch uns lud er vehement ein, ebenfalls seine Gäste zu sein, aber ich lehnte genauso vehement ab – ich wollte zu meiner Großmutter. Erst als ich feierlich versprochen hatte, am nächsten Tag bei ihm zum Essen zu erscheinen, ließ er uns unter tausend Wunsch- und Segensformeln ziehen.

Nur Abrehet begleitete uns zum Haus meiner Großmutter. Die Verlegenheit war ihr anzumerken. Nur sie allein wusste, warum sie mich nicht schon vor elf Jahren, als ich das erste Mal in Adi Keyh war, hierher geführt hatte.

Plötzlich blieb Abrehet stehen. »Wir sind da«, sagte sie vorsichtig. Sifans Haus war viel kleiner als Abrehets, an die beiden Nachbarhäuser angebaut, ohne Garten. Vom Haus war nur eine Mauer zu sehen, darin eine Tür und ein Fenster. Das Fenster war mit einem Eisenladen verschlossen, die Eisentür stand halb offen. Es war nicht heiß, höchstens zwanzig Grad, aber die Menschen lebten aus Gewohnheit das ganze Jahr über wie im Hochsommer und verrammelten ihre Fenster so gut es ging, um die Hitze auszusperren.

Ich spürte Angst vor diesem Besuch. Welche Version meines Lebens würde meine Großmutter mir präsentieren? In gewisser Weise lag mein Leben wieder einmal in den Händen eines unbekannten Menschen, und ich fürchtete, neue Versionen meiner Geschichte zu hören zu bekommen, während ich doch nur nach Bestätigung suchte für das, was ich für meine Geschichte hielt.

»Danke«, sagte ich zu Abrehet und wollte sie verabschieden, doch sie klopfte bereits an die Blechtür und drückte sie ganz auf, ohne auf eine Antwort aus dem Dunkel des Hausinneren zu warten.

»Ich bringe euch jemanden mit«, rief sie in die Finsternis hinein, »das ist Senait, Adhanets deutsche Tochter.«

Fast war ich Abrehet dankbar für soviel unumwundene Direktheit. Ich hätte vermutlich Stunden gebraucht, um diese Information anzubringen. Ich zögerte ja schon, das Haus zu betreten.

Abrehet nahm mich einfach bei der Hand und zog mich sanft über die Türschwelle in das Haus meiner Großmutter hinein. Dann legte sie einen Arm um meine Schulter und führte mich noch tiefer in das Dunkel des Hauses, in Richtung einer in einem tiefen Sessel sitzenden Gestalt.

»Sifan«, sagte Abrehet lauter als sie sonst sprach, »hier ist Senait.«

Die alte Frau, meine Großmutter, tat nichts und sagte nichts. Sie schüttelte bloß den Kopf.

Hinter mir ertönte ein spitzer Schrei. Ein markerschütternder, wehklagender Schrei, der mit einem Schlag den ganzen Raum einnahm.

Ich fuhr herum. In einer Ecke des Raums stand eine Frau in Abrehets Alter, die wie ein Schlosshund heulte und die Arme über dem Kopf zusammenschlug.

»Das ist deine Tante Said«, sagte Abrehet sachlich, »die Schwester deiner Mutter. Sie wohnt bei deiner Oma.«

Mir wurde das alles ein bisschen viel. Heute hatte ich schon zwei Tanten kennengelernt, und nun waren hier meine Großmutter und noch eine Tante. Ich wusste nicht mehr, was ich sagen wollte, stotterte irgend etwas Dummes zur Begrüßung und wandte mich meiner Großmutter zu. Die hob die Hände in meine Richtung, brachte aber kein Wort über die Lippen.

»Du musst näher hin«, flüsterte Abrehet, »sie kann dich nicht sehen, nur fühlen.«

In dem kleinen Raum gab es kaum Platz, sich zu bewegen, so dass ich einfach vor meiner Oma auf die Knie sank und ihre Hände fasste.

Ich sah sie kaum, weil es so dunkel war, doch ich fühlte trockene, faltige, wie mit hartem Papier überzogene Hände. Halb zog ich diese Hände zu mir hin, halb streckten sie sich mir entgegen, strichen mir zuerst über die Schultern, dann über das Gesicht, über die Haare.

»Du bist jung«, sagte die Stimme meiner Großmutter, »du hast schöne Haare.« Sie tastete weiter, griff nach meinen Wangen, meinem Mund, meiner Stirn. »Du bist schön«, sagte sie, »gut, dass du endlich hier bist. Ich warte schon so lange.«

Das war der Moment, in dem ich mich nicht mehr beherrschen konnte. Hemmungslos schluchzte ich los, die Tränen sprangen aus meinen Augen, als hätte ich sie jahrelang zurückgehalten. Ich ließ den Kopf auf den Schoß meiner Oma sinken, am ganzen Leib zitternd und bebend.

»Jetzt bist du da«, sagte sie, »ich bin sehr froh darüber.«

Was sie weiter sagte, konnte ich nicht verstehen, so sehr weinte ich. Sie habe jahrelang gewartet, hatte sie gesagt. Und ich hatte nicht mal gewusst, dass sie lebte!

Nun stürzte auch meine Tante Said herbei und umarmte mich. Ich spürte die Nässe ihrer Tränen. Hinter ihrem Rücken sah ich in der Nähe der noch halboffenen Tür, von wo etwas Licht in den Raum fiel, Abrehet weinen, und daneben Dawit. Auch ihm rannen Tränen über die Wangen, obwohl er nur dastand und tat, als ginge ihn das Ganze nichts an.

»Senait, Senait!« rief Said. »Dass du da bist!«

Alte Geschichten

»Wir haben alle nach dir gefragt«, sagte Said, als wir uns wieder im Griff hatten.

»Ich wollte von deinen Tanten immer wissen, ob sie dich verstecken«, sagte meine Großmutter, »doch sie sagten, sie hätten keine Ahnung, wo du bist.«

»Warum habt ihr nicht Abrehet gefragt?« wollte ich wissen. »Sie hätte alle die Jahre von mir erzählen können. Sie bekam immer Post von Yaldiyan und Tzegehana, meinen Schwestern in Deutschland!«

»Abrehet?« fragte Said. »Wieso Abrehet? Sie ist doch nicht mit dir verwandt?!«

Es verschlug mir fast die Sprache. »Darauf kommt es doch nicht an«, sagte ich empört. »Wolltet ihr wissen, wo ich bin, oder nicht?«

Hinter Saids Verhalten stand die alte afrikanische Tradition, sich in erster Linie auf die eigene Familie zu verlassen, dann auf Angehörige des eigenen Klans, und zuletzt auf Menschen aus dem eigenen Volk. Viele Menschen, wie etwa Said, schienen über die erste Stufe nicht hinausgekommen zu sein. »Ich konnte doch nicht alle im Dorf fragen«, verteidigte sie sich weinerlich.

So gerührt ich eben noch war, so sehr kam mir nun die Galle hoch. »Ich habe immer alle gefragt«, gab ich verärgert zurück, »meinen Vater. Meine Mutter vor zehn Jahren in Addis. Abrehet, Tzegehana, Yaldiyan. Niemand hat mir gesagt, dass ihr hier lebt. Ich habe es wenigstens versucht. Ihr kocht immer nur euren Familienbrei. Dabei ist die Familie doch in alle Winde zerstreut, jeder lebt sein eigenes Leben, keiner kümmert sich um den anderen. Was ist das denn für eine Familie?!«

Said begann wieder zu weinen, sie verbarg das Gesicht in ihren Händen. Auch Abrehet weinte.

»Dein Vater hat alles ruiniert«, schluchzte Said, »er hat die Familie zerstört. Er hat alle gedemütigt und ins Unglück gestürzt. Er ist der schlechteste Mensch, den ich kenne. Ghebrehiwet ist der Satan!«

Said hatte den Nerv getroffen, der mich am meisten schmerzte. »Was fällt dir ein, so über meinen Vater herzuziehen?« schrie ich sie an. »Was hat er dir getan? Was weißt du überhaupt über ihn?«

Die beiden anderen Frauen erstickten schon fast an ihren Tränen. Meine Großmutter tat mir so leid, Said hingegen überhaupt nicht. Ich setzte mich noch näher zu meiner Oma hin, umarmte sie und flüsterte ihr beruhigende Worte ins Ohr. Auf alle Fälle wollte ich vermeiden, dass sie sich angegriffen fühlte, auch wenn es dafür vielleicht schon zu spät war. Aber Said, die falsche Schlange! Ich hatte plötzlich das sichere Gefühl, dass sie nur so tat, als wäre es ihr größter Schmerz, mich erst jetzt kennengelernt zu haben.

»Du wolltest Sifan doch nur für dich haben!« schleuderte ich ihr entgegen. »Du hast genauso gelogen wie die anderen auch! Hast du meine Mutter auch so angelogen?«

Said schluchzte immer heftiger, aber sie verteidigte sich wütend: »Niemals! Adhanet hatte es sehr schwer, aber ich habe ihr geholfen, wo ich konnte. Sie war eine wunderbare Frau. Ich half ihr auch gegen deinen Vater, der nie etwas Gutes für sie wollte!«

Das brachte mich nur noch mehr gegen sie auf. »Es hat doch keinen Sinn, meine Mutter zu loben und in den Himmel zu heben, nur weil sie deine Schwester ist, und meinen Vater zu verdammen, weil er nichts mit dir zu tun hat. Das ist lächerlich, was du da machst. Ich halte das nicht mehr aus!«

Ich riss mich von meiner Großmutter los, rief Said zu: »Ich halte deine Lügen nicht mehr aus!« und stürmte nach draußen.

Said verkörperte für mich mein schlimmstes familiäres Trauma: Dass mir nie jemand in meiner Familie die Wahrheit erzählt hatte. Dass jeder immer nur auf sein Ansehen geachtet hatte, darauf, wie er vor den anderen dastand, aber nicht darauf, wie es den anderen dabei erging.

Abrehet kam hinter mir her, um mich zu beruhigen, doch sie kam mir gerade recht! »Was willst du von mir, du bist genauso!« fuhr ich sie an. »Geh nach Hause, lass mich in Frieden!«

Sie versuchte, auf mich einzureden, doch als sie merkte, dass das keinen Sinn hatte, ließ sie mich in Ruhe und verzog sich.

Ich war wütend, aber auch verzweifelt. Hatte ich alles kaputtgemacht?

Als ich aufblickte, sah ich mit Entsetzen, dass mein Auftritt ein interessiertes Publikum gefunden hatte. Belustigte Kinder und interessierte Erwachsene umringten mich. Sie hatten noch nie solch einen Gefühlsausbruch einer fremden Frau mitten auf der Straße erlebt. Viele von ihnen hatten vermutlich noch nie eine Fremde gesehen.

Dawit kam auf mich zu. Was für ein Glück, dass ich ihn getroffen hatte! Wie oft mir dieser Engel schon geholfen hatte! Auch jetzt war er die Ruhe in Person. »Deine Großmutter ist traurig«, sagte er, »Said ist auch traurig. Es tut ihr leid. Komm wieder herein. Diese Menschen wissen nichts. Sie kennen nur ihre engste Umgebung, sie wissen nur etwas über ihre eigene Familie.«

Noch war ich ein bisschen widerspenstig. »Warum soll immer ich verstehen? Warum nie sie?«

Doch Dawit blieb geduldig, und damit hatte er bei mir gewonnen. »Sie werden dich verstehen«, sagte er, »aber sie kennen diese offene Art, miteinander zu sprechen, nicht. Ich habe das auch noch nie erlebt. Wahrscheinlich ist das die Art von euch Europäern.«

Natürlich musste ich einsehen, dass ich zu weit gegangen war. Ich war, wie so oft, zu ungeduldig gewesen, ich hatte zuviel verlangt, zuviel auf einmal.

»Danke, Dawit«, sagte ich und umarmte ihn, »du hast recht. Lass uns hineingehen.«

Ich trocknete die Tränen ab und tauchte wieder in das Halbdunkel des Hauses meiner Großmutter ein. Said weinte noch immer, und meine Oma saß noch ein Stück zusammengesunkener da als vorher. Ich hockte mich neben sie. »Tut mir leid«, sagte ich, »tut mir leid.« Sonst gab es nichts zu sagen. »Tut mir leid, euch beiden.«

Unter Schluchzen sagte Said: »Ich kann dir nichts anbieten, wir haben nichts. Wir waren nicht vorbereitet. Vielleicht möchtest du einen Kaffee?«

Ich mochte zwar keinen Kaffee, aber ich nickte erfreut, weil das ihr Versöhnungsangebot war, das ich nicht ausschlagen konnte. Außerdem war sie mit der Kaffeezeremonie mindestens für die nächsten zwei Stunden beschäftigt, und das war gut so.

Großmutter und ich saßen nun einfach da, während Said mit dem Kocher zu hantieren begann, um die Kaffeebohnen zu rösten. Zuerst dachte ich die ganze Zeit darüber nach, wie ich die Unterhaltung wieder in Gang bringen könnte. Ich unternahm ein paar Anläufe mit Banalitäten, die mir in den Sinn kamen, und erhielt darauf auch freundliche Antworten, aber bald merkte ich, dass das nicht nötig war. Dass das niemand von mir erwartete. Dass in diesem Moment niemand irgend etwas von mir erwartete. Sobald mir das klar war, begann ich mich zu entspannen.

Ich saß neben meiner Großmutter, hielt ihre Hände und sah sie an. Was waren das für schmale Hände, für zarte Finger, die so hergenommen waren vom Leben. Ich sah, wie voller Schwielen sie waren, wie hart die Haut war an diesen Fingern, wie sie auf dem Handrücken aufgefaltet war wie ein kleines Gebirge. Vorsichtig sah ich meiner Großmutter von der Seite ins Gesicht. Sie schien mich kaum wahrzunehmen, zumindest nicht optisch. Sie hatte ein schmales Gesicht mit sehr markanten Backenknochen. Ich versuchte, mir daneben meine Mutter vorzustellen, aber das wollte mir nicht gelingen. Die beiden sahen sich wohl nicht sehr ähnlich.

Je länger ich neben meiner Großmutter saß, desto mehr merkte ich ihre Anwesenheit. Ich spürte, dass sie sich konzentrierte. Dass sie mich beobachtete, auch wenn sie mich nicht ansah. Ich spürte eine Kraft, die von ihr ausging, die ich aber nicht benennen konnte. Ich weiß nicht, ob ich Minuten oder Stunden so saß, bis Said den Kaffee servierte, aber es muss wohl eine Stunde gewesen sein, denn schneller lässt sich ein Kaffee auf unsere Art nicht zubereiten.

Als der Geruch des frischen Kaffees um unsere Nasen dampfte, kam wieder Bewegung in uns, und Großmutter fragte, wo ich lebte, was ich machte. Ich erzählte ihr von Berlin, von meiner Arbeit, von der Musik, von Deutschland. Ich wusste nicht, was von dem, was ich sagte, bei ihr ankam, doch sowohl Sifan als auch Said hörten interessiert zu. Es schien mir zwar, dass Oma mehr auf die Art, wie ich sprach, hörte als auf das, was ich sagte, aber das fand ich in Ordnung. Denn schließlich: Wie weit weg war doch meine Welt von ihrer! Es erfüllte mich mit Glück, dass sie erfahren hatte, dass ich lebte. Dass ich etwas machte. Dass ich meinen Weg ging, auch wenn sie ihn nicht verstehen konnte.

Während ich erzählte, sah ich mich um. Ich konnte das nur während des Sprechens tun, weil ich mich nur dann unbeobachtet fühlte, denn Said war viel zu gehemmt mir gegenüber, als dass sie es wagte, mich anzusehen, wenn ich erzählte. Nachdem sich meine Augen an die Dunkelheit gewöhnt hatten, bemerkte ich, wie klein das Haus war. Es bestand nur aus dem Raum, in dem wir saßen. Er maß vielleicht vier mal vier Meter und war fast vier Meter hoch, was gut war, weil sich die

Hitze so weiter oben sammeln konnte. Wie heiß musste es hier im Sommer sein, unter dem Wellblechdach, das in der Sonne glühte wie ein Grillblech!

Das Haus besaß kein Fenster außer dem einen zur Straße hin. Es gab kein elektrisches Licht, kein Wasser, keinen Abfluss, nur vier Wände, einen Betonboden und ein Dach. Im Haus standen zwei Betten, auf denen wir saßen, außerdem der Stuhl, in dem meine Oma saß, und ein kleiner Tisch, auf dem die Kaffeetassen dampften. Dazu gab es noch einen Spirituskocher, eine blecherne Schüssel, einen Topf und ein paar Kartons, die sich auf einer Seite des Raumes bis fast an die Decke hinauf stapelten. Darin waren die gesamten Besitztümer von Said und Sifan untergebracht, ihre Kleider, Decken, Dokumente und vielleicht auch ein paar Fotos. Das war alles. Es gab keine persönlichen Dinge, keine weiteren Möbel, keine Haushaltsgeräte, kein Geschirr, keine Lebensmittelvorräte, von einem Säckchen Kaffee, einer Büchse Zucker, einer Dose Salz und einer Flasche Bratöl abgesehen. Der durchschnittliche afrikanische Haushalt eben.

Nachdem wir Kaffee getrunken hatten, fing meine Großmutter zu sprechen an. Ich musste sie nichts fragen, ich musste nichts sagen, brauchte sie zu nichts auffordern, sie begann einfach so. Sie hielt eine Rede. Es war eine Ansprache über meine Familie, über meine Eltern und mich. Ohne Vorwarnung, wie aus dem Nichts: »Ich bin Eritreerin, aber deine Mutter habe ich in Addis Abeba zur Welt gebracht«, begann Oma Sifan, »weil ich dort lebte. Alles war damals ein Land, es regierte Kaiser Haile Selassie. Ich zog mit meiner Familie ins Bergland, nach Adi Keyh. Adhanet heiratete sehr früh, wie das üblich war. Sie hatten zwei Kinder miteinander, doch sie kam nicht gut mit ihrem Mann aus, und so ließen sie sich scheiden. Deine Mutter lernte dann Ghebrehiwet kennen, deinen Vater. Die beiden hatten ein Kind miteinander, einen Sohn, er heißt Luul und lebt heute noch in Addis.«

Unwillkürlich krampfte ich mich an der Hand meiner Großmutter fest, so dass sie zusammenzuckte und verstummte. Das wollte ich nicht. »Entschuldige, das ist meine Aufregung«, sagte ich. »Mir hat ein Mann aus Addis Abeba geschrieben, der sich Luul nannte und sagte, er wäre mein Bruder. Mein einziger Bruder, der dieselbe Mutter und denselben Vater hat wie ich. Ich habe ihm nicht so recht geglaubt …« Dass Dagniou mir schon von Luul erzählt hatte, sagte ich nicht, denn ich wollte die Erzählung meiner Großmutter nicht noch mehr unterbrechen.

Meine Großmutter schien sich nicht im geringsten darüber zu wundern. »Du kannst ihm glauben«, sagte sie, »ich weiß, dass er dein Bruder ist. Luul war hier, ich habe mit ihm gesprochen. Er ist ein guter Junge. Er hatte große Sehnsucht nach dir. Er sagte, er werde dich suchen.«

Das ist nicht zu fassen, dachte ich, Luul war hier, und wieder hatte mir niemand davon erzählt!

»Auch deine Eltern ließen sich scheiden«, nahm meine Großmutter den Faden wieder auf, »dein Vater hatte eine andere, das war Abrehet. Er zeugte mit ihr zwei Töchter, Yaldiyan und Tzegehana. Doch bei einer Hochzeit, zu der sowohl dein Vater als auch deine Mutter eingeladen waren, trafen sich die beiden wieder. Sie hatten immer noch Gefühle füreinander. Neun Monate später solltest du auf die Welt kommen. Doch auch Abrehet war wieder schwanger. Dein Vater versprach deiner Mutter, dass er wieder mit ihr leben wollte. Er wohnte damals noch in Adi Keyh, deine Mutter in Addis. Er sagte ihr, sie sollte hierher kommen, zu ihm, was sie auch tat. Er richtete ihr ein Geschäft ein, in dem sie arbeiten konnte. Doch Ghebrehiwet wusste immer noch nicht, was er wollte, denn nun lebten seine beiden Frauen im selben Ort.«

Meine Großmutter machte eine längere Pause. Es blieb totenstill, niemand wollte sie unterbrechen. Erst jetzt merkte ich, wie anstrengend es für die alte Frau war, soviel zu erzählen. Sie war das sichtlich nicht gewohnt.

»Dein Vater sagte Adhanet schließlich, er habe für sie ein Haus in Addis gekauft, sie solle dorthin gehen und auf ihn warten. Er werde sich von Abrehet scheiden lassen, sagte er. Deine Mutter glaubte ihm, doch er hatte gelogen. Er ließ sich nicht scheiden. Deine Mutter kam mit dir nieder, und es passierte immer noch nichts, bis sie einen Brief von deinem Vater bekam. Darin stand, dass er nicht nach Addis kommen könnte, aber sie solle nach Asmara gehen, er würde dorthin kommen. Wieder vertraute ihm deine Mutter und ging mit dir nach

Asmara. Du warst damals noch sehr klein, erst ein paar Wochen oder Monate alt. Dort kam dann Adhanets größte Enttäuschung. Dein Vater schrieb ihr wieder, ein letztes Mal. Er schrieb, dass er nicht kommen könne. Das trieb deine Mutter in die Verzweiflung, und sie gab dich weg.«

Versteinert saß ich da. Einiges von dem, was ich eben gehört hatte, war mir bereits klar gewesen, anderes hörte ich zum ersten Mal: Bisher war ich immer davon ausgegangen, dass ich in Asmara geboren wurde, doch in Wahrheit war mein Geburtsort Addis Abeba. Ich hatte auch nie etwas von den beiden Geschwistern gehört, die Mama noch vor Luul zur Welt gebracht hatte, und ihre Odyssee in Papas Auftrag war mir auch völlig neu. Noch nie hatte mir jemand meine Geschichte so klar und einfach erzählt. Immer hatte ich mir mein Leben aus tausend Einzelteilen zusammenreimen müssen, ohne daraus wirklich schlau zu werden, und jetzt bekam ich es erzählt wie den Plot eines Films – eines tragischen Films, der damit endete, wie ich von meiner verzweifelten Mutter in einem Koffer ausgesetzt wurde, in ihrem eigenen Haus in Asmara, wo sie sich alles andere als heimisch fühlte, weil sie immer davon geträumt hatte, hier mit meinem Vater zusammenzuleben.

»Dein Vater hatte Adhanet nicht deshalb abgesagt, weil er bei Abrehet bleiben wollte«, fuhr meine Großmutter fort, »sondern weil er sich in eine andere verliebt hatte, in eine Frau namens Werhid, die ihre eigenen Kinder verließ, um mit ihm zusammenzuleben. Er schlug Abrehet, nahm ihr die beiden Töchter weg und zog mit Werhid hinunter von den Bergen, in die Ebene.«

Diesen Teil der Geschichte könnte ich auswendig herbeten. »Werhid kenne ich«, sagte ich, »sie war meine Stiefmutter, als Vater mich aus dem Waisenhaus holen ließ.« Sollte ich ihr noch erzählen, dass ich Werhid viel später in Hamburg wiedergetroffen hatte, als die geschiedene Frau meines Vaters? Doch meine Großmutter winkte ab, sie merkte wohl instinktiv, was ich sagen wollte.

»Die Frauen wollten immer hin zu Ghebrehiwet«, sagte sie trocken, »aber etwas hinderte sie daran, mit ihm glücklich zu werden. Ich glaube, er selbst verhinderte das.« So hatte noch niemand über meinen

Vater gesprochen. Ohne Hass, ohne Hetze, sondern einfach: Es war nicht möglich, das Glück mit ihm.

»Danke«, sagte ich nur und umarmte meine Großmutter, »danke dafür, dass du mir alles erzählt hast.«

»Ich habe das gerne getan, weil du es hören wolltest«, sagte sie, »mach damit, was du willst.«

Das war das Schönste, was sie mir sagen konnte. Meine Großmutter hatte mir die Geschichte meiner Eltern zum Geschenk gemacht – ein wertvolleres Geschenk könnte ich wohl kaum mit nach Hause nehmen aus dem eritreischen Hochland.

Eisenbahnen

Nach dieser Erzählung meiner Oma plauderten wir noch ein bisschen, doch ich fühlte, dass ich mich verabschieden musste. Ich brauchte Ruhe, ich brauchte ein Zimmer, ich musste meine Gedanken ordnen. Ich musste mein Leben innerlich neu zusammensetzen und einen Platz finden für meinen Bruder, für meine Großmutter, für meine Tanten. Für all das, was meine Mutter mit meinem Vater durchmachen musste. Ich musste nachdenken und auch noch ein bisschen weinen.

Doch es war nicht so einfach, mich zu verabschieden, denn die beiden Frauen wollten mich hierbehalten. Ich konnte mich nur lösen, nachdem ich hoch und heilig versprochen hatte, gleich am nächsten Tag zurückzukommen.

Als ich mit Dawit auf die Straße trat, sank die Sonne hinter die Bergkämme am Horizont. Ein kühler Wind pfiff durch die Straßen, mich fröstelte. In wenigen Minuten würde es stockfinster und ein paar Grad kälter sein. Wie hasste ich es, zu frieren, und noch dazu in meinem Heimatland!

Wir brauchten also ein Dach über dem Kopf, und zwar schnell. Doch das war leichter gesagt als getan: Bei meiner Familie zu übernachten wäre mir zu nah vorgekommen, ganz abgesehen davon, dass ich dann entweder auf dem nackten Fußboden hätte schlafen müssen oder einem meiner Verwandten sein Bett weggenommen hätte – beides Aussichten, die mir nicht gefielen. Doch wo gab es hier ein Hotel?

»Kein Problem«, meinte Dawit, »davon finden wir jede Menge.«

Ich habe keine Ahnung, wie er es schaffte, uns mit seinem Taxi im Handumdrehen zu einem Hotel zu bringen, denn nichts an dem Haus deutete darauf hin, dass es sich um ein Hotel handelte – es gab kein Schild und keine Aufschrift, nicht mal ein Licht brannte. Wahrscheinlich hing sein Erfolg mit dem sechsten Sinn zusammen, den manche Taxifahrer entwickeln, um sich in der Welt zurechtzufinden.

Wir mussten klopfen und rufen, bis jemand kam und uns aufsperrte. Als wir eintraten, sah ich, dass das nicht nur ein Hotel, sondern auch ein Restaurant und eine Bar war. Die Zimmer befanden sich im ersten Stock, und Dawit sagte später, dass er wegen dieses ersten Stocks gedacht hatte, dass es sich um ein Hotel handeln müsse, denn so gut wie alle anderen Häuser waren ebenerdig.

Im ersten Stock lief ein offener Flur um einen Hof. In einer Kammer gab es sogar eine Toilette, wenn auch ohne Licht. Die Zimmer waren wie kleine hohle Würfel, genauso lang und breit wie hoch. In der Mitte stand jeweils ein Bett, von der Decke hing eine Glühlampe, eine Wand war von einem vergitterten Fenster durchbrochen, das war alles. Für den Preis konnte man beim besten Willen nicht mehr verlangen: Der Wirt wollte pro Zimmer zwanzig Nakfa für die Nacht haben, das entspricht ungefähr einem Euro. Ich war froh, dass es Bett und Bettzeug gab, doch bleiben konnte ich in diesem Zimmer jetzt nicht, dazu ähnelte es zu sehr einer Gefängniszelle.

Also setzten wir uns noch in die Gaststube. Hier gab es Bier und einen Aschenbecher. Sogar ein Fernseher lief, er zeigte mit viel Geflimmer eine Dokumentation über das eritreische Eisenbahnwesen, über längst gesperrte Strecken aus italienischer Kolonialzeit und über museumsreife Dampfloks. Das war kein besonders attraktives Programm, aber es war mir immer noch lieber, als alleine in meinem Zimmer zu liegen und die Glühlampe anzustarren.

Da saß ich nun im Gastraum, sah den Eisenbahnen zu und kaute mit Dawit die alten Geschichten meiner Kindheit durch, die meine Familie immer so ungern aufgewärmt hatte. Ich wusste natürlich, dass nicht nur meine Familie Probleme damit hatte, von früher zu sprechen, sondern dass die meisten Menschen in Afrika diesen Blick zurück nicht schätzen, genausowenig wie den Blick in die Zukunft. Hier lebt man in der Gegenwart und löst die Probleme des laufenden Tages, die meist groß genug sind, um einen ganzen Menschen zu fordern. Man freut sich darüber, den Vortag heil überstanden zu haben und verlässt sich darauf, dass die Sorgen von morgen auch nicht größer sein werden als die von heute.

Wenn jemand in der Vergangenheit herumbohrt, denken alle gleich, dass man sie kritisieren, schlechtmachen oder verurteilen will. Die meisten Menschen fassen solche Nachforschungen als Angriff auf ihre ohnehin gefährdete Gegenwart auf. Dass ich ihnen mit meinen Fragen nichts Böses tun, sondern nur die Wahrheit erfahren wollte, konnten sie nicht verstehen. Es gibt gute Gründe für diese Abwehr, die meisten Menschen würden sich nämlich in die tragischsten Gefühle verstrikken, wenn sie über ihr Leben nachzudenken begännen. Sie müssten an Hunger, Not und Entbehrung denken, an Kriege und verlorene Kindheiten, und das sind nicht gerade die Gedanken, mit denen man seine Tage ausfüllen möchte. Also sprechen sie lieber über die Nachbarn, über die Tiere, die Hitze, über die anstehenden Begräbnisse und bevorstehende Hochzeiten – jedes Thema ist besser als das eigene Elend, über das es ohnehin nichts zu sagen gibt.

Das erste, was meine Großmutter nach ihrer Rede mit mir besprechen wollte, war denn auch, ob ich verheiratet wäre und Kinder hätte. Sie fand es nicht weiter schlimm, dass ich verneinte, doch ihr Ratschlag war eindeutig: »Du hast ein gutes Herz, bewahre dir das«, sagte sie, »aber gründe deine eigene Familie, das ist das Beste für dich.«

Natürlich fragte sie mich ebensowenig wie meine anderen Verwandten, wie es mir wirklich ging in Europa. Wie ich dort lebte, was ich dachte, tat, empfand. Nicht, dass ihnen das egal wäre, es war nur so weit von ihrer Wirklichkeit entfernt, dass sie mit meinen Antworten ohnehin nicht viel hätten anfangen können. Meine Verwandten dachten einfach, okay, sie lebt in Europa, also geht es ihr prima, sie ist reich und kann uns Geld geben. Damit hatten sie in gewissem Sinn auch recht, denn alles ist relativ: In einem Land, in dem zwanzig Euro ein gutes Monatseinkommen bedeuten, ist auch mit wenig Geld viel getan.

Aber Geld war nicht alles. Ich misstraute zwar den Tränen einer Said oder einer Abrehet, die sicher bei jeder Gelegenheit weinten, weil das bei uns nun mal so üblich ist, doch mit den Tränen meiner Großmutter hatte es etwas anderes auf sich. Sie weinte keine Tränen der Konvention, sondern Tränen des Mitleids. Ich hatte den Eindruck, Oma habe aus einem Wissen über meine Vergangenheit geweint, das sie mir erst zum Teil eröffnet hatte.

Sie war über jeden Verdacht erhaben, etwas vor mir verheimlichen zu wollen – es sei denn, um mich vor einem Wissen zu schützen, von dem sie glaubte, dass es schädlich für mich sei. Anders verhielt es sich mit Abrehet. Wie hatte sie nur vor mir verbergen können, dass mein Bruder Luul hier in Adi Keyh war – mein einziges richtiges Geschwisterkind! Natürlich würde sie mir gegenüber leugnen, davon gewusst zu haben, doch in diesem Bergnest war nie etwas los, und wenn jemand auf Besuch kam, noch dazu von so weit her wie aus Addis Abeba, dann wussten es alle Menschen, die auch nur im entferntesten mit der besuchten Familie zu tun hatten. Aber mir gegenüber als einer Außenstehenden wollten sie dichthalten, diese sturen Bergbewohner, und so hätte ich nicht das geringste erfahren, wenn meine Großmutter nichts erzählt hätte.

Ich war hier die Bittstellerin, die sich auf die Spielregeln der Eingesessenen einrichten musste, anders war es nicht vorgesehen. Ich musste ihnen alles aus der Nase holen, ohne zu wissen, was sie vor mir verbergen wollten. Klar war nur, dass sie schon aus Tradition die eigene Familie nicht bloßstellen konnten. Keiner mochte schlecht über die eigenen Verwandten sprechen, dafür aber um so lieber über alle anderen. Die Verwandten meines Vaters verdammten meine Mutter und lobten meinen Vater und umgekehrt.

»Deine Mutter hatte eine so reine Seele«, sagte meine Großmutter, »da war nichts Böses drinnen. Alles Böse in deinem Leben wäre ohne die Schlechtigkeit deines Vaters nicht passiert.« Dieser Satz hallte in mir nach, während ich Rauchkringel gegen die blassgrün gestrichenen Wände blies und zusah, wie eine altersschwache Dampflok über die halsbrecherische Strecke von Asmara hinunter nach Massawa ratterte, der Hafenstadt am Roten Meer.

Dawit hörte sich all diese verworrenen Geschichten an, doch er blieb bis zuletzt aufmerksam. Er spottete nicht, er machte sich über nichts lustig, er respektierte meine Zerrissenheit. Und er tröstete mich: »Du bist in Gottes Hand«, sagte er, »sonst wärst du längst verrückt geworden.«

Ich stutzte. So hatte ich es noch nie gesehen. Es musste erst ein Landsmann von mir kommen, der schon so viel Leid erfahren hatte, dass er sogar in meiner Geschichte noch das Gute sehen und mir die Augen öffnen konnte. Das war die Art von Gedanken, an denen ich mich aufrichten konnte.

Um mich nicht noch weiter in den Problemen meiner Kindheit zu verlieren, fragte ich Dawit nach seinem Leben. Es war die erstbeste Geschichte eines anderen Menschen, nach der ich in diesem namenlosen Restaurant des namenlosen Hotels in diesem eritreischen Bergstädtchen fragte – und siehe da, auch Dawits Leben war voller Tragik, voller Widersprüche. Seine Eltern waren in den Kriegswirren aus Äthiopien nach Asmara geflohen; wie so viele andere Eritreer waren sie von den Äthiopiern als Vergeltung für die Niederlage im Bürgerkrieg ins damals gerade erst unabhängig gewordene bettelarme Eritrea vertrieben worden. Dawit selbst hatte sich alles, was er besaß – sein Haus, das Taxi –, mit härtester Arbeit zusammengespart, unter Verzicht auf jede Art von »Luxus« wie eine Frau oder eigene Kinder, und sah nun alles in Gefahr, denn ihm drohte die Einberufung in die Armee, die einen jahrelangen Dienst an den umkämpften Grenzen des Landes zur Folge haben konnte. Damit stand Dawit vor einem ernsten Problem: Sollte er das Land verlassen, und dabei die wenige Habe zurücklassen, die er sich in all den Jahren erarbeitet hatte, oder sollte er zum Militär gehen und hoffen, lebendig, aber nicht als Invalide zurückzukehren? Bei der stark verminten Grenze zu Äthiopien war das alles andere als selbstverständlich.

Weil Dawit ein grundehrlicher und korrekter Mensch war, hatte er beschlossen, nicht zu heiraten, bevor die Entscheidung nicht so oder so gefallen war, denn eine Flucht ins Ausland könnte er Frau und Kindern nicht zumuten und wenn er jahrelang in der Armee dienen müsste, wollte er keine Frau in Asmara zurücklassen, schon gar nicht mit Kindern – vorher aber schon mit einer Frau zusammen zu sein, ohne Heiratsabsichten, war gegen seine Erziehung und auch gegen seinen Glauben, denn Dawit war mit ganzem Herzen und aus tiefster Seele Christ.

Dawit wirkte süß in seiner Entschlossenheit, und es gefiel mir, wie konsequent er der Idee anhing, niemanden in ein Unglück mit hineinzureißen, das noch nicht einmal eingetreten war. So einen Mann wie ihn müsste ich finden, um in Frieden mit jemandem zusammenleben zu können. Wenn nur der Unterschied zwischen den Kulturen nicht so gewaltig wäre, dass es mir unmöglich schien, selbst mit dem besten Mann aus Afrika eine gemeinsame Wellenlänge finden zu können!

Nacht

Mitten in diese Gedanken hinein platzte der Wirt, der mit lautem Geklapper unsere Bierflaschen einsammelte.

»Er sperrt zu«, sagte Dawit, »wir müssen hinaufgehen.«

Dieser Satz holte mich unsanft in die Gegenwart zurück. Hinauf, in das kahle Zimmer? Bereits der Gedanke daran bedrückte mich. Ich bin nicht verwöhnt, ich brauche in einem Hotelzimmer keinen Luxus, aber ein finsterer Raum mit Gitterfenster, ohne Fernseher oder Radio, macht mir angst. Ein solcher Raum lockt die Geister aus meinem Unterbewusstsein, er lässt die Schatten aus den dunklen Winkeln meiner Seele kriechen und Bilder aus meiner Kindheit aufleuchten, die ich nicht sehen will. So eine Zelle ruft Blut und Totschlag wach, splitternde Bomben, brüllende Aufseher, fieberzuckende Nächte. Die Stille der Berge zusammen mit der Dunkelheit tut mir nicht gut, doch im Licht einer grellen Glühbirne, das wusste ich, konnte ich auch nicht schlafen.

»Lass uns noch woanders hingehen«, sagte ich zu Dawit.

Ich flehte ihn fast an, weil ich die Nacht mit allen Mitteln verkürzen wollte, doch er sah mich nur verständnislos an: »Wohin willst du gehen?«

Der Wirt, der unsere Unterhaltung mit angehört hatte, schüttelte bloß den Kopf. »Es ist elf Uhr«, sagte er, und ich wusste, was das bedeutete: Es war Nacht in Adi Keyh, und alle Orte, die auch nur entfernt an eine Bar oder eine Kneipe erinnerten, waren längst geschlossen.

Ich steckte trotzdem den Kopf auf die Straße hinaus, aber draußen war nichts zu sehen, nur die Lichtkreise vereinzelter Straßenlampen, Sand, Steine, von kaltem Wind durch die Luft gewirbelter Unrat und verrammelte Fenster. Hier lud nichts zum Verweilen ein. Also hinauf in die Zimmer!

Der Flur lag im trüben Licht einer einzelnen Glühlampe da. An den Wänden hingen verblasste, staubige Drucke von Fotos. Sie zeigten Kinder und Jugendliche, die dem Fotografen stolz lächelnd halbautomatische Waffen präsentierten. Darunter standen Sätze über die Freiheit Eritreas. Mir drehte es den Magen um. Ich war immer für den eritreischen Freiheitskampf gewesen, aber ich denke, einen solchen Kampf sollten die Erwachsenen unter sich ausmachen. Warum mussten Kinder mit ihrem Leben für die Freiheitsideen ihrer Eltern bezahlen?

In meinem Kopf ratterten die Gedanken, als ich mir das Laken über den Kopf zog, um von der nackten Lampe über mir nicht so geblendet zu werden und damit die Kälte nicht so tief in mich hineinkriechen konnte, denn obwohl ich meine Kleidung angelassen hatte, bibberte ich und wand mich auf dem knirschenden Metallbett. Plötzlich wurde es mit einem Schlag stockfinster und mucksmäuschenstill. Das beständige Brummen eines Generators, das vorher zu hören gewesen war, ohne dass ich es bewusst wahrgenommen hätte, war verstummt.

Panik! Ich schoss hoch, blickte aus dem Fenster und sah nichts, draußen herrschte perfekte Dunkelheit. Ich lauschte und lauschte, aber ich hörte absolut nichts, nur meinen Atem und meinen Herzschlag, eingebettet in die pelzigste Stille, in der ich je gesteckt hatte. Wahrscheinlich stellten sie um Mitternacht den Strom ab. So war das früher schon gewesen: ab einem bestimmten Zeitpunkt versank das ganze Land in völliger Finsternis.

Alle Menschen rundherum waren bewegungslos, die Tiere verharrten starr, die Natur bestand nur aus stummen Steinen, Felsen und Sand. Selbst der Wind hatte sich zur Ruhe gelegt. Wie anders war es doch hier als in Asmara, wo auch nachts ständig Bewegung herrschte, ein unablässiges Kommen und Gehen, wo es Licht, Gesprächsfetzen, Musik gab. Hier spürte ich nur Tod und Lähmung, und meine Panik wuchs und wuchs. Ich war in meiner Albtraumsituation schlechthin gefangen, umgeben von Starre und Schweigen, mit mir als einziger Seele mittendrin.

Gerne hätte ich jetzt geschrien, aus Leibeskräften gebrüllt, um diese Stille zu zerschneiden, doch der Ton blieb mir in der Kehle stecken. Es war zu still, um zu schreien. Ich fürchtete, die Menschen um mich herum könnten zusammenlaufen, wenn ich schrie, und über mich herfallen, um mich zum Schweigen zu bringen. Dabei brauchte ich jetzt nichts dringender als einen Menschen. Bitte, bitte, nur einen einzigen lebendigen Menschen!

Dawit! Ich schlüpfte aus meinem Zimmer und sah nichts. Es ist unheimlich, sich in einem Gebäude zu bewegen, in dem nichts zu sehen ist, keine Wand, kein Boden, keine Decke. Wie in der Dunkelkammer eines Fotografen, nur ohne Rotlicht. Zitternd tastete ich mich die Wand entlang, spürte das Papier der Kindersoldatenfotos unter den Fingern, eine Nische, die Tür zu Dawits Zimmer. Ich klopfte, doch nichts rührte sich. Ich rief leise Dawits Namen, doch es kam keine Antwort. Ich pochte weiter, trommelte auf das Metall der Tür, bis dahinter Geräusche zu hören waren. Ein Wälzen, Schieben.

»Dawit, ich bin's, du musst aufmachen!«

Wenig später stand ein schlaftrunkener Dawit vor mir, den ich zwar nicht sehen konnte, doch von dem ich merkte, dass er da war. Wieder einmal war er meine Rettung. Er verstand meine Angst, er war nicht schockiert, wie ich befürchtet hatte. Dawit schleppte tatsächlich die Matratze aus seinem Zimmer in meines und legte sich neben meinem Bett auf den Boden. Ich lauschte seinem Atem, seinen Bewegungen im Schlaf links unterhalb von mir, irgendwo an der Wand, die ich nicht sehen konnte. Dass er da war, bewies mir, dass die Welt sich nicht zu drehen aufgehört hatte.

Es dauerte noch viele Atemzüge, viele Herzschläge, doch dann kam die Erlösung. Ich schlief ein wie ein Kind im dunklen Bauch seiner Mutter.

Trommeln

Am nächsten Morgen klangen dumpfe Trommelschläge durch meine Träume. Ich sah dunkle Gestalten um ein Feuer tanzen, ich sah Fratzen, hörte Schläge auf gespannte Tierfelle, bis ich aufwachte und hochfuhr, wie meistens, wenn ich aus der Traumwelt ins wirkliche Leben wechselte. Durch die Gitterstäbe fiel fahles Licht auf mein Laken, nein, das kam aus der Lampe über meinem Kopf, die nun wieder brannte.

Was war das, eine Bewegung hinter mir? Ich fuhr herum.

Richtig, da war ja Dawit, er wälzte sich auf seiner Matratze zur Seite. Sofort plagten mich Schuldgefühle. Der Ärmste hatte mitten in der Nacht aufstehen müssen, und sicher konnte er mit seiner dünnen Matratze auf dem harten Boden nicht vernünftig schlafen. Bestimmt hielt er mich für den größten Angsthasen weit und breit, der sich im Dunklen fürchtet wie ein Kleinkind. Damit musste ich wohl leben, denn auch wenn ich wusste, dass es albern war, würde es mir bei der nächsten Gelegenheit wieder so gehen.

Je mehr ich die Nacht von mir abschüttelte, desto deutlicher hörte ich die Trommeln. Die Schläge waren nicht nur durch meine Träume gehallt, sie kamen von draußen, und sie kamen näher. Ich starrte durch die Gitterstäbe, doch da war nur ein leerer Hof zu sehen. Vorsichtig rüttelte ich Dawit wach.

»Dawit, wir müssen raus. Dort ist irgend etwas los.«

Auch Dawit fuhr hoch. Er hörte die Trommeln und interpretierte sie sofort richtig. »Heute ist doch *timket«,* sagte er, »der Erscheinungstag, und das ist die Prozession.«

Mit einem Satz fuhr er in die Hosen, und wir waren unterwegs. An diesem Tag – Epiphanias – feiern die Ostkirchen und auch die Kopten das Erscheinen des neugeborenen Jesus vor der Welt, ähnlich wie der abendländische Dreikönigstag. Manchmal wird behauptet, die Kopten feierten am 19. Januar unserer europäischen Zeitrechnung, eben zu Epiphanias, Weihnachten, doch das stimmt nicht: Die Kopten benutzen den koptischen Kalender, der dem alten römischen, dem »Julianischen« Kalender sehr ähnlich ist, und nicht den Gregorianischen Kalender wie die Europäer. Sie feiern Weihnachten zwar genauso wie alle anderen Christen auch am 25. Dezember, nur ist der 25. Dezember des koptischen Kalenders nach dem Gregorianischen Kalender der 7. Januar.

In der Straße vor unserem Hotel war bereits alles in Bewegung. Männer und Frauen, in den gleichen weißen Gewändern, strebten in Richtung Stadtzentrum. Männer gingen mit anderen Männern Arm in Arm, Frauen hakten sich bei anderen Frauen unter. Manche trugen rote oder grüne Papierkronen, auf die sie Kreuze gemalt oder geklebt hatten. Der Klang der Trommeln entfernte sich bereits wieder.

»Sie sind vor der Kirche«, meinte Dawit.

Wir schlossen uns den anderen Menschen an. Je weiter wir kamen, desto dichter wurde das Gedränge. Normalerweise meide ich solche

Bei der Prozession zum Erscheinungstag
hatten sich Männer wie Frauen in weiße Gewänder gehüllt.

Menschenansammlungen, doch in diesem Fall fühlte ich mich wohl. Ich spürte, dass von diesen Menschen keine Gefahr ausging, sie machten einen freudigen, gelassenen Eindruck.

Als wir bei den Trommlern ankamen, tauchte ich zusammen mit Dawit ohne Probleme in die dichte Menge ein, die sich in der Mitte des Platzes ballte. Die Menschen sangen, summten und beteten, jeder schien seiner eigenen Melodie zu folgen, nur der Rhythmus war für alle gleich, er wurde von den tiefen Schlägen auf die Trommeln vorgegeben. Es war keine geordnete Zeremonie wie in deutschen Kirchen, in denen vorne ein Pfarrer etwas sagt und alle anderen das dann im Chor nachbeten, sondern hier schien jeder das zu sagen, was ihm gerade einfiel, egal ob Priester oder Gläubiger. Und trotzdem entstand eine Gemeinsamkeit, ein großes Ganzes. Es entstand ein Gefühl, eine Bewegung, ein Zusammenspiel vieler Menschen, das mir intensiver vorkam, inbrünstiger und auch spiritueller, als ich es je in einer deutschen Kirche erlebt hatte.

Die Trommeln, die weißen Gewänder, die sich im Rhythmus vor und zurück wiegenden Körper schienen mir zuerst überhaupt nicht zu den Texten zu passen, die die Popen zu Jesus, zur Dreifaltigkeit und zur Erscheinung des Herrn, die an diesem Tag gefeiert wurde, sangen. Das Ganze kam mir eher wie ein afrikanischer Ritus vor, wie alte Stammestänze aus heidnischer Zeit. Doch was die Menschen hier feierten, war ein durch und durch christliches Fest, und sie fühlten sich auch durch und durch als Christen, immerhin gibt es das Christentum hier seit rund tausendsiebenhundert Jahren.

Je weiter das Fest fortschritt, desto ekstatischer bewegten sich die Menschen. Die Popen hatten Kessel mit Weihwasser vor sich stehen, aus denen sie als Höhepunkt der Zeremonie mit kleinen Besen in die Menge spritzten. Begeistert und innig war ich dabei. Ich war eins mit mir selbst, mit der Welt und mit meinem Glauben, als das Fest zu seinem Ende kam. Bis jetzt hatte ich das Christentum immer für eine europäische Sache gehalten – fälschlicherweise, ist es doch im Orient entstanden, so wie die anderen beiden großen Weltreligionen, das Judentum und der Islam, auch. Hier war ich näher an den Wurzeln meines Glaubens als in der Berliner Gedächtniskirche, diesem strengen

Betonkasten mit den bunten Glasfenstern, der wie eine stille Oase mitten im Getriebe zwischen Ku'damm und Bahnhof Zoo steht und in den ich mich manchmal für ein paar Momente der Besinnung zurückziehe.

Wie merkwürdig mir das vorkam, auf einem sandigen Platz voller weißer Gestalten mitten in Adi Keyh an die Berliner Gedächtniskirche zu denken, doch ich trug immer beide Welten in mir, die afrikanische und die deutsche, und ich konnte und wollte keine Trennlinie zwischen diesen Welten ziehen, auch wenn meine Seele aus dem eritreischen Hochland kam. Meine Seele schwang im selben Rhythmus wie die Seelen der Menschen hier, doch mein Bewusstsein und meine rationalen Überzeugungen wurden zur selben Zeit von den Erfahrungen und Gewissheiten geleitet, die ich in Deutschland mitbekommen hatte.

Abschiede

Kaum war die Prozession vorbei, stoben die Menschen in alle Himmelsrichtungen davon. Das tägliche Leben nahm wieder seinen Lauf: Kinder kehrten zu der Stelle zurück, an der sie die Ankunft eines Tanklasters mit Wasser erwarteten, denn durch die Trockenheit waren viele Brunnen versiegt. Während die Kinder den Trommlern gelauscht hatten, standen ihre Plastikkanister in einer langen Reihe vor der Wasserabgabestelle und hielten den Platz in der Schlange für ihre Besitzer frei. Sonst wird in Afrika überall gedrängelt und gerangelt, doch niemandem würde es einfallen, sein Behältnis in dieser Kette von Wasserkanistern heimlich weiter nach vorne zu stellen. Das Wasserholen ist eine viel zu ernste, ja lebenswichtige Aufgabe, als dass es hier zu Betrügereien käme.

Die allerjüngsten Kinder durften sich jetzt wieder ihren Spielen zuwenden, die durch Improvisationsgabe bestachen. Manche türmten einfach Steine aufeinander und stellten sich dabei vielleicht reiche Königsschlösser vor, andere ritten auf dünnen Ästen, die sie abgebrochen hatten, doch die meisten spielten Ball mit einem zusammengebundenen Bündel Lumpen, das sie mit einer Schnur an einen Strommast befestigt hatten, so dass sie das armselige Knäuel mit Schwung von einer Seite zur anderen oder wild im Kreis schleudern konnten.

Auch die Erwachsenen kehrten zu ihren Tätigkeiten zurück. Die Frauen gingen nach Hause, um das Festmahl zu bereiten – Enjera, wie jeden anderen Tag auch, in den bessergestellten Familien wegen des Festtags mit ein paar Fleischbröckchen dazu. Die Männer standen an den Hausecken und unterhielten sich, wenn sie nicht in eine der zahlreichen Bars einkehrten, um ihre Unterhaltung bei einem Glas Tee oder Wasser weiterzuführen. Ein Bier oder eine Cola konnten sich nur die wenigsten leisten.

Ich ging einkaufen, in ein winziges Lädchen, in dem der traurigste und doch am liebevollsten geschmückte Weihnachtsbaum stand, den ich je gesehen hatte. Selbstgebastelter Schmuck hing an dem fast vertrockneten, fahlgrünen Nadelbäumchen, Sterne und Kerzen, die die Ladenbesitzerin aus alten Zeitschriften und Kartonverpackungen ausgeschnitten hatte. In den Regalen hinter dem Baum lagerte alles, was ich meiner Großmutter und meiner Tante mitbringen wollte: Kaffee, Öl, Mehl, Salz, Zucker, getrocknete Bohnen, Pfeffer, Seife und sogar Tomaten, wenn auch nur aus der Dose. Das klingt nicht sehr einfallsreich, doch in den Bergen ist das Leben noch wesentlich karger und entbehrungsreicher als in der Stadt; hier erwarten Gastgeber keinen Schnickschnack als Mitbringsel, sondern handfeste Dinge, die beim täglichen Überleben helfen. Mit ausgefalleneren Sachen hätten die beiden nichts anfangen können – mal ganz abgesehen davon, dass es in Adi Keyh nicht viel anderes zu kaufen gab.

Bei meiner Großmutter wurde ich wieder mit offenen Armen empfangen, diesmal mit Enjera und allem Drum und Dran. Wieder saß ich neben ihr, doch diesmal schien ihr der Gesprächsstoff ausgegangen zu sein. Langsam tröpfelte die Unterhaltung dahin, was mich aber nicht störte, weil es mich erfüllte, einfach neben meiner Oma zu sitzen, sie anzusehen, ihre Hände zu halten und ab und zu von mir zu erzählen. Da ich nicht mehr so aufgeregt war wie beim ersten Besuch, fiel mir mehr auf, und ich bemerkte, dass unser Treffen sie mitnahm. Sie war schwächer, als es auf den ersten Blick den Anschein hatte. Wie alt sie war, wusste sie noch nicht mal ungefähr zu sagen. Said schätzte sie auf Mitte Siebzig. Für dieses Alter wirkte sie für afrikanische Verhältnisse noch sehr rüstig. Nur wenige Frauen werden hier so alt.

Ihre Augenkrankheit wusste meine Großmutter selbst nicht genau zu benennen. Said sagte, dass sie einmal bei einer Ärztin war, die ihr eine Brille empfohlen hatte. Doch die nicht mal fünfzig Euro dafür hatten sie einfach nicht. Sofort gab ich ihr das Geld und auch noch ein paar Scheine dazu. Vielleicht könnte mich meine Großmutter ja dann sehen, wenn ich das nächste Mal zu ihr käme. Möglichst bald nach Adi Keyh zurückzukehren hatte ich mir damals schon fest vorgenommen.

Großmama war gerührt, als ich ihr das sagte. »Deine Eltern haben dich nicht gut behandelt«, sagte sie, »und du bist trotzdem ein gutes Mädchen geworden.«

Jemand anders dürfte nicht so mit mir sprechen, aber das aus ihrem Mund zu hören tat mir wohl.

»Ich will nicht böse über deine Eltern sprechen«, sagte sie und dachte dabei sicher an meine Aufregung vom Tag zuvor, »es kommt mir nur so in den Sinn. Aber es sind trotzdem deine Eltern, ohne die es dich nicht gäbe.« Besser hätte ich es selbst nicht ausdrücken können.

Natürlich war ich nach wie vor begierig, mehr über meine Mutter zu erfahren, doch bei Einzelheiten war Sifan sehr zurückhaltend, vielleicht war ihr das meiste auch schon entfallen.

»Sie war eine lebendige, lustige Frau«, sagte sie nur, »ich weiß noch, wie froh sie war, als sie sich das letzte Mal verabschiedete, obwohl ihr übel gewesen war nur wenige Stunden zuvor. Deswegen hat sie auch einen späteren Bus genommen als den, mit dem sie ursprünglich fahren wollte. Hätte sie das nicht getan, wäre sie heute noch am Leben und würde jetzt auch hier sitzen.«

Meine Mutter hatte für eine kleine Übelkeit mit dem Leben bezahlt. Für eine Unpässlichkeit – ein Wort, mit dem afrikanische Frauen ihre Regelbeschwerden umschreiben, weil keine Frau dieses Thema gerne anspricht. Für eine Übelkeit, die meine Mutter in einen Bus steigen ließ, der auf der Fahrt von hier nach Asmara den Abhang hinabgestürzt war. Ich beschrieb Oma Sifan das Wrack, das Dawit und ich auf der Fahrt hierher gesehen hatten – es war genau der Bus, in dem meine Mutter umgekommen war.

»Ich hoffe, sie ist bei Gott«, sagte meine Großmutter und bekreuzigte sich, und ich konnte nicht anders, als es ihr gleichzutun. Vielleicht ist das eine kluge Art, mit einem tragischen Thema abzuschließen und sich für immer von einem Menschen zu verabschieden.

Schon nach wenigen Stunden, die ich zusammen mit meiner Großmutter in ihrem Haus verbracht hatte, kam ich in Abschiedsstimmung. Das lag nicht nur daran, dass ich nur einige Tage in Adi Keyh eingeplant hatte, sondern vor allem an dem Gefühl, meine Großmutter sei bereits im Begriff, sich aus ihrem Leben zu verabschieden. Manchmal, wenn sie so im hintersten Teil ihres Hauses saß und scheinbar nachdenklich in Richtung des Lichts sah, das durch die stets halb geöffnete Tür hereinschien, wirkte sie, als wäre sie nicht mehr von dieser Welt. Als sähe sie in diesem Lichtschein vor ihr schon das Leuchten eines anderen, nicht mehr fernen Lebensabschnitts.

Als ich sie behutsam dazu befragte, wollte sie sich nicht äußern. »Meine Zeit ist um«, sagte sie, »aber Gott entscheidet.«

Sifan entsprach nicht dem Bild einer rüstigen Seniorin, wie es das europäische Ideal des Alterns ist, sondern durch und durch der afrikanischen Vorstellung von einem alten Menschen, der sein Leben in die Hände Gottes gegeben hat und dafür mit der dem Alter entsprechenden Weisheit belohnt wurde.

Leichter fiel mir der Abschied von Abrehet, die ich während meiner Zeit in Adi Keyh noch einige Male besuchte. Ich merkte immer mehr, dass mich mit ihr wenig verband, und umgekehrt empfand sie das wohl genauso. Es war nicht leicht für mich, das zu akzeptieren. So lange hatte ich unter Familienentzug gelitten, dass ich mich jetzt um so mehr verpflichtet fühlte, begierig nach jedem Ästchen zu greifen, das mir meine Familie entgegenstreckte. Strenggenommen gehörte Abrehet zwar nicht zu meiner Familie, doch solche Unterscheidungen lehnte ich ab. Ich beschloss, mich nicht zum Umgang mit Abrehet verpflichtet zu fühlen, aber trotzdem das Positive an ihr zu sehen und auch wertzuschätzen. Was mir nicht gefiel, war, dass Abrehet einen Keil zwischen meine Großmutter und mich treiben wollte.

»Glaub nicht alles, was Sifan dir erzählt«, warnte sie mich verschwörerisch. Mir war klar, dass das die übliche Art war, mit der eine Afrikanerin die Klatschgeschichten einer anderen abwehren wollte, um ihre eigenen Klatschgeschichten besser anbringen zu können, aber ich mochte es dennoch nicht.

Positiv an Abrehet fand ich, dass sie trotz allem, was passiert war, immer noch auch die guten Seiten meines Vaters sehen konnte. Das taten alles in allem nur sehr wenige Menschen. »Seine schönste Seite war sein Gesang«, sagte Abrehet, »der kam von innen, von sehr tief. Viele weinten, wenn er sang, ich auch. Erst durch den Gesang gewann er mein Herz, nicht durch sein großspuriges Gerede. Das mochte ich von Anfang an nicht.«

Damit sprach Abrehet die Seite an, die mich an meinem Vater am meisten faszinierte: die Musik. Ich erinnere mich, dass er manchmal über seinen eigenen Gesang so gerührt war, dass er zu weinen anfing, obwohl er das nicht wollte. Wenn er weinte, weinte ich immer mit. Nicht, weil sich das so gehörte, sondern weil mich das Gefühl übermannte.

Dabei weinte mein Vater nicht aus Schwäche, sondern aus Stärke, denn es gehört sich für einen afrikanischen Mann nicht, zu weinen, Tränen gelten als Weiberzeug. Doch er hatte die Stärke, es trotzdem zu tun, selbst vor anderen Leuten. Auch die Stärke und Beharrlichkeit bei der Durchsetzung der eigenen Pläne habe ich von ihm geerbt. Ich bin zwar mit vielen Schwächen geschlagen, aber meinen Durchsetzungswillen habe ich von ihm. Der Unterschied zwischen uns beiden mag darin liegen, dass er seine Stärke leider für viele schlechte Dinge verwendet hat, während ich versuche, soweit es mir möglich ist, diese Stärke für etwas Gutes zu benutzen.

Ich verabschiedete mich nicht nur von Abrehet und Fiori, sondern auch von dem Popen Afewerki und seiner Frau Semira, bei denen Dawit und ich zum Essen eingeladen gewesen waren. Ich hatte über die Kargheit ihres Hauses gestaunt, das weder größer noch besser ausgestattet war als Abrehets Behausung, obwohl die Pfarrersfamilie drei Kinder und sogar schon halbwegs erwachsene Enkelkinder im Ausland hatte, also sicher Geldspenden von dort bekam. Nachdem ich ein

Semira, die Frau des Popen, bereitet für uns Kaffee zu.

paar Stunden bei Afewerki und Semira verbracht hatte, war mir allerdings klar, warum es hier nicht gediegener aussah; das lag an dem speziellen Lebensrezept des Popen.

»Wenn du morgens aufstehst«, sagte er zu Dawit, »dann trinkst du zuerst mal einen Araki, das klärt den Geist.« Mir diese Therapie mit dem schrecklichen Anisschnaps vorzuschlagen wagte er zum Glück nicht. Seiner Ansicht nach war das eine Männersache.

Die Schnapsration am Morgen war aber noch nicht die ganze Kur. »Mittags isst du eine Kleinigkeit«, riet Afewerki weiter, »und dazu trinkst du ein Bier und einen Araki für die Verdauung. Genauso machst du es am Abend. Abends, bei der richtigen Mahlzeit, musst du allerdings zwei Araki nachtrinken oder drei, um alles zu verdauen. Später nimmst du noch einen Araki zum Schlafengehen, dann wirst du immer gesund bleiben.«

Offensichtlich meinte der Pope seine Ratschläge ernst und befolgte sie gewissenhaft. Seine Frau Semira lächelte bloß hintergründig, als er von seiner Dauerkur erzählte, und tat so, als würde sie ihren Mann nicht ernst nehmen, doch ich bekam bald mit, dass auch sie dem Araki nicht abgeneigt war. Das wäre eine plausible Erklärung für ihre armselige Bleibe, denn Araki ist das teuerste Lebensmittel, das man in Eritrea kaufen kann – wenn man eine Flasche Schnaps als Lebensmittel bezeichnen kann.

So vergingen ein paar Tage mit Sitzen, Sprechen, Enjera Essen, Kaffeetrinken, und wieder Sitzen und Sprechen, bis ich mich von allen meinen Tanten, Stieftanten, Cousinen, Cousins und natürlich von meiner Großmutter verabschiedet hatte. Eine kleine Menschentraube hing um den gelben Kia, als Dawit und ich endgültig abfuhren, nachdem wir unsere Abreise schon ein paarmal angekündigt hatten und dann doch nicht gefahren waren. Als wir nun in Richtung Asmara rollten, wurde meine winkende Verwandtschaft rasch von all den Fußgängern und Menschen verschluckt, die einfach nur so auf der Straße standen und darauf warteten, dass etwas passierte – zum Beispiel dass ein gelbes Taxi mit einer merkwürdigen, heulenden Frau an ihnen vorbeifuhr.

Schweigend fuhren wir aus Adi Keyh hinaus und hinein ins Gebirge. Es dämmerte bereits – keine optimale Voraussetzung für eine Überlandfahrt, denn die Straßen gelten in der Dunkelheit generell als unsicher, doch meine Leute hatten mich nicht früher weggelassen. Dawit schien sich nichts daraus zu machen, er war froh, endlich nach Asmara zurückkehren zu können. Außerdem hatten wir auf dieser Strecke wenigstens keine Kontrollen, Straßensperren oder Banditen zu befürchten, da wir uns im mehr oder minder friedlichen Zentrum Eritreas befanden. Im Westen des Landes oder in der Danakil-Region am Roten Meer, wo islamistische Rebellen agierten, hätten wir es dagegen mit gutem Grund niemals gewagt, in der Abenddämmerung aus einer Ortschaft hinauszufahren. Dort hätte ich sogar tagsüber und zu zweit Bedenken gehabt, mich auf eine solche Reise zu begeben.

Je höher wir uns in die Berge hinaufschraubten, desto mehr bekamen wir es mit einem anderen Gegner zu tun, der uns am Fortkommen hindern wollte: Nebel. Es kam mir sehr merkwürdig vor, mitten in dieser knochentrockenen, komplett ausgedörrten Landschaft Kilometer um Kilometer durch Nebel zu fahren, der dichter war als die schlimmste Suppe, die ich je an feuchtkalten Novemberabenden durch Hamburg oder Berlin wabern gesehen hatte. Dieser Nebel war so dicht, dass man gerade noch die Kühlerhaube des Autos sehen konnte, deren vorderer Teil bereits zu verschwimmen begann. Vor dem Auto war noch ein Stückchen Straße zu erahnen, höchstens zwei oder drei Meter, dahinter ging alles in flauschiges Weiß über – oder in düsteres Grau, wenn der Abgrund näher rückte als diese zwei oder drei Meter.

Ich saß wie angewurzelt da und starrte nach draußen. Hin und wieder kurbelte ich das Fenster herunter, um den Kopf hinauszustrecken, in der Hoffnung, so mehr zu sehen als durch die Windschutzscheibe, was aber nicht der Fall war. Wir steckten in der dicksten Suppe, die man sich vorstellen kann, und uns blieb nichts anderes übrig, als wenig über Schrittempo dahinzurollen. Schon das kam mir so rasant vor, dass ich mich immer wieder verkrampfte und aufschrie, wenn plötzlich etwas Unerwartetes wie ein Felsblock oder ein Abgrund in unserem winzigen Scheinwerferkegel auftauchte und Dawit schnell das Lenkrad herumreißen musste, um keinen Unfall zu bauen. Er reagierte viel zu abrupt und viel zu spät, wie ich fand, aber er war ganz ruhig. Ich dachte die ganze Zeit über nur daran, dass das die Strecke war, auf der ihr Bus in die Schlucht gestürzt war.

Stunde um Stunde waren vergangen, nur unterbrochen durch mehrere Zigarettenpausen, als sich die Nebel plötzlich lichteten. Dahinter sahen wir aber nicht, wie erwartet, totale Finsternis, sondern Lichter, Häuser, Menschen, Straßen – wir fuhren nach Asmara hinein.

Kein Wunder, dass man uns in Adi Keyh für den Weg zurück eine viel längere Fahrt prophezeit hatte als für den Hinweg. Dabei hatte uns keiner meiner Verwandten vor dem Nebel gewarnt, doch Dawit meinte, dass diese Nebel in den Bergen häufig auftreten, wenn kalte und warme Luftmassen aufeinanderstoßen. Möglicherweise hatten sie angenommen, dass wir das ohnehin wüssten, denn für sie war der nächtliche Nebel selbstverständlich. Wir waren eben in Afrika, und hier werden Entfernungen ohnehin nicht in Kilometern, sondern in

Stunden gemessen. Niemand hat auch nur die geringste Ahnung, wie weit es irgendwohin ist, selbst wenn er die Strecke schon Hunderte Male gefahren ist, aber jeder weiß, wie lange diese Fahrt dauern kann: zwei Stunden, wenn die Sicht gut und die Straße trocken ist, sechs Stunden, wenn dicker Nebel über der Strecke hängt. Oder zwei Tage, wenn während der Regenzeit Muren, Erdrutsche und Bäche jede Bergstraße in eine schlammige und holprige Rutschbahn verwandeln.

Großstadt

Als wir endlich vor dem Ambassador hielten, fühlte ich mich im wahrsten Sinne des Wortes gerädert. Durch meine Angst und meine Aufregung hatte ich mich mehr angestrengt als Dawit, der ziemlich frisch wirkte. Ich war auch von den Eindrücken der letzten paar hundert Meter Fahrt über den großen Boulevard der Stadt überwältigt – all die Menschen, die Lichter, die Häuser! Hatte ich noch bei meiner Ankunft aus Berlin das Gefühl, in einem beschaulichen kleinen Städtchen gelandet zu sein, so glaubte ich jetzt eine pulsierende Großstadt vor mir zu sehen, so groß war der Kontrast zwischen Asmara und der abgeschiedenen Welt oben in den Bergen, aus der wir eben zurückgekehrt waren.

Im Hotel empfing mich die Crew an der Rezeption, im Restaurant und in der Bar wie einen seit hundert Jahren treuen Stammgast, der sich zehn Jahre nicht mehr hatte sehen lassen. Wir umarmten, küssten und herzten einander wie Geschwister, die zu lange getrennt waren, und ich genoss die Wärme und Emotionalität der Menschen, die viel offener und zugänglicher wirkten als die Bewohner des kargen Berglands.

Die nächsten Tage, die letzten meines Aufenthalts in Eritrea, vergingen wie im Flug. Tagsüber besuchte ich Dagniou und ihre Familie in Maitemenai, abends ging ich in die Bar im Sunshine-Club und traf Tesfay mit seiner Musikerclique. Jedes Mal kam ich für ein paar Songs auf die Bühne, und es schien mir, dass der Laden von Mal zu Mal voller wurde. Der Besitzer des Clubs wollte mich sogar für länger verpflichten und bot mir ein fürstliches Honorar von umgerechnet zehn Euro pro Abend an. Ich lehnte ab – sollte ich ihm sagen, dass ich mir dafür in einem Berliner Restaurant nicht mal ein Essen kaufen konnte? Auch für die Abende, an denen ich auftrat, wollte ich kein Geld, denn was sollten die anderen Musiker denken, die nicht mal die Hälfte verdienten? Ich bat den Chef statt dessen, ihnen in dieser Zeit mehr zu geben, was er nach einigem Murren auch tat, und so war allen geholfen.

Auch das Comboni-Kloster besuchte ich noch einmal, um Schwester Haregu zu treffen. Sie freute sich, mich wiederzusehen, hatte aber nichts Neues ausfindig machen können – zu viele Unterlagen aus meiner Zeit im Waisenhaus waren in der wechselvollen Geschichte des Klosters verlorengegangen. Ich dankte ihr trotzdem überschwenglich, und sie segnete mich. Ich wünsche wahrhaftig keinem Kind, dass es ohne Eltern aufwachsen muss, wenn es aber nun einmal so ist, dann wäre es bei Frauen wie Schwester Haregu noch am besten aufgehoben.

Die Bettelkinder vor dem Hotel hatten bereits sehnsüchtig auf mich gewartet. Sie waren schon in Sorge, ich wäre für immer fortgefahren, denn das hatte ihnen der Portier erzählt, um sie loszuwerden. Ich verzieh ihm seine Lüge – vermutlich waren ihm die ausgefuchsten Bälger, die ich längst ins Herz geschlossen hatte, zu lästig geworden.

Die Hochzeit von Floras Schwester, zu der sie mich eingeladen hatte, war ein rauschendes Fest, das früh am Morgen mit der Trauung in der Kirche begann. Ab Mittag wurde dann im Keller des Sunshine-Hotels gefeiert, der extra für solche Gelegenheiten mit der gewaltigsten Soundanlage Eritreas ausgestattet war. Als die traditionelle Tigrinya-Band begann, ihre abgehackten, stampfenden Rhythmen auf die Menschen loszulassen, spürte ich die Bässe körperlich gegen meinen Bauch hämmern, und als sie anfingen, die Batterien ihrer riesigen, mit Tierfellen bespannten Blechtrommeln zu bearbeiten, drückten mir nicht nur die Schallwellen gegen den Brustkorb, nein, da klingelten mir auch die Ohren, da hämmerte es gegen die Schläfen und pochte direkt auf die Schädeldecke – oder lag das an dem lauwarmen *sua,* dem aus vergorenen Enjerastücken hergestellten Bier?

Doch das Sua hatte auch gute Wirkungen. Mit der Zeit verwandelte sich der lärmbedingte Schmerz in Bewegung und Wärme. Diese Wärme stieg aus dem Magen bis in den Kopf, die Bewegung sank dagegen von den Hüften abwärts in die Füße und verwandelte den gesamten Saal in einen Hexenkessel, in dem die Menschen einander an den Schultern anfassten und in langen, kreisförmigen Ketten tanzten. Nur das Brautpaar musste die ganze Zeit über wie ein Königspaar regungslos auf zwei nebeneinanderstehenden Thronsesseln verharren. Als ich nicht mehr konnte und schweißüberströmt, völlig durchgetanzt und so entspannt wie schon lange nicht mit klingelnden Ohren und rauchendem Kopf nach Hause wankte, saßen sie immer noch da, als würden sie ihre gesamte Ehe auf diesem Platz verbringen.

Ich sah aber auch weniger schöne Szenen in meiner neuen Lieblingsgroßstadt: auf der Liberty Avenue Hals über Kopf davonstürzende Männer, manche von ihnen noch halbe Kinder, die vor Häscherkommandos der eritreischen Armee flohen, um nicht zwangsrekrutiert zu werden. Der Hunger Eritreas nach Soldaten, die die Grenzen bewachen und das Land gegen die angeblich ganz und gar feindlich gesinnten Nachbarn verteidigen sollten, war immer noch grenzenlos. Die Häscher gingen nicht zimperlich vor, sie packten, wen sie zu fassen bekamen, da half kein Bitten und Betteln, kein Schreien und Protestieren. Wen sie ergriffen, der landete unsanft in einem fensterlosen Transporter, und ab ging die Reise in die nächste Kaserne.

In der einzigen Buchhandlung der Stadt – vermutlich die einzige richtige Buchhandlung des Landes – wollte ich mehr über die politische und soziale Situation Eritreas erfahren, doch es gab dort schlicht und ergreifend nichts zu diesem Thema. Von ein paar verschrobenen Werken über die Befreiung Eritreas, ein paar Landkarten und einem lobhudelnden Reiseführer abgesehen, lagen nur eine Handvoll Schundromane und Kinderbücher aus. Das kann man nicht nur der Regierung oder den Kulturbehörden anlasten, sondern das muss wohl so sein in einem Land, in dem nur ein paar tausend Leute überhaupt daran denken können, sich ein Buch zu leisten. Wenn es bloß die Alternative gibt, körperlich oder geistig zu verhungern, würde auch ich, ehrlich gesagt, das geistige Verhungern vorziehen.

Showtime

Die paar Tage in Asmara hatten genügt, um mir einen so großen und engen Freundeskreis aufzubauen, wie es in einer deutschen Stadt nur nach Monaten möglich gewesen wäre. Ursprünglich hatte ich gar nicht vor, ein so geselliges Leben zu führen. Du wirst bei deinen Verwandten sitzen und sonst hin und wieder durch die Stadt schlendern – so und nicht anders hatte ich mir die Tage in Asmara vorgestellt.

Doch diese Rechnung hatte ich ohne die Eritreer gemacht, die sich auf jeden stürzten, der aus dem Ausland zu ihnen kam, waren sie doch begierig, mehr von der Welt »draußen« zu erfahren, von der sie sich weitgehend abgekoppelt fühlten.

Wir trafen uns täglich am frühen Abend, nach Sonnenuntergang, in der Ambassador-Lounge, ohne jede Verabredung, ohne zu telefonieren. Ein Mobilfunknetz gab es damals noch nicht in Eritrea, und die wenigsten Leute hatten einen Telefonanschluss. In der Bar saßen wir gemütlich beisammen, scherzten und plauderten, bis die Zeit zum Aufbruch gekommen war und wir entweder zu einem Konzert, zu einer Diskothek oder in einen Club gingen, in dem gute Musik lief, meistens in die Bar des Sunshine-Hotels. Häufig gab es alles hintereinander. In fast allen Diskos und Clubs der Stadt wurde täglich live gespielt, und später in der Nacht kramten die DJs ihre Schätze aus, zum größten Teil eritreische und äthiopische Musik. Dazwischen spielten sie, was sie an internationalen Hits mit dabei hatten, meistens ein paar Jahre alte Dancefloor- oder Hiphop-Nummern.

An einem der letzten Tage in Asmara lernte ich Russom kennen. Russom war einer der ganz cleveren Eritreer, der es durch umfangreiche Handelstätigkeit, gute Kontakte und eine große Klappe zu einem gültigen Reisepass, einem dunklen Anzug, einem alten, grünen Mercedes und ein paar goldenen Ringen gebracht hatte. Ich glaube, mich hätte er gerne auch noch seiner Sammlung einverleibt, aber dagegen wehrte ich mich entschieden. Ich hatte schon immer etwas gegen Typen, die so von sich selbst überzeugt sind, dass sie kaum mitbekommen, wie es den Menschen um sie herum geht.

Davon abgesehen hielt ich Russom für einen glänzenden Unterhalter, einen geschickten Organisator und einen guten Witzeerzähler. Eritreer lieben Witze, und die besten machen sie über sich selbst. Einer, der mir in Erinnerung blieb, weil er so treffend war, ging so: Die Präsidenten der Welt sind gestorben und kommen alle in die Hölle. Als sie in den Flammen rösten, fragen sie den Teufel, ob sie ausnahmsweise mal nach Hause telefonieren dürfen. »Gut«, sagt der Teufel, »aber ihr müsst bezahlen.« Zuerst ruft Bush bei seiner Familie in Washington an, und unterhält sich lange mit seiner Frau und den Kindern. »Das macht zweihundert Dollar«, sagt der Teufel. Dann darf Chirac in Paris anrufen. Der ist noch viel geschwätziger als Bush, sein Gespräch dauert fast doppelt so lange. »Für dich sind das dreihundert Euro«, sagt der Teufel diesmal. So geht das der Reihe nach weiter, bis Isaias Afwerki an die Reihe kommt, der eritreische Präsident. Er spricht stundenlang, weil er das größte Mundwerk aller Präsidenten hat. Als er fertig ist, teilt ihm der Teufel seinen Tarif mit: »Fünf Nakfa«, ein bisschen mehr als zwanzig Cent. Die anderen Präsidenten protestieren lautstark: »Wie kommt es, dass er so wenig zahlt und wir so viel? Er hat doch am längsten gesprochen?« – »Na ja«, antwortet der Teufel, »das war nur ein Ortsgespräch.«

Als Russom mich fragte, ob ich nicht in einem richtig großen Club ein richtig großes Konzert geben wollte, willigte ich ein, ohne groß darüber nachzudenken. Mein Rückflugticket war auf einen Termin in drei Tagen ausgestellt, die ich so fröhlich und intensiv wie möglich verbringen wollte, ohne mir über die Musikmanager-Ambitionen eines flüchtigen Bekannten den Kopf zu zerbrechen.

Um so überraschter war ich, als ich am nächsten Morgen aus dem Hotel trat, um wie immer in der italienisch anmutenden Bar ein paar Häuser weiter meine morgendliche Latte Macchiato zu trinken. Schon nach ein paar Schritten über den Boulevard sah ich mein Foto in einem Schaufenster kleben. Es dauerte einen Moment, bis diese Nachricht in mein Bewusstsein vordrang: Hey, da hast du dich eben selbst gesehen! Abrupt blieb ich stehen, schüttelte den Kopf und sah mich um. Was war da gewesen? Ein Foto von mir, mitten in Asmara? Sah ich Gespenster?

Ich ging ein paar Schritte zurück, um mich von meinem Irrtum zu

Ich war ganz schön überrascht, als ich morgens ein Plakat entdeckte, auf dem ein Konzert mit mir angekündigt wurde.

überzeugen, aber ich hatte mich nicht getäuscht. An der Scheibe eines Kramladens hing nicht nur eins, dort hingen gleich drei Fotos von mir, nebeneinander auf ein Plakat kopiert, das zu einem Konzert einlud, auf dem ich singen sollte. Es war eine sonderbare Umgebung, in der das Plakat hing: Da war eine Packung italienischen Kuchens ausgestellt, ein alter Locher, ein paar Kekse und eine Mausefalle. Von der Scheibe leuchtete eine goldene, auf das Glas gesprühte Sonne mit schwarzen Soldatenumrissen davor, die auf den zehnten Jahrestag der Befreiung, des militärischen Siegs der Rebellen über Mengistu, hinweisen sollte, der im Jahr 2001 gefeiert wurde. Daneben hing ein Poster mit einer blauen Qualle, darüber war ein Weinglas gezeichnet mit der englischsprachigen Aufschrift »Gott segne den Menschen, der den Wein erfand, und Gott begrabe den Menschen, der das Glas so klein machte«. Dann fiel mein Blick noch mal auf die Konzertankündigung. Dort stand in der letzten Zeile, dass die Show heute abend stattfinden würde, um 23 Uhr.

Jetzt musste ich erst mal einen Kaffee trinken und eine Zigarette rauchen. Auf den nächsten zweihundert Metern bis zur Bar sah ich noch drei oder vier weitere Plakate von mir. Wahrscheinlich hatte Russom sie an allen Schaufenstern der Hauptstraße anbringen lassen.

Ich blickte den Rauchkringeln nach und hörte kaum zu, als mir die Kellnerinnen fröhlich kichernd Komplimente machten. Sie alle hatten die Plakate gesehen und mich schon sehnsüchtig erwartet. Ich aber machte mir Gedanken darüber, was ich heute abend singen, was ich auf der Bühne anziehen, was ich den Menschen erzählen sollte. Oder wäre es nicht doch besser, schnell von der Bildfläche zu verschwinden?

Meine Überlegungen waren noch nicht weit gediehen, als auf einmal Russom breit grinsend vor mir stand. Er hatte einfach im Hotel nach mir gefragt, und die Angestellten dort wussten natürlich genau, in welcher Bar ich normalerweise frühstückte. Nicht, dass ich ihnen das gesagt hätte, das war gar nicht nötig, denn sie wussten es ohnehin. In Afrika gibt es zwar nicht viele Telefone, dafür aber um so schnellere Übertragungswege für Informationen. Möglicherweise hatte die Kellnerin einen Cousin, der im Ambassador arbeitete. Vielleicht hatten die Bettelkinder die Botschaft in dieses Café gebracht. Vielleicht war die Freundin der Rezeptionistin mit dem Freund der Kassiererin aus der Bar aus gewesen. Wie auch immer, die Botschaft hatte Russom erreicht, und nun war Russom hier. Ich saß in der Falle und konnte nicht zurück.

»Wir freuen uns alle auf heute abend«, sagte er. »Weißt du schon, was du singen wirst? Wann willst du mit der Band proben?«

Überflüssig zu sagen, dass das ein intensiver Tag wurde. Am frühen Nachmittag lernte ich die Band kennen, wir probten ein paar Songs – eritreische Lieder, aber auch amerikanische Soul-Standards –, und dann ging es schon an den Soundcheck. Das »Mocambo«, in dem das Konzert stattfinden sollte, war ein Riesenclub, der einer Engländerin gehörte. Entsprechend professionell war die Soundanlage und auch entsprechend international sollte die Publikumsmischung ausfallen –

Mit Freunden in einer Diskothek in Asmara.

jedenfalls so international, wie das in Asmara möglich ist, denn mit Ausnahme von Botschaftsangehörigen, UN-Soldaten, Mitarbeitern von Hilfsorganisationen und ein paar Abenteurern sowie einigen arabischen, sudanesischen und chinesischen Händlern lebten keine Ausländer in der Stadt. Die sieben Touristen, die es in Eritrea gab, waren mir alle schon mehrfach über den Weg gelaufen: drei amerikanische Tramper, zwei Archäologiestudenten aus Tübingen und zwei Altkommunisten aus Wien.

Abends sah ich sie alle im Mocambo wieder, zusammen mit den Runden aus der Ambassador-Lounge und dem Sunshine-Club und jeder Menge unbekannter Gesichter. Der Laden war rammelvoll, die Stimmung schon vor dem Konzert auf dem Höhepunkt.

Als ich auftrat, herrschte atemlose Stille. Die meisten Menschen empfanden mich als ausländische Sängerin und waren gespannt, was ich ihnen bieten würde. Um so überraschter waren sie, als ich sie auf

Tigrinya ansprach. Immer wieder musste ich feststellen, dass mein westliches Äußeres mehr wog als meine dunkle Hautfarbe. Niemand war darüber verwundert, dass ich in Berlin lebte, aber alle waren erstaunt, mich in meiner Muttersprache reden zu hören.

Schon nach dem ersten Lied war der Bann gebrochen, die Menschen gaben beim Applaus genauso ihr Bestes wie ich mit meiner Stimme. Nach der vereinbarten Stunde musste ich noch ein paar Zugaben singen, bevor mich die Menschen von der Bühne ließen.

Die Party nach der Show lief wie eine riesige Familienfeier, und ich wurde von Leuten umlagert, die mehr über mich wissen wollten. Ich lernte viele Auslandseritreer kennen, die über die Weihnachtstage zu Besuch in ihrer Heimat waren, und mir erschloss sich ein völlig neues Netzwerk: das der auf der ganzen Welt verstreuten eritreischen Communitys. Bei mir am Tisch saßen Landsleute aus Sydney, Kopenhagen, Frankfurt, London, New York und Mailand. Sie alle einte der Stolz auf ihr Heimatland – und das Bewusstsein, hier kein Auskommen zu finden, weder materiell noch was ihre Bewegungsfreiheit betraf.

Gesetz der Wüste

Als wir in großer Runde das Mocambo verließen, bestens aufgelegt und auf dem Wege zu einer anderen Diskothek, um dort nach eritreischen Rhythmen zu tanzen, wurden wir jäh aus unserer Gute-Laune-Blase gerissen. Vor dem Lokal waren Schreie zu hören, mehrere Männer brüllten einander an. Gewalt lag in der Luft, mit festem Klammergriff packte mich die Angst.

»Ich habe für das Land gekämpft, fast wäre ich krepiert dabei!« schrie einer.

»Du bist ein Lügner! Ein Penner, Abschaum! Verschwinde von hier, sonst gebe ich dir den Rest!« brüllte ein anderer in Uniform. Er trug eine Waffe, die er jetzt hochriss. Zwei andere Bewaffnete eilten ihm zu Hilfe.

Bevor ich noch begriff, worum es ging, zerrten mich die anderen weg. Ich wehrte mich, so gut ich konnte, weil ich spürte, dass es hier nicht mit rechten Dingen zuging. Der erste Schreihals saß in einem Rollstuhl, wie ich jetzt bemerkte, eine verkrümmte Gestalt, der beide Unterschenkel fehlten.

»Ihr habt kein Recht, mich so zu behandeln!« brüllte er die Uniformierten an. »Ihr wisst nicht, wen ihr vor euch habt. Ich habe für eure Freiheit gekämpft!«

Die Uniformierten machten Anstalten, ihn wegzuschieben, doch der Mann im Rollstuhl wehrte sich. »Ich habe wie alle anderen das Recht, da reinzukommen«, schrie er und deutete auf den Eingang des Clubs.

»Was ist da los?« rief ich, aber Russom nahm mich energisch bei der Hand und führte mich weg. »Lass sie«, sagte er, »sie sind gefährlich.«

Ich protestierte, schlug um mich, doch er ließ nicht locker. Ich konnte gerade noch sehen, wie einer der Uniformierten seine Waffe abnahm, um den Kolben auf den Invaliden niedersausen zu lassen, als mich Russom schon in seinen Mercedes bugsierte.

Dann drängten noch ein paar Leute mehr zu uns ins Auto, bis es so eng war, dass ich mich kaum mehr bewegen konnte. Russom gab Gas, und wir verließen die Szene. Die anderen begannen sich zu entspannen, doch ich tat nichts, um meinen Ärger zu verbergen.

»Was soll das?« fuhr ich Russom an. »Wir hätten dem Mann helfen müssen. Der hat doch niemandem was getan!« In solchen Momenten war ich reflexartig auf der Seite des Schwächeren. »Was war da überhaupt los?« wollte ich wissen.

Russom klärte mich auf. Der Mann ohne Unterschenkel, offensichtlich ein Kriegsveteran, hatte verlangt, in die Disko eingelassen zu werden, doch einer der Soldaten, die den Club bewachten, hatte ihn zurückgewiesen, da Behinderte dort – wie in allen anderen Clubs der Stadt auch – nicht erwünscht waren. Sie störten das Bild, hieß es, verstellten den Platz und hinderten die anderen daran, sich unbeschwert zu amüsieren.

Ich war empört. »Gibt es kein Gesetz, dass so etwas verbietet?«

»Natürlich«, sagte Russom, »nur ist es wie bei vielen anderen Gesetzen auch: Niemand befolgt es. Doch es hat keinen Sinn, mit solchen Typen zu diskutieren. Die sind betrunken, sie fühlen sich im Recht, und sie sind nicht zimperlich. Wenn ihnen jemand in die Quere kommt, schießen sie, und kein Mensch sorgt für Gerechtigkeit oder verteidigt dich, wenn du mitten auf der Straße mit einer Kugel im Bauch verblutest. Wir sind hier nicht in Berlin«, fügte er begütigend hinzu, als machte das einen Unterschied, »wir sind in der Dritten Welt.«

Mein Gott, wo war ich hier gelandet?

Ich war noch ziemlich bedient, als wir vor einem anderen Club anhielten. Hätte ich nicht etwas tun müssen, um diesen Übergriff zu verhindern? War ich wirklich machtlos? War unser fluchtartiger Aufbruch gerechtfertigt?

Keiner der anderen Eritreer, mit denen ich unterwegs war – die meisten waren Musiker –, schien sich auch nur im geringsten seinen Kopf über das Gesehene zu zerbrechen. Ich fragte Tesfay, den Sänger, was er davon hielt, doch er zuckte nur mit den Schultern.

»Er tut mir leid«, sagte er, »aber diese zugedröhnten Jungs mit ihren Waffen sind mir zu gefährlich, um meinen Kopf für andere zu riskieren. Jeder muss selbst sehen, wie er durchkommt.«

Hier galt, das hätte ich längst begreifen müssen, das Gesetz der Wüste, auch wenn die Hauptstraßen asphaltiert waren und von italienisch anmutenden Kolonialbauten gesäumt wurden.

Dieses Wüstengesetz bekam ich in jener Nacht noch ein paarmal zu spüren: In dem Club, zu dem wir gefahren waren, war die Musik so laut, dass die Menschen fast an die Wand gedrückt wurden, und es war heiß wie in einer Sauna. Die Gäste schafften es dennoch, ausgelassen zu tanzen und literweise Bier in sich hineinzuschütten. Bald entstanden die ersten Kämpfe – zuerst Wortgefechte, dann Rempeleien, die sich bis zu einer kleinen Prügelei steigerten, und alles wegen nichtiger Gründe. Einer dachte, er sei schief angesehen worden, ein anderer hielt seine Frau für das Opfer einer ungehörigen Anmache, ein dritter fühlte sich auf den Fuß getreten.

Es waren immer die Männer, die stritten, die Frauen hielten sich ruhig im Hintergrund. Ich verspürte nicht die geringste Lust mehr, einzugreifen, ich wollte nur noch weg von hier.

Im nächsten Club, etwas außerhalb der Stadt, schien es nur im ersten Moment besser. Dort sang die berühmteste eritreische Sängerin, Helen Meles. Sie ist eine ehemalige Kämpferin, die schon mit dreizehn Jahren zur EPLF, der siegreichen eritreischen Rebellenarmee, gestoßen war. Ihre Songs sind starke, patriotische Lieder, die ihre Liebe zu ihrem Land und seinen Menschen ausdrücken, genauso wie ihren Stolz auf dessen Unabhängigkeit. Helen singt aber keine dümmlichen Kampflieder, ihre Stücke vibrieren nur so vor Kraft, musikalischem Einfallsreichtum und tiefer innerer Anteilnahme für die Menschen in ihrem Land. Ich mag sie furchtbar gerne.

Helen hatte bei ihrem Konzert ein paar Begleiterinnen dabei, Freundinnen, die sich auch als ihre Beschützerinnen verstanden, lauter ehemalige Kämpferinnen. Den meisten Frauen, die an der Front waren, kann ich das sofort ansehen. Ihre Gesichtszüge sind hart, ihre Oberarme gut trainiert, viele haben Narben im Gesicht oder an anderen sichtbaren Körperstellen, und sie bewegen sich wie Männer. Vor allem daran kann man ehemalige Kämpferinnen erkennen: Ihnen fehlt die zurückhaltende, scheue, sich dem Mann stets unterordnende Körpersprache, das sofortige Zu-Boden-Blicken in brenzligen Situationen, wie es den meisten afrikanischen Frauen zu eigen ist. Kämpferinnen können nie vergessen, dass sie früher Schulter an Schulter mit den Männern in den Schützengräben standen und Frau neben Mann zusehen mussten, wie ihre Kameradinnen und Kameraden von Granaten zerrissen wurden und starben. Sie können nicht vergessen, dass sie im Krieg dasselbe leisteten, erlitten und auch erkämpften wie ihre männlichen Kameraden. Warum sollten sie also nach dem Krieg plötzlich wieder zurückstecken – noch dazu, wo in Eritrea so ein Krieg täglich wieder ausbrechen könnte?!

Eine von Helens Beschützerinnen geriet mit einem Mädchen in Streit, das aus New York nach Asmara gekommen war, um hier Weihnachten zu feiern. Sie lebte in den Vereinigten Staaten, aber ihre Familie stammte aus Eritrea, sie war Eritreerin wie wir alle. Doch dieses Mädchen kam sich als etwas Besseres vor; sie ließ immer wieder negative Bemerkungen über ihr Herkunftsland fallen, dumme Bemerkungen, die die Menschen um sie herum brandmarkten, weil sie nicht so teuer angezogen waren wie sie, weil sie sich nicht so gut schminkten, weil sie die Haare anders trugen, weil sie sich kaum Drinks leisten konnten. Es waren die einfältigen Sticheleien eines Mädchens, das nichts über sein Land wusste, das keine Ahnung davon hatte, was Not und Armut bedeuteten, und ihr Heil im Konsum suchte, in Äußerlichkeiten, die zwar nett anzusehen sind, aber niemals das Wesen eines Menschen ausmachen.

Helens Freundin und Beschützerin fühlte sich durch diese Bemerkungen persönlich angegriffen und wollte diesen Angriff um keinen Preis auf sich sitzen lassen. Die Soldatinnen hatten im Befreiungskampf nicht nur gelernt, unerbittlich gegen ihre Feinde zu sein, sie mussten sich auch gegen ihre männlichen Kameraden und Vorgesetzten zur Wehr setzen. Sie mussten einfach nach allen Seiten auf der Hut sein – ein Verhalten, das nach dreißig Jahren Befreiungskampf und mehreren Jahren des Krieges gegen Äthiopien die Psyche eines ganzen Volkes prägte.

Also sprang die Kämpferin auf und stellte die amerikanische Eritreerin zur Rede: »Entweder, du nimmst das zurück, was du eben über meine Leute gesagt hast, oder dir wird es schlecht gehen, du Ratte! Du beleidigst mein Volk!«

Die andere wollte aber nicht nachgeben. »Wir sind hier nicht mehr im Krieg«, schrie sie, »und von euch stinkenden Schlampen lasse ich mir sowieso nichts sagen, das habe ich nicht nötig. Ich bin amerikanische Staatsbürgerin!«

Das hätte sie nicht sagen sollen. Die Kämpferin machte einen Satz zum nächsten Tisch, schnappte sich eine halbleere Bierflasche und schlug sie an der Tischkante entzwei. Dann stürzte sie sich auf die Amerikanerin, die unter entsetzten Schreien davonstürzte, die Soldatin dicht auf den Fersen.

Glücklicherweise bekamen die Sicherheitsleute, die wie in den meisten eritreischen Clubs an verschiedenen Stellen im Raum plaziert waren, mit, was geschah. Zwei von ihnen sprangen herbei, um der Kämpferin in den Arm zu fallen. Das war nicht so einfach, denn die Exsoldatin wehrte sich laut schreiend und fuchtelte mit dem abgeschlagenen Flaschenhals heftig in der Gegend herum.

Erst als noch zwei weitere Sicherheitsleute einsprangen, gelang es ihnen zu viert, die Frau zu packen und ihr die Flasche abzunehmen. Unter großem Aufsehen trugen sie die wild schimpfende und nach Leibeskräften strampelnde Kämpferin nach draußen. Die Reaktion der Leute im Raum war gespalten, manche hielten zur Kämpferin, die anderen zur Amerikanerin. Mehrere Sicherheitsleute kamen herein und postierten sich so, dass sie eine eventuell ausbrechende Schlägerei zwischen den beiden Parteien im Keim ersticken konnten.

Nach diesem Vorfall hatte ich genug. Genug von Aggression und Gewalt, die hier überall und zu jeder Zeit an die Oberfläche treten konnten, schneller, direkter und heftiger als in Deutschland. Ich hatte einen netten Abend verbringen wollen. Ich wollte nur mit ein paar netten Leuten reden, gute Musik hören, ein bisschen tanzen und mich vergnügen. Und was war das Ergebnis? Zweimal wäre ich fast in Schlägereien geraten, die mehr waren als bloß kraftmeierndes Gerangel und wüste Beschimpfungen, sondern jederzeit in brutale, blutige Auseinandersetzungen umschlagen konnten.

Ich atmete erst auf, als ich endlich wieder in mein stilles, dunkles Hotelzimmer treten konnte, in das der Schein der Lampen von der Liberty Avenue fiel – und, wie ich mit Schrecken bemerkte, auch schon der erste Schimmer des herannahenden Morgens. Ich machte also, dass ich ins Bett kam und mir die Decke über den Kopf ziehen konnte, denn wenn die Sonne erst mal über den Horizont geklettert war, dauerte es nur ein paar Minuten, bis sich ein neuer, gleißend heller Tag über dem Land wölbte und keinen Menschen mehr ans Einschlafen denken ließ.

Lula

Der nächste Tag war mein letzter in Asmara. Es war ein Tag des Abschiednehmens, von meiner Familie, von Schwester Haregu, die ich noch einmal im Kloster besuchte, und von den Straßenkindern, die vor dem Hotel auf mich warteten. Abends saß ich noch mal mit meiner

Runde in der Ambassador-Lounge zusammen. Auch Tesfay, der Sänger, war da, und Lula, die so gerne Sängerin wäre.

Tesfay erzählte von seiner Familie, von seiner dreijährigen Tochter und von seinen Träumen. Er würde wie viele andere Eritreer auch gerne sein Glück im Ausland versuchen, doch es fehlte ihm an Geld. Es fehlte an Geld, um sich, seiner Frau und seinem Kind Pässe zu kaufen, selbst für einen einzigen Pass war nicht genug da. Es fehlte an Geld, um an Visa zu kommen, und es fehlte sowieso an dem Geld für die Flugtickets. Eigentlich reichte das Geld aus seinen Auftritten meist nur für Miete und Strom und dazu, seiner Frau am nächsten Tag einen Geldschein für den Markt mitzugeben, damit sie ein paar Handvoll Teffmehl zum Enjera-Backen, ein paar Zwiebeln, Tomaten und vielleicht noch eine Kaktusfrucht für die Tochter kaufen konnte. Hatte er zwei Auftritte an einem Abend, konnte sie am nächsten Tag noch ein Hähnchen kaufen und eine Flasche Fanta, wenn die beiden es nicht vorzogen, zusammen Kaffee trinken zu gehen.

Das Leben war kein Honigschlecken für Tesfay, der wie sein Idol Louis Armstrong so gern über die »Sunny Side of the Street« sang und trotz aller Entbehrungen so klang, als würde er dabei von niemand anderem singen als von sich selbst. Von sich und seinem mit Unmengen afrikanischer Sonne prall gefüllten Herz, das immer dann überzugehen schien, wenn Tesfay den Mund aufmachte, um zu singen. Eine Sonne, deren Strahlen sichtbar wurden, sobald er seine Zähne nur ein klein wenig aufblitzen ließ und lächelte, was er fast ununterbrochen tat. Ich schwöre, da war nichts zwischen Tesfay und mir, aber wenn er nicht verheiratet gewesen wäre und kein kleines Kind hätte, dann weiß ich nicht, wie es mir ergangen wäre unter der beständig mild lächelnden Sonne dieses wunderbaren Menschen.

Noch mehr verliebt hatte ich mich aber in Lula, die tapfere Soldatin. Mit elf Jahren hatte ihre Mutter sie bei der EPLF abgegeben. Obwohl mein Vater mich und meine beiden Schwestern in die ELF gesteckt hatte, wir also in konkurrierenden Befreiungsorganisationen waren, hatte das für uns nichts von Konkurrenz an sich – es trennte uns nicht, es verband uns. Sowohl Lula als auch ich empfanden nichts für politische Parteien oder Ideen, wir hatten im nachhinein für keine der beiden Fraktionen im Freiheitskampf besondere Sympathien. Wir waren froh, dass das Land unabhängig war, und damit waren für uns alle politischen Fragen erledigt.

Viel mehr als für Politik interessierte sich jede von uns ohnehin für das Schicksal der jeweils anderen. Und Lula hatte das Schicksal übel mitgespielt: Ihren Vater hatte sie im Krieg verloren, als sie so klein war, dass sie sich nicht an ihn erinnern konnte. Auch Lulas Mutter war Soldatin gewesen; ihre Eltern hatten sich im Kampf kennengelernt, sie waren beide, wie die meisten Eritreer zu dieser Zeit, glühende Patrioten. Entsprechend fiel die Erziehung ihrer Tochter aus: Lula wuchs bei der Mutter in der Truppe auf. Die Lehrer der EPLF brachten ihr Lesen und Schreiben bei, ihre Mutter zeigte ihr, wie man ein Gewehr zerlegt und wieder zusammenbaut. Mit elf Jahren kam sie zur militärischen Ausbildung in ein Kindercamp der EPLF, wie das damals üblich war, und sah ihre Mutter für mehrere Jahre nicht mehr.

Lulas Lebensgeschichte hört sich so schrecklich an, dass ich sie kaum glauben würde, hätte ich sie nicht in ähnlicher Art und Weise selbst erlebt. Lulas Kindheit, so unfassbar sie klingt, ist doch für Kinder meiner Generation in Eritrea nichts Ungewöhnliches.

Lula teilte mein Entsetzen über ihre Lebensgeschichte nicht. »Ich war stolz darauf, mein Land verteidigt zu haben«, sagte sie ohne jedes Pathos, auch ohne bitteren Unterton und ohne negativen Beigeschmack, »und ich bin es immer noch. Ich sah während dieser Jahre so viele Frauen sterben, ich sah so viele tote Kameraden und Kameradinnen, dass ich wusste, es gibt keinen Weg zurück. Ich sah, dass wir immer weiter kämpfen müssen, bis zum Sieg, weil unsere Gegner keine Gnade kannten. Deshalb durften auch wir keine Gnade zeigen.«

Wie unfassbar das für mich klang, Lulas unreflektierte, ungebrochene Sicht auf die Dinge, so hart, so mitleidlos und doch so wahr in der Art, wie sie es sagte. Was sie sagte, gefiel mir nicht, aber sie selbst, das spürte ich mit jedem Satz, den sie vorbrachte, mochte ich über alle Maßen.

»Ich wollte eine Heldin werden«, sagte sie mit dem süßesten Lächeln, das direkt aus ihrem Herzen zu kommen schien, »ich wollte wie die Großen kämpfen, wie meine Mutter. Ich habe mich über jeden

Feind gefreut, den wir erschossen haben. Auch im letzten Krieg, 1998, beim Angriff der Äthiopier auf uns, habe ich mich sofort wieder zum Militär gemeldet, doch sie wiesen mich ab, weil ich schwanger war. Das tat mir leid, ich fühlte mich minderwertig. Danach«, fügte sie hinzu, »war ich allerdings froh, nicht eingezogen worden zu sein, denn ich merkte, dass der Dienst für eine Schwangere zu schwer war. Ich konnte mir dann kaum vorstellen, wie meine Mutter ihre Schwangerschaft bei den Partisanen ertragen hatte, als die Lebensumstände noch viel schlechter waren als später bei der regulären eritreischen Armee – immer in der Angst vor Bomben, vor der feindlichen Übermacht, in unterirdischen Stellungen verschanzt, immer mit zuwenig Wasser und mit viel zuwenig zu essen.«

Erst ihr eigenes Kind, das eben ins Schulalter gekommen war, hatte Lulas Sicht auf den Krieg verändert. Als Mutter sah sie das Töten von der anderen Seite: Was, wenn ihrer Tochter etwas passieren sollte? Was, wenn sie selbst einmal nicht mehr für sie da wäre?

»Erst dann hatte ich genug vom Kämpfen. Jetzt bin ich froh, dass man als Mutter nicht mehr eingezogen wird. Als ich selbst noch jung war, hielt ich es für etwas Großartiges, für mein Land zu sterben. Ich hatte zwar immer wieder Angst, während des Kampfes, vor dem Tod oder vor Schmerzen, aber wenn ich fest an die Freiheit dachte, dann ging diese Angst weg, und ich konnte wieder nach vorne stürmen.«

Lulas unbedingte Ehrlichkeit faszinierte mich ebenso wie die Geradlinigkeit ihres Denkens. Keiner der Eritreer, die ich aus Deutschland kannte und die im Krieg gekämpft hatten, hatte mir gegenüber je so offen über seine Gedanken gesprochen. Keiner hatte seine Angst zugegeben, keiner hatte in dieser Art zu seiner Vergangenheit gestanden – so unverblümt positiv, ohne politische Überzeugung. Einfach nur so, wie wir das als Kinder alle gehört hatten: dass die Freiheit das Größte wäre und dass es sich lohne, dafür zu sterben.

Das war ein Gedanke, den ich schon als Kind abgelehnt hatte, ohne darüber nachzudenken, eine Idee, die ich immer gehasst hatte – nicht aus Überzeugung, sondern instinktiv. Ich hatte immer gespürt, dass der Tod etwas Schreckliches und Grausames ist. Dass er wehtut. Dass er durch nichts zu rechtfertigen ist, auch nicht durch irgendwelche

Fahnen, Ideen oder Hymnen. Das ist das eine. Das andere ist, dass ich nur die wenigsten unserer Anführer bei den Partisanen als leuchtende Vorbilder sehen konnte wie Lula das tat. Für mich waren die meisten Erwachsenen Menschen mit Fehlern, Irrtümern und schlechten Eigenschaften wie alle anderen Menschen auch. Ich konnte weit und breit niemanden und nichts finden, für den, die oder das es sich zu sterben lohnte. Oder lag es nur daran, dass ich zu feige war, um bereitwillig für das Vaterland zu sterben? Was sollte das Wort »Vaterland« aber auch bedeuten für jemanden wie mich, die ihren Vater stets mehr fürchtete als liebte? Deren Vater sie mit fünf Jahren zu einer Rebellenorganisation geschickt hatte, um ein Land zu verteidigen, das es zu dieser Zeit noch gar nicht gab?

Lula lächelte nur, wenn ich ihr von solchen Gedanken erzählte. Das war nicht ihre Welt.

»Meine Mutter trieb ein sehr starker Freiheitsdrang«, sagte sie, »für sie war es das Wichtigste, dass Eritrea frei war. Alles andere war ihr nicht so wichtig, auch ich nicht.« Selbst das sagte Lula ohne jeden schlechten Beigeschmack. »Ich habe sie dafür immer bewundert, und ich tue das heute noch«, fügte sie schnell hinzu, als sie meine ungläubigen Blicke sah. »In ihrer Generation war das nun mal so. Damals war das Land wichtiger als die eigenen Kinder.«

Oh, wie sehr ich mir wünschte, so unbefangen über die eigenen Eltern reden zu können! Was gehörte doch für eine innere Größe dazu, so einen schwerwiegenden Fehler bei der eigenen Mutter zu sehen, eine solche Zurücksetzung durch die Mutter erfahren zu haben und doch in Liebe darüber hinwegsehen zu können! Ich empfand es als wahre Größe, das Weggeben des eigenen Kindes entschuldigen zu können – mit Rücksicht auf die Umstände der Zeit. Aus der Fähigkeit, wirklich verzeihen zu können.

Lula hatte verziehen, aber sie war nie schwach geworden. Sie hatte gelernt, auf eigenen Füßen zu stehen. Sie konnte Liebe geben, doch sie nahm sich auch, was sie brauchte. Das war vielleicht der größte Erfolg der eritreischen Revolution: dass die Frauen durch den Krieg lernen mussten, aus der Tradition auszubrechen, die gleichen Rechte einzufordern wie die Männer, für sich selbst zu sorgen. Dass sie das in der

Realität meist dann doch nicht tun, steht auf einem anderen Blatt. In der Realität haben immer noch die Männer in Eritrea das Sagen, sie bestimmen in den Familien, während die Frauen die meiste Arbeit haben. Das ist heute so wie immer schon. Trotzdem hat die strenge althergebrachte Ordnung Risse bekommen, und daran sind Frauen wie Lula schuld, die für sich selbst sorgen können, sich selbst durchbringen und ihr Kind dazu. Denn der Vater von Lulas Tochter hatte sich längst aus dem Staub gemacht, von ihm bekam sie weder Geld noch sonst eine Hilfe, von psychischer Unterstützung ganz zu schweigen. Lula verdiente als Sängerin noch so gut wie nichts, doch sie verhungerte trotzdem nicht. Sie half hier und da aus, arbeitete manchmal als Kellnerin, putzte, war Hausangestellte. Nichts Festes, sondern alles nur von heute auf morgen und von morgen auf übermorgen, wie das in Afrika so üblich ist. Gerade so, dass es fürs Überleben reichte.

»Lula«, rief ich und fiel ihr mitten in der Ambassador-Lounge in die Arme, »ich bewundere dich, weil du Güte ausstrahlst. Weil du verzeihen kannst!« Lula lächelte unsicher und sah mich freundlich fragend an.

»Ich weiß nicht genau, was du meinst«, sagte sie, »aber ich freue mich darüber.«

Lula, gute Lula, wie gut du mir getan hast in diesem Moment! Und sie hatte gedacht, ich täte ihr gut, wenn ich ihr von dem bisschen erzählte, was ich erlebt hatte in der sogenannten großen weiten Welt. In einer Welt, in der die Menschen nicht wussten, was sie tun oder lassen sollten, weil es ihnen an klaren moralischen Vorgaben fehlte. Lula hatte diese Vorgaben, ohne zu ahnen, auf was für einem Schatz sie damit sitzen durfte.

II.

Zuhause ist ein anderer Ort

Zwischenreich

Spätestens als mich der Taxifahrer am Berliner Flughafen Tegel maßregelte, weil mein Koffer seiner Meinung nach zu schwer war, wusste ich mit Bestimmtheit, dass ich wieder in Deutschland angekommen war. Wenn ich hier bin, fällt mir so etwas nicht mehr auf, doch frisch aus Afrika zurückgekehrt, reagierten meine Sinne schärfer als sonst. Ein Taxifahrer, der an mir in einer halben Stunde so viel verdient wie ein afrikanischer Arbeiter in einem Monat, ist dabei noch schlecht gelaunt und kommt sich unterdrückt vor, weil er einem Fliegengewicht von Frau wie mir einen Koffer ins Auto hieven soll? Das konnte ich, sozusagen von Afrika aus betrachtet, nicht so gut verstehen.

So ging es mir in den verschiedensten Situationen. Ich reagierte gereizter auf Freundinnen, die am Telefon eine halbe Stunde darüber beratschlagen wollten, ob wir uns am Abend in dieser oder jener Bar treffen oder was für ein Kleid sie anziehen oder welches Handy sie als nächstes kaufen sollten – hatten sie alle nichts weiter zu tun, als sich den Kopf über Feinheiten des Konsumierens zu zerbrechen? Wussten sie nicht, dass ich aus einem Land kam, in dem die meisten Menschen ihr ganzes Leben lang, von ihrer unmittelbaren Nahrung abgesehen, nicht mehr konsumierten als ein paar Kleider aus einer Hilfslieferung, einen Wasserkanister aus Plastik, einen Kochtopf, eine Matte und ein Paar Gummilatschen?

Es mag oberlehrerhaft und abgedroschen klingen, aber mir kamen die Unterschiede im Lebensstandard zwischen Eritrea und Europa so gewaltig vor, dass ich in meinem Alltag nicht mehr darüber hinwegsehen konnte. Alles, was ich in Berlin sah, empfand ich als maßlos übertrieben, als unwirklich und sinnlos. All die zum Bersten gefüllten Supermärkte; die Essensportionen in den Restaurants, von denen ich meist die Hälfte zurückschicken musste; all die übergewichtigen Menschen; die unverschämten Plakate, die zu noch mehr Völlerei aufforderten; die gedankenlos Fleischberge in sich hineinschaufelnden Kids vor den Hamburgerfilialen. Ich hatte massive Schwierigkeiten, mich wieder in dem Land einzufinden, das ich noch wenige Wochen zuvor selbstverständlich als meine Heimat bezeichnet hatte.

Feuerherz

Dabei war eigentlich keine Zeit, um mich über solche Dinge aufzuregen. Ich schrieb unter Hochdruck an *Feuerherz*, meinem ersten Buch, ich stand im Studio, um eine neue CD aufzunehmen, ich verhandelte mit Plattenfirmen, Verlagen und immer wieder mit meinem Agenten, ich war auf Wochen komplett ausgebucht. So vergingen Monate, aus denen rasch ein Jahr wurde, denn meine Vorstellung, dass alles vorbei wäre, wenn ich das Buch einmal fertig hätte, entpuppte sich als schwerer Irrtum. Nun fing die Arbeit erst so richtig an, ich tingelte von Talkshow zu Talkshow, von Interview zu Interview, von Lesung zu Lesung.

Diese Ochsentour war weder von mir, vom Verlag noch von sonst jemandem so geplant, sie war vielmehr ein Resultat des starken Interesses, das *Feuerherz* hervorrief: Die Interviewanfragen vermehrten sich wie die Kaninchen, und den Bitten um Lesungen, um die Teilnahme an Diskussionsveranstaltungen und kleinen Auftritten wollte ich schon deshalb nachkommen, weil sie meist von Schulen, Kulturvereinen oder wohltätigen Organisationen ausgingen. Das verschaffte mir das Gefühl, etwas tun zu können, um in Deutschland das Wissen über das Problem der Kinderkriege zu vergrößern. Ich wollte den vergessenen Kontinent Afrika ins öffentliche Bewusstsein bringen, und als Mittel dafür diente mir meine Lebensgeschichte.

Ich wollte die Menschen dazu anregen, sich mit meiner Geschichte zu befassen, mit einer Geschichte, die zwar mit ihnen selbst wenig zu tun hatte, die ihnen aber doch zeigen konnte, dass es nur ein paar Flugstunden vom fetten Europa entfernt Menschen gibt, denen es ganz anders geht als ihnen. Dass die relative Sicherheit und der Wohlstand, in dem sie lebten, keine Selbstverständlichkeiten waren, und dass sie diese Umstände als Glück begreifen und hochachten sollten. Ich dachte, ich könnte den Menschen sagen, dass sie sich etwas erarbeitet haben – ihren Wohlstand, ihre Freiheiten –, wofür es sich zu kämpfen lohnt. Ich wollte den Lesern mit meiner Lebensgeschichte ein Beispiel dafür geben, dass sich ein Mensch auch aus einer ausweglosen Situation herausarbeiten kann, wenn ihm Gott gnädig ist – und wenn er alles daran setzt, sich selbst aus dem Schlamassel zu befreien.

Ich wollte den Menschen sagen, dass sie ein winziges Stückchen von ihrem Wohlstand an diejenigen abgeben könnten, die es nicht auf die Butterseite des Lebens geschafft haben. Damit meinte ich nicht nur Solidaritätsadressen, sondern handfeste Dinge wie Geldspenden für Projekte, die ehemaligen Kindersoldaten die Wiedereingliederung in ein normales, sinnerfülltes Leben ermöglichen – etwa für die »Aktion Weißes Friedensband«. Ich denke, ich hatte Erfolg damit. Es gelang mir, zumindest ein paar Menschen auf Afrika aufmerksam zu machen, auf mein Heimatland Eritrea, auf die Probleme von Kindern, die von Erwachsenen als Kanonenfutter missbraucht wurden und immer noch werden.

Doch auch ich wurde auf den Veranstaltungen immer wieder berührt. Besonders heftig erging es mir so nach einem Konzert in Hannover, das die Aktion Weißes Friedensband organisiert hatte. Dort stand eine Frau auf und erzählte, sie wäre eines von vielen Kindern, die dafür zuständig waren, Minen zu suchen. An der Stelle eines ihrer Arme hing eine Prothese an ihrem Rumpf, der andere Arm war mit Narben übersät. Sie war zusammen mit ein paar ehemaligen Kameraden und Kameradinnen zu dem Konzert gekommen. Nach der Diskussion sprachen wir noch lange miteinander. Die Frau war erst achtzehn und 1992, kurz nach dem Ende des Befreiungskriegs, gerade mal sechs Jahre alt – ein kleines Kind, das als menschlicher Minensuchhund eingesetzt wurde und dabei seinen Arm verlor.

Das Echo auf mein Buch, auf die Fernsehauftritte, Lesungen und Diskussionen, an denen ich teilnahm, wurde immer stärker. Dieses Interesse forderte mich so sehr, dass ich immer deutlicher an meine Grenzen stieß, sowohl seelisch als auch körperlich. Es war nicht leicht, monatelang fast Tag für Tag, Abend für Abend dieselbe Geschichte zu erzählen, das Leid der Kindersoldaten plausibel zu machen, immer wieder von neuem mit dem Schrecken konfrontiert zu werden, den ich durchlebt hatte. Es war auch nicht leicht, beinahe jeden Tag in einem anderen Hotelbett aufzuwachen, einen anderen Zug, ein anderes Flugzeug zu besteigen, hundert neue Hände zu schütteln, in hundert neue Gesichter zu blicken.

Hinzu kam, dass es nicht nur positive Reaktionen auf mein Buch und auf meine Arbeit insgesamt gab. Das deutsche Publikum begegnete mir zwar so gut wie hundertprozentig mit Einverständnis, Anteilnahme und Sympathie, doch bei Veranstaltungen, zu denen viele Mitglieder der eritreischen Gemeinde in Deutschland kamen, meldeten sich regelmäßig Störer zu Wort. Das waren meist Leute, die in engen politischen Rastern dachten und mein Buch nicht als Anklage gegen die Unmenschlichkeit verstanden, nicht als Bericht meines ganz persönlichen Lebensweges, sondern die es nur als Angriff auf den Staat Eritrea lasen. Es waren Menschen, die sich durch mich in ihrer Ehre, in ihrem Nationalstolz beleidigt fühlten.

Ich empfand das als absurde Unterstellung. Ich wollte durch *Feuerherz* keinen Staat an den Pranger stellen, ich wollte kein politisches Buch schreiben und habe das auch nicht getan. Ich wollte ein Buch über einen Menschen verfassen, der sich zur Wehr setzt, auch wenn dieser Mensch nur ein kleines Mädchen war. Ein Kind, das in einen Militärapparat hineingeriet und daran fast zugrunde ging. Ich hatte ein Buch über mein eigenes Leben gemacht – und dafür, dass ich meine ersten, dunklen Jahre in Eritrea verbracht habe, dafür kann ich nichts. Wie gern wäre ich zu dieser Zeit des Krieges woanders gewesen, wie gern hätte ich auf meine Erfahrungen im Kampf zwischen Eritrea und Äthiopien verzichtet! Doch es war mir leider nicht möglich, ich konnte mir mein Schicksal nicht aussuchen.

Ich weiß natürlich, dass in vielen Ländern Afrikas und nicht nur dort Kinder zu Kämpfern gemacht wurden, doch es war mir nur möglich, über mein eigenes Schicksal zu schreiben. Hätte ich vielleicht ein anderes erfinden sollen?

Die Leute, die mich angriffen, ließen sich durch meine Argumentation jedoch nicht beeindrucken. Sie schienen taub gegen jede Art von Argument zu sein, und ich hatte nicht die geringste Lust auf Streit, auf aggressive, emotionale Auseinandersetzungen. So kam es bei einigen Lesungen zu seltsamen Vorstellungen: Leute beschimpften mich, bezichtigten mich der Lüge, und wenn ich mit ihnen sprechen wollte, wurden sie noch lauter und tauber, bis ich mich zurückzog und die Show im Publikum sich selbst überließ.

Dadurch fühlten sich andere Zuhörer berufen, mich zu verteidigen. Es kam zu Streitigkeiten zwischen ihnen und den Leuten, die gegen mich waren. Bald schrien alle einander an oder gingen sogar aufeinander los. Dabei fing es oft ganz harmlos an: Nach einer Lesung meldete sich ein Zuhörer und sagte, er habe in meinem Buch gelesen, dass ich schon mit fünf Jahren eine Waffe bekommen hätte – das sei gelogen, so junge Soldaten habe es in Eritrea nie gegeben. Ich erwiderte daraufhin, das sei nicht richtig, die ersten Jahre hätte ich Wasser geholt, Feuer gemacht und in der Küche geholfen. Erst mit sieben habe der militärische Drill angefangen mit Laufen, Ausdauertraining und später auch mit Schießübungen. Der Mann ließ sich jedoch nicht beirren. Kinder, sagte er, hätten nie für Eritrea gekämpft.

Eine Eritreerin unter den Zuhörern schrie ihn darauf an, es stimme nicht, was er sage, sie sei selber dabei gewesen. Darauf wurde der Mann ausfallend. »Du Schlampe«, brüllte er zurück, »stell dich doch zu ihr auf die Bühne, du Vaterlandsverräterin!« Das missfiel dem Freund der Frau, und er fing an, meinen Gegner zu beleidigen. Der ließ das nicht auf sich sitzen, und es dauerte nicht lange, bis er fünf Leute hatte, die ihn unterstützten. Auch meine Befürworter sammelten Leute um sich, bis sie noch zahlreicher waren als die ersten Schreihälse. Nach und nach standen alle auf und gingen mit Fäusten aufeinander los. Sie versuchten, einander die Köpfe einzuschlagen. Das war der Moment, in dem ich die Bühne verließ und hinter die Kulissen rannte, denn auf einen solchen Ausbruch an Gewalt war ich nicht vorbereitet. Mein Buch sollte bewusst machen, wie Kindern Gewalt angetan wird, und nun wurde es benutzt, um gewalttätige Auseinandersetzungen vom Zaun zu brechen. Das konnte ich nicht ertragen.

Ein Teil meiner eritreischen Zuhörer beziehungsweise Leser ist der Ansicht, dass ich sie kritisiere oder gegen unser Land wäre, doch das ist nicht richtig. Ich will Eritrea in kein schlechtes Licht stellen, ich möchte meinem Land nicht schaden, denn Eritrea hatte es immer schon schwer genug. Nach der Kolonialzeit und vor dem Befreiungskrieg herrschten die Äthiopier in Eritrea. Sie unterdrückten die Menschen auf brutale Art und Weise. Die Eritreer führten Krieg, um ihre Freiheit zu erlangen. Das kann ich verstehen und auch akzeptieren – mit einer Einschränkung: Wenn ein Staat Krieg führt, soll er dazu Bürger einspannen, die von der diesem Krieg zugrundeliegenden Idee überzeugt sind. Er sollte Menschen zu Soldaten machen, die für diese Freiheit kämpfen wollen, aber keine Abhängigen, keine Unwissenden und vor allem keine Kinder.

Ein Kind empfindet keine Freiheitsideale, es weiß nichts von nationaler Selbstbestimmung. Ich denke, man darf keine Kinder für die Verwirklichung seiner Ideen von Nation und Freiheit einsetzen. Kein Staatsmann oder Feldherr, und wäre er auch der edelste Revolutionsführer, sollte Kinder benutzen dürfen, um seine Ideale zu erreichen oder sein Ego zu befriedigen. Wer von diesen Ideen überzeugt ist, sollte selbst Waffen tragen und sie nicht seinen Kindern aufladen.

Ich bin also nicht gegen Eritrea, überhaupt nicht, ich mag nur die herrschende politische Situation nicht besonders, aber das ist nicht mein Thema. Mir geht es darum, dass ich es nicht in Ordnung finde, wenn Kinder rekrutiert werden, und ich mag es nicht, wenn Menschen in einen Krieg gezwungen werden, den sie nicht wollen. In einen Krieg, der ihnen nichts bringt außer Elend, Hunger und Tod.

Das sollten die Eritreer, die mich kritisieren, verstehen. Sie sollten über ihren Vorwürfen nicht das Gute vergessen, das ich für unser Land zu erreichen versuche: die Spenden, die ich organisiere, die – wenn auch bescheidenen – Erfolge meines sozialen Engagements, und nicht zuletzt die Liebe, die ich dem Land und seinen Menschen entgegenbringe.

Ausgebrannt

Nach der Veranstaltung mit der Schlägerei konnte ich nicht mehr, ich hatte keine Kraft mehr. Ich lag die Nacht wach im Hotelzimmer, zitterte am ganzen Leib und musste mir eingestehen, dass ich am nächsten Abend nicht schon wieder vor einem Publikum sitzen könnte. Ich würde versagen und vor allen Menschen weinend zusammenbrechen, wenn mich wieder jemand anschreien und mir vorwerfen sollte, ich würde mein Heimatland verraten.

Ich wusste aber auch, dass sich andere Menschen auf die wenigen Lesungen freuten, die zum Ende meiner Tour noch geplant waren. Sie hatten sich einen Abend freigenommen, um eine dieser Veranstaltungen zu besuchen, und sie würden mit einer positiven Erwartung dorthin kommen. Ich wusste all das zu schätzen, aber ich konnte nicht anders, als am nächsten Morgen, völlig zerschlagen von der schlaflosen Nacht, meinen Manager anzurufen und die Lesungen abzusagen. Die Entscheidung war mir nicht leichtgefallen, aber ich spürte, dass ich jetzt auf mich selbst Rücksicht nehmen musste. Spätere Veranstaltungen, die in Schulen stattfinden sollten, wollte ich alle einhalten, denn dort hatte ich nie schlechte Erfahrungen gemacht, nur öffentliche Lesungen wollte ich im Moment nicht mehr machen.

Mir fiel ein Stein vom Herzen, als ich den Telefonhörer zurück auf die Gabel gelegt hatte und wieder ins Bett gehen konnte. Ich brauchte ein paar Stunden Schlaf, bevor ich diesen Tag beginnen konnte.

Nachmittags reiste ich zurück nach Berlin, und kaum zu Hause, legte ich mich gleich wieder ins Bett. Ich wollte nur noch die Augen schließen, Stille hören, niemanden sehen. Das hielt jedoch nur wenige Minuten an. Urplötzlich fand ich mich vor dem Computer wieder. Wie ferngesteuert öffnete ich das Musikprogramm und begann, an der Melodie eines neuen Liedes herumzuexperimentieren, das ich vor vielen Monaten begonnen, aber aus Zeitmangel nicht fertiggestellt hatte.

Rasch fand ich mich in die Bruchstücke ein, die ich damals auf dem Computer hinterlassen hatte, setzte sie neu zusammen und komponierte die fehlenden Überleitungen. Wenig später war ich so tief in meine Musik abgetaucht, dass ich alles um mich herum vergessen hatte: Das Bett, in dem ich liegen wollte. Den Koffer, der aufs Auspacken wartete. Die Heizung, die ich andrehen müsste, weil es bereits wieder herbstlich kühl wurde. Den Hunger, den ich aus dem Flieger mitgebracht hatte.

Endlich war ich nach langer Zeit wieder in meine eigene Sphäre heimgekehrt, in die Welt der Musik. Ich hatte dieser Welt für viel zu lange Zeit den Rücken gekehrt, viel zu lange war ich auf fremdem Terrain unterwegs gewesen. Lesungen, Diskussionen, die Fernsehöffentlichkeit, politische Veranstaltungen, das war mir fremd. Ich war in der Musik zu Hause und nirgendwo sonst. Ich spürte, dass es mir sicher wieder bessergehen würde, wenn ich mehr Zeit für meine Musik hätte.

Aber die Musik war nicht alles, was mir fehlte. Tief drinnen merkte ich, dass ich nicht bei mir war, sondern bloß in einem Zwischenreich. Doch wohin meine Reise führen sollte, wagte ich nicht einmal vor mir selbst auszusprechen.

Bis ich ein paar Monate später wieder im Flieger saß, mich zurücklehnte, die Augen schloss und nur drei Wörter murmelte, bevor ich einschlief: »Willkommen in Afrika!«

III.
Meine afrikanische Familie

Äthiopien

Ich stand vor Haile Selassies Thron, als mein Handy schellte. Ich erschrak heftig, weil ich den Klingelton nicht kannte, ich hatte das Kartenhandy erst kurz zuvor an der Hotelrezpetion ausgeliehen. Das Läuten zerschnitt die Stille der Dreifaltigkeitskathedrale, eines riesengroßen, feierlichen Raums mitten in der brodelnden äthiopischen Hauptstadt Addis Abeba. Es störte an einem Ort, an dem eigentlich keine Handys klingeln sollten. Doch mein Guide beruhigte mich: »Kein Problem, sprich nur!« Wer sich in Afrika ein Mobiltelefon leisten kann, telefoniert überall und zu jeder Gelegenheit, also auch in einer Kirche – wozu sollte so ein Gerät sonst gut sein?

Ich drückte auf die Empfangstaste und hörte die Stimme meines Bruders. Wäre das einzig erreichbare Sitzmöbel nicht der Thron des letzten äthiopischen Kaisers gewesen, hätte ich mich sofort hingesetzt, aber so musste ich stehenbleiben, auch wenn sich alles um mich zu drehen begann. Ich suchte an der nächsten Säule des Kirchenschiffs Halt und sagte zum ersten Mal in meinem Leben hallo zu meinem Bruder, dem einzigen meiner Geschwister, der sowohl denselben Vater als auch dieselbe Mutter hatte wie ich. Zu dem einzigen Menschen auf der Welt mit dem gleichen genetischen Set, aus dem auch ich zusammengesetzt bin. Ich schwöre bei Gott, dass das kein alltäglicher Augenblick war – zumal es bis kurz nach Vollendung meines dreißigsten Lebensjahres gedauert hatte, bevor wir die ersten Worte miteinander wechseln konnten.

»Ich bin Luul«, sagte die Stimme an meinem Ohr.

Es war eine freundliche, ein bisschen unsichere Stimme, die Tigrinya sprach, meine Muttersprache. Ich wusste nicht, was ich sagen sollte.

»Dein Bruder Luul«, fügte die Stimme, noch ein wenig unsicherer, hinzu. Es klang wie die Stimme meines Vaters, nur ein bisschen heller. Ob das am Telefon lag?

»Ich bin Senait«, sagte ich sachlich, wie unter Betäubung. Dann herrschte Schweigen. Der Guide, der mir die Kathedrale zeigte, und der Pope, der sich zu uns gesellt hatte, sahen mich erwartungsvoll an.

»Mein Bruder«, wiederholte ich, halb zu Luul, halb zu den beiden, »ich habe meinen Bruder wiedergefunden!« Das stimmte nicht ganz, denn ich hatte Luul nie verloren, weil ich ihn noch nie gehabt hatte.

»Luul«, sagte ich noch mal ins Telefon, jetzt schon ein bisschen lauter. »Luul«, wiederholte ich, noch lauter. »Luul«, rief ich, fast zu laut für die Kirche, »wir müssen uns sehen!«

Nachdem wir vereinbart hatten, uns gegen Abend in einem Café zu treffen, musste ich den beiden erst mal erklären, was es mit dem Anruf auf sich hatte, sie wären sonst vor Neugier gestorben. Ich erklärte ihnen, dass ich tags zuvor von Deutschland nach Äthiopien geflogen war, um zum ersten Mal in meinem Leben meinen Bruder zu treffen. Meinen Bruder, der Afrika noch nie verlassen und bis fast zuletzt bei unserer Mutter gewohnt hatte, die ich bewusst nur einmal in meinem Leben für wenige Stunden gesehen hatte, weil ich seit meinen ersten paar Lebenswochen von ihr getrennt war.

Weder den Guide noch den Popen hatte ich jemals zuvor gesehen, sie waren mir vollkommen fremd, doch sie interessierten sich trotzdem brennend für meine Erzählung. Das hing aber nicht mit meiner Person zusammen, sondern mit Afrika: Hier sind die Menschen neugieriger als in Europa, sie lechzen nach Geschichten, Neuigkeiten und Sensationen. Meine Lebensgeschichte ist für sie genauso interessant wie die von Marilyn Monroe. Das Maß ihrer Aufmerksamkeit richtet sich nicht danach, ob jemand prominent ist oder nicht, das einzige, was zählt, ist die Frage, ob es eine spannende Geschichte ist oder nicht. Und die Geschichte von Luul und mir fanden sie offensichtlich spannend.

Doch ich war nicht nach Addis Abeba gekommen, um meine Geschichte zu erzählen, sondern um sie mir erzählen zu lassen – von meinem ältesten Bruder, den ich bis jetzt nur aus ein paar Briefen und von einem unscharfen Foto her kannte. Ursprünglich hatte ich nicht vorgehabt, schon so bald wieder nach Afrika zurückzukehren, doch je mehr ich über meine Erlebnisse auf der Reise nach Eritrea nachgedacht, je öfter ich die Fotos von dort angesehen, je genauer ich Luuls Briefe studiert hatte, desto mehr zog es mich wieder hin. Ich wollte die Suche nach meiner afrikanischen Vergangenheit weiterführen, eine

Suche, die nicht nur Luul, sondern dem gesamten mütterlichen Zweig meiner Familie galt, denn einige Verwandte meiner Mutter lebten ebenfalls in Addis Abeba, wie ich wusste. Anschließend, so hatte ich es mir vorgenommen, wollte ich in den Sudan, nach Khartum, um die Orte aufzusuchen, an denen ich als Kind mit meinen Schwestern und Onkel Haile gelebt hatte, nachdem er uns aus dem Grauen des eritreisch-äthiopischen Krieges befreit und über die Grenze zum Sudan in Sicherheit gebracht hatte. Von Khartum aus wollte ich endlich noch mal nach Eritrea reisen, nach Asmara und Adi Keyh, um all die neuen Verwandten wiederzusehen, die ich fast zwei Jahre zuvor bei meiner letzten Reise kennengelernt hatte.

Addis Abeba

Nun hieß es, die paar Stunden überbrücken, die mir blieben, bis ich Luul sehen konnte – er kam erst nachmittags von seiner Arbeit weg. Luul hatte sich am Telefon mehrfach und umständlich dafür entschuldigt, als ob er eigentlich dazu verpflichtet wäre, im Job sofort alles stehen und liegen zu lassen, wenn die Schwester ruft.

Geduldig ließ ich mir von dem Guide weiter die Kathedrale erklären. Allerdings war ich nicht mehr so recht bei der Sache, als er mir die wunderbaren Fresken zeigte, etwa die Heilige Dreifaltigkeit aus Gott Vater, Jesus und Heiligem Geist, die hier wie andernorts in Äthiopien als drei bärtige, langhaarige alte Männer dargestellt wurden. Oder die politischen Fresken oberhalb des Hochaltars, die Kaiser Haile Selassie bei seiner Rückkehr aus dem Exil zeigen, wie ihm von den ehemaligen italienischen Kolonialherren die Macht über Äthiopien überreicht wird.

Der Pope, ein feiner alter Mann mit einem gepflegten grauen Bart, der ständig ein reich verziertes hölzernes Kreuz in der Hand trug, fragte, ob er nicht ein Foto von mir auf dem Thron des Kaisers machen sollte, doch ich wehrte erschrocken ab – niemals hätte ich es gewagt, mich auf diesen Stuhl zu setzen. Das stand mir nicht zu, und ich fand, das müsste dem Popen eigentlich klar sein. Oder hielt er mich etwa für eine dümmliche Touristin?

Ich fragte ihn, ob er sich dorthin setzen würde, doch auch er lehnte entsetzt ab. Trotz des schmählichen Endes des Kaiserreichs und trotz der darauffolgenden kommunistischen Diktatur war seine Ehrfurcht, wie vermutlich bei den meisten Äthiopiern, noch viel zu groß, um so etwas Respektloses zu wagen. »Manche Touristen wollen das«, sagte er achselzuckend.

»Sie zahlen dafür«, ergänzte der Guide, ein Angestellter der Kirche.

Ich fand es trist, dass sie sich ihren Stolz abkaufen ließen, aber andererseits hatten sie sonst keine Einnahmen. Priester bekommen bei uns kein Gehalt, sie leben nur von den Spenden der Gläubigen – wenn

Der Pope in der Dreifaltigkeitskathedrale bot mir an, mich auf dem Thron von Kaiser Haile Selassie fotografieren zu lassen.

die etwas zu spenden erübrigen können. Wohin man in Afrika auch schaut, es kommt immer wieder auf die Frage an, wo die nächste Mahlzeit herkommt.

Noch vier Stunden, bis ich Luul sehe, dachte ich, als ich aus dem Dämmerlicht der Kathedrale wieder ins gleißende Sonnenlicht trat. Vier Stunden! Die Zeit bis zu unserem Treffen kam mir sehr lang vor, aber dann auch wieder sehr kurz, verglichen mit den dreißig Jahren, die bis zu diesem Termin vergangen waren. Ich beschloss, ein wenig durch die Stadt zu schlendern, die ich kaum kannte, war ich doch zum ersten und bisher letzten Mal 1993 hier gewesen, als ich meine Mutter besucht hatte. Und nun also ihren Sohn Luul, meinen leiblichen Bruder!

Ich wanderte durch die Straßen von Addis Abeba und stellte fest, dass mich die Menschen weniger beachteten als in Asmara. Ich fühlte mich zwar fremder hier, doch die Menschen empfanden das offenbar nicht so, sonst hätten sie mehr gegafft. Dass sie das nicht taten, lag auch daran, dass Addis mit fünf Millionen Einwohnern rund zehnmal so groß ist wie Asmara. Ist die Hauptstadt Eritreas ein größeres Dorf, so ist Addis eine richtige Großstadt, in der die Menschen nicht wie missgünstige Nachbarn einander beobachten, sondern etwas gelassener miteinander umgehen.

Es war eine fast gleichgültige Gelassenheit. Alle naslang waren hier Menschen zu sehen, die mitten auf der Straße zu verrecken schienen, und nichts passierte, außer dass der Verkehr einen Bogen um die Unglücklichen machte. Je weiter ich durch Addis ging, desto härter kam mir die Stadt vor. Ich sah Bettler am Straßenrand, die mir flehentlich ihre Hände entgegenstreckten. Ich sah Frauen, die mit ein paar strohhalmdünnen Kerzen im Schoß, mit ein paar Marienbildchen, einem kleinen Haufen Weihrauchkörnern oder einem Kreuz vor der Kirche saßen, um ihre Waren an die Gläubigen zu verkaufen.

Ich sah all die Menschen, die am Straßenrand hockten und warteten. Das waren Leute, die vor der Trockenheit, ausgelaugten Böden und dem Hunger oder auch vor vergleichsweise kleinen Katastrophen wie dem Tod ihrer einzigen Kuh oder dem Ausbleiben einer Hilfslieferung vom Land in die Stadt gezogen waren, weil sie hier Arbeit und ein Auskommen zu finden glaubten. Doch alles, was sie fanden, waren

Tagelöhnerjobs und die vergebliche Hoffnung, dass etwas passieren würde, wenn sie am Straßenrand auf bessere Zeiten warteten. Die Straße war für sie zum aussichtsreichsten Ort geworden, weil hier immer etwas passieren konnte – und weil sie über keinen anderen Ort verfügten, mit Ausnahme des Verschlags, den sie sich in einem der zahlreichen Slums der Stadt aus Verpackungsabfällen, Bauschutt und trockenen Ästen gebaut hatten.

Ich sah verkrüppelte Menschen, meistens Poliokranke oder Minenopfer, die keine Beine mehr hatten oder die ihre Beine wie schlaffe, verwelkte Stengel hinter dem Leib herzogen, während sie nur mit Hilfe ihrer Arme zwischen den Autos am Boden umherrobbten, um für ein Almosen an die Fenster von Taxis und teuren Geländewagen zu klopfen. Bevor sich der Pulk der Autos bei Grün oder manchmal auch schon ein paar Sekunden davor in Bewegung setzte, krochen diese Ärmsten der Armen in Sekundenschnelle wieder an den Straßenrand zurück, ganz egal, ob eine Scheibe heruntergelassen worden war oder nicht. Diese Menschen, die auf Dackelhöhe zwischen den Fahrbahnen herumkrebsten, mussten ständig fürchten, niedergewalzt zu werden, da sie von vielen Fahrern, die hoch oben in ihren altertümlichen Lastwagen oder Bussen thronten, gar nicht wahrgenommen wurden.

Ich sah Kinder, die vor mir auf die Knie fielen, als ich an ihnen vorbeigehen wollte, um mich durch ihre Unterwürfigkeit zu einer kleinen Gabe zu bewegen. Schon einen einzigen Birr, umgerechnet nicht mal zehn Cent, betrachteten diese Kinder als großzügige Gabe. Die Einheimischen ließen höchstens ein paar Birr-Cents springen, so kleine Beträge, dass sie in Euro-Cent kaum darstellbar sind.

Ich sah alte Frauen, die tief gebeugt Stöße von selbst ausgegrabenen, vertrockneten Wurzeln schleppten, die sie als Brennholz verkaufen wollten. Ich sah von billigen Drogen zugedröhnte Wracks, die brüllend und gestikulierend zwischen den Autos hin und her liefen, um auf sich aufmerksam zu machen und ein Almosen zu bekommen. Ich sah kleine Kinder in zerfetzten Lumpen, die nicht wussten, wie sie es anstellen sollten, an etwas Essbares zu kommen, und einfach nur am Straßenrand warteten.

Und zwischen all diesem Elend gingen jede Menge gutgekleideter

Menschen in aller Ruhe ihrer Wege. Andere saßen in dicken Autos, schützten sich mit Schirmen gegen die pralle Sonne und achteten darauf, dass ihre Kleidung nicht im Vorübergehen von einer zum Betteln ausgestreckten Hand beschmutzt wurde.

Je mehr solcher Bilder mir begegneten, desto tiefer drang das Entsetzen über all dieses Elend und die Ungerechtigkeit in meine Seele. Ich wusste nicht mehr, wo ich hinsehen sollte, ohne etwas Schreckliches, Trauriges oder Unmenschliches wahrzunehmen. Ich hatte nicht vor, mich der Realität zu entziehen, doch ich merkte bald, dass ich sie nicht aushielt. Dass ich mit dieser Wirklichkeit nicht umgehen konnte. Vielleicht später, dachte ich, wenn ich mit Luul durch die Stadt gehe, aber nicht alleine. Alleine fühlte ich mich zu schwach dazu.

Ich brach den Rundgang ab und kehrte eilig ins Hotel zurück. Es war ein Luxushotel, wie ich gestehen muss, in dem ein Zimmer pro Tag soviel kostete, wie eine arme Familie in einem halben Jahr verbrauchte. Dabei war es nicht einmal ein wirklich gutes Hotel, doch die billigeren Hotels, die ich zuvor gesehen hatte, hatten mir schon von ihren Lobbys aus angst gemacht. Das waren schummrige, halbverfallene Betonkästen mit übellaunigen Rezeptionisten gewesen, in deren Bars düstere Gestalten rumhingen, Nutten und schlechtgekleidete Wachsoldaten mit nachlässig geschulterten automatischen Gewehren. Es waren Hotels, in denen es nichts zu essen gab, in deren Umgebung keine Taxis warteten, deren vergitterte Eingänge in unbeleuchteten Sackgassen lagen oder in staubigen Nebenstraßen. Hotels, aus denen ich mich abends kaum herausgewagt hätte, denn in Addis gibt es keine Funktaxis, keine Taxistandplätze und auch keine hell erleuchteten Bürgersteige, dafür aber des Abends um so mehr Gestalten, die es nicht ratsam erscheinen ließen, nach Einbruch der Dunkelheit ins Freie zu gehen, um noch mal eine Enjera zu essen. Schon gar nicht, wenn man, wie ich, eine offensichtlich fremde, aus dem Ausland kommende Frau war.

Als ich das Hotelareal betrat, das von ein paar Wachleuten und einem hohen Gitterzaun hermetisch von der Außenwelt abgeriegelt wurde, und mich neben dem riesigen Pool auf einen Gartenstuhl fallen lassen und an einem exotischen Fruchtcocktail saugen konnte, atmete ich auf.

Doch das Unbehagen blieb. Warum hatte ausgerechnet mich das Glück ereilt, dass mein Lebensstandard so meilenweit über dem jener Menschen lag, die sich Tag für Tag rund um diese winzige Insel des Wohlstands inmitten eines Meers von Elend abmühten? Warum war ich ganz offensichtlich die einzige auf dieser Insel, die diese Tatsache nicht als gottgegeben genoss, sondern deshalb ein schlechtes Gewissen hatte?

Luul

Luul erkannte ich sofort. An seinem Gang, an seiner Statur, sogar an den Gesichtszügen, schon als er noch so weit von mir entfernt war, dass ich sie kaum lesen konnte. Ich erkannte Luul, weil das eigentlich Ghebrehiwet war, der hier über die Straße kam, unser gemeinsamer Vater. Vielleicht sieht er ihm ja ein bisschen ähnlich, hatte ich zuvor noch gedacht, und ich kann ihn deshalb erkennen. Dass er genauso aussah wie er, darauf war ich nicht vorbereitet.

Unsicher stakste Luul herbei. Er sah nicht her, weil das Überqueren einer solchen Straße seine ganze Aufmerksamkeit in Anspruch nahm, denn die Autofahrer rasten, was ihre Maschinen hergaben, und ein harmloser Fußgänger war für niemanden ein Grund, den Fuß vom Gas zu nehmen. So konnte ich mir Luul in aller Ruhe ansehen. Er trug die Haare kurzgeschoren, die Zähne und die Augen ragten aus seinem Gesicht heraus wie bei unserem Vater, die Ohren standen genauso ab, sogar den Schnauzbart trug er wie er. Luul war allerdings noch dünner, klapprig fast, mit eingefallenen Wangen und vorgebeugtem Gang. Er sah viel jünger aus als unser Vater, aber nicht viel gesünder.

Mit einem beherzten Sprung rettete sich Luul vor ein paar heranbrausenden Autos auf meine Straßenseite, dann blickte er sich suchend um. Ich saß auf der Terrasse eines kleinen Cafés, das er als Treffpunkt vorgeschlagen hatte, und lächelte ihn an. Es dauerte lange, bis seine hin und her irrenden Blicke auf mich fielen. Luul ist sicher kein schneller und praktischer Mensch, dachte ich. Doch als er endlich mich fokussierte, war ihm sofort klar, dass er seine Schwester gefunden hatte.

»Luul?!« rief ich ihm zu, und er strahlte über das ganze Gesicht, so dass zwei lange Reihen blendend weißer Zähne sichtbar wurden. Ich musste daran denken, dass das selten war bei unseren Leuten, und fragte mich, ob er wohl die traditionellen Stöckchen zum Zähnereinigen benutzte. In wichtigen Momenten waren mir immer schon die dümmsten Gedanken durch den Kopf geschossen, mit denen ich wohl meine Unsicherheit vor mir selbst zu verbergen suchte.

»Senait?« fragte Luul leise zurück. Er stand vor mir, sah mich einfach an und lächelte, noch breiter als zuvor. Er wusste nicht, wohin mit den Händen, stopfte sie in die Hosentaschen, zog sie wieder heraus und schlenkerte ratlos damit herum.

Ich hatte die Schrecksekunde überwunden, sobald ich meinen Namen hörte. Der war wie der dritte Schlüssel ins dritte Schloss einer mehrfach gesicherten Tür geglitten, die nun endlich aufspringen konnte. »Luul!« Ich schrie seinen Namen beinahe, sprang auf und umarmte meinen Bruder.

»Senait«, sagte er noch mal, schon ein wenig lauter, und umarmte mich ungeschickt.

So standen wir ein Weilchen auf einer Caféterrasse in Addis Abeba, sehr zum Erstaunen der Serviererin und von drei, vier Gästen, denn ein Mann und eine Frau umarmten sich nicht in der Öffentlichkeit. Das gehörte sich höchstens für zwei befreundete oder verwandte Männer, oder auch für zwei Frauen, aber nicht für Ehe- oder gar Liebespaare. Luul wusste das, deshalb war es ihm vermutlich peinlich. Ich wusste es auch, aber mir war es egal. Ich konnte schließlich nichts dafür, wenn die anderen nicht wussten, dass wir Bruder und Schwester waren.

»Adhanet«, sagte Luul, als ich zwei Schritte zurücktrat, um ihn besser anschauen zu können. »Du siehst genauso aus wie Adhanet!«

Der Satz traf mich wie ein Schlag, denn unsere gemeinsame Mutter hatte ich nur noch dunkel in Erinnerung. Dunkel, weil uns unsere Lebenswege nur für wenige Stunden zusammengeführt hatten, dunkel aber auch, weil meine Mutter immer schon der schwarze Fleck in meiner Biographie war: die Unbekannte, die mich als Säugling weggelegt hatte. Die mich kühl empfangen hatte, als ich mit achtzehn für wenige Tage in Addis auf Besuch war. Die mit dem Bus in eine Schlucht gefallen war, bevor ich sie als wirklich erwachsener Mensch wiedersehen konnte. Und nun sollte ich so aussehen wie sie?

Aber ich war nicht die einzige, die hier jemandem ähnlich sah. »Ghebrehiwet«, sagte ich zu Luul. »Du siehst aus wie Ghebrehiwet!«

Da wir beide Elternteile gemeinsam hatten, müssten wir eigentlich auch einander ähnlich sehen. Taten wir das?

»Siehst du mir ähnlich?« fragte ich Luul, doch diese Frage konnten wir jetzt noch nicht klären. Nicht hier, nicht im Stehen, wenn alle zuschauten. Mir fiel nur auf, dass wir die gleiche Mundpartie hatten, auch wenn meine Zähne nicht so vorstanden – das hoffte ich jedenfalls.

»Setzen wir uns doch.«

Da saßen wir nun und starrten einander an, wie vom Donner gerührt. Es ist schon eine sehr spezielle Sache, einunddreißig Jahre nach der Geburt zum ersten Mal einen Menschen vorgesetzt zu bekommen, der einem selbst ziemlich ähnlich sein müsste. Eine Art lebender Spiegel, der Antworten gab. Würde ich mich in ihm erkennen können? Würde ich etwas anderes in ihm erkennen?

Es geschah etwas sehr Merkwürdiges: In mir wuchs das Gefühl, ich hätte Luul schon mal gesehen. Nicht den Menschen, der unserem Vater ähnlich sah, sondern Luul persönlich. Erst war es nur ein Keim, der sich aber rasch entfaltete und immer mehr Raum einnahm in meinen Gedanken. Luul hatte ich schon mal gesehen. Doch wo? Wann? Ich sagte mir, dass das nicht möglich war, also erwähnte ich es nicht. Vielleicht war es auch nur eine Sinnestäuschung, hervorgerufen durch die Ähnlichkeit mit meinem Vater. Doch dann fragte ich mich wieder: Wo, verdammt noch mal, hatte ich Luul schon gesehen?

Eines stand jedenfalls fest: Meine ursprünglichen Zweifel, ob dem Mann zu trauen war, der behauptete mein Bruder Luul zu sein, waren offenkundig völlig unbegründet. Schon als ich ihn über die Straße kommen gesehen hatte, war klar, dass das niemand anders als mein Bruder war. Ich hatte es nicht nur gesehen, sondern auch gespürt. Wie konnte ich nur so misstrauisch sein, warum war ich so voll schlechter Gedanken gewesen, die in Luuls Gegenwart sofort zu Nichts verpuffen mussten?

»Ich bin so froh, dass ich dich gefunden habe«, sagte Luul sehr ernst. »Ich habe Gott gedankt, als du auf meinen Brief geantwortet hast, und ich werde Gott noch mal danken, dass er dich hierher geschickt hat.«

Auch ich dankte Gott, dachte ich, obwohl ich es nicht ganz so fatalistisch sah wie Luul. Ich für meinen Teil sah mich mehr von der Lufthansa transportiert als von Gott, und ich denke, jeder Mensch ist selbst verantwortlich für das, was er tut und was er erreicht. Aber dass es uns Geschwistern überhaupt vergönnt war, Kontakt zu haben, sah auch ich als göttliche Fügung an.

»Ich freue mich auch so, Luul«, sagte ich. »Was hast du all die Jahre gemacht? Wo warst du?«

»Ich bin dem Tod von der Schippe gesprungen«, erwiderte Luul bierernst, »und zwar schon so oft, dass ich mich kaum mehr erinnern kann. Der Tod ist schon ziemlich verzweifelt. Er glaubt nicht mehr, dass er mich noch erwischen wird.«

Ich betrachtete ihn aufmerksam. Luul sah ja nicht nur aus wie unser Vater, er hatte auch noch denselben trockenen Humor wie er!

»Luul«, fragte ich ihn, »von wem hast du so sprechen gelernt?«

»Nicht vom Tod«, gab Luul zurück. »Von dem lasse ich mir nichts beibringen. Ich tue einfach so, als ob mich der nichts anginge.«

Das war wieder unser Vater. Immer noch eine sarkastische Bemerkung drauf.

»Ich dachte, das hättest du von unserem Vater«, sagte ich.

»Den Tod? Das ist leicht möglich. Für den war unser Vater ja Spezialist.« Da war er schon wieder: Papa, unverkennbar. Ich hatte ihn in meinem leibhaftigen Bruder getroffen, und das machte mich fast wahnsinnig vor Glück. Ich glaube, meine Moleküle feierten ein Volksfest. Die roten und die weißen Blutkörperchen tanzten miteinander, alles hüpfte auf und ab in mir. Ich war kurz vor dem Abheben. Jetzt geht alles, Senait, dachte ich, jetzt kannst du fliegen. Ich musste Luul einfach noch mal umarmen. »Mein Bruder«, flüsterte ich an sein Ohr, »dass ich dich habe!«

Die Menschen im Café sahen uns mittlerweile so merkwürdig an, dass wir beschlossen, aufzubrechen. Aber wohin? Wir wollten nur in Ruhe reden, reden und nochmals reden. Ich hatte einunddreißig, Luul, der ungefähr sechs Jahre älter war als ich, sogar siebenunddreißig Jahre zu erzählen.

Ich schlug vor, zu ihm nach Hause zu gehen, doch das lehnte Luul schnell ab. Im ersten Moment fragte ich mich, ob er mir nicht vertraute. Doch ich begriff bald, dass er sich für seine sicherlich sehr armselige Behausung in Grund und Boden schämte. Der gute Luul! Wie konnte er nur meinen, dass ich schlecht von ihm denken würde, nur weil er materiell nichts hatte. Wenn er nur wüsste, wie egal mir das war – und wenn er nur wüsste, dass ich für europäische Verhältnisse auch nicht viel anderes darstellte als eine arme Kirchenmaus! Aber Luul dachte, ich würde mich schlecht fühlen, ihn in Armut zu sehen ... Wie sensibel er doch war, wie aufmerksam!

Weil ich ihn nicht in Verlegenheit bringen wollte, schlug ich vor, etwas essen zu gehen. Zwar hätte ich in diesem Moment keinen Bissen heruntergebracht, aber in Addis gab es keine Lokale, in die man sich einfach so auf einen Kaffee oder einen Tee setzen konnte, es waren immer Restaurants. Und eine Bar wäre für Luul nicht das Richtige gewesen, denn er hatte mir gleich zu Beginn unseres Treffens gesagt, dass er sehr gläubig sei. »Gott ist meine Stütze«, waren seine Worte, »er hat mich immer durch das Leben geführt. Ich bete jeden Tag zu ihm, dass er mich nicht verlässt.«

Lokaltechnisch gesprochen hieß das, dass Luul sicher keinen Alkohol trank und sich daher in einer Umgebung, in der nur getrunken wurde, nicht wohl fühlen konnte. Ins Hotel wiederum wollte ich ihn nicht gleich mitnehmen, weil ich mir vorstellte, dass das aufgesetzte Luxusgehabe, das manche Mitarbeiter und auch Gäste zur Schau stellten, ihn nur verunsichern würde.

Später erfuhr ich, dass Luul nicht nur nichts trank, sondern auch nicht rauchte. Dafür ging er jeden Sonntag in die Kirche, betete regelmäßig und … spielte Keyboard. »Das ist mein Laster«, sagte Luul und grinste. Was für einen Engel von Bruder ich doch hatte!

Also fuhren wir in eine Pizzeria, die ich am Vortag gesehen hatte. Das war ein winziges Lokal mit Coca-Cola-Werbung auf jeder freien Fläche, doch es war ruhig dort, und es gab abgeschirmte Sitzecken, die vor allem von Liebespärchen besetzt waren, die sich vor der Ehe natürlich nicht in den Häusern ihrer Eltern treffen konnten, wenn sie nicht riskieren wollten, von den Vätern verjagt oder verprügelt zu werden. Diese Umgebung kam mir passend vor, weil wir in gewisser Weise so etwas wie ein frisch verliebtes Paar waren, wenn auch in einem anderen Sinn als die Paare um uns herum: Wir liebten einander nicht, weil wir unser Blut mischen wollten, sondern weil durch unsere Adern dasselbe Blut floss.

Irrwege

Je mehr wir einander erzählten, je mehr wir voneinander wussten, desto mehr wuchs meine geschwisterliche Liebe. Und Luul wurde immer aufgeregter, je mehr ich ihm von meinem Leben erzählte. »Was du alles durchmachen musstest!« rief er immer wieder. »Gott schützte dich!«

Um so mehr ich von Luul erfuhr, desto klarer wurde mir, was für einen starken Charakter und was für einen zähen Willen er hatte. Dieser Mann hatte Situationen durchgestanden, die ich niemals überlebt hätte. Luul wirkte so linkisch und unsicher wie ein verängstigtes Kaninchen, doch das täuschte. In Wirklichkeit trug er das Herz eines Tigers in sich, und zwar das eines sehr witzigen Tigers, der immer farbiger und gelassener sprach, je länger er erzählte. Es kam mir vor, als hätte Luul jahrelang darauf gewartet, mir seine Geschichte zu erzählen. Nun war sein Moment gekommen.

»Was kann ich euch bringen?« fragte der Kellner, aber Luul wusste nicht, was er sagen sollte. Er kannte keine der Speisen auf der Karte, weil er noch nie in seinem Leben in einer Pizzeria gewesen war. Sicher hatte er schon mal Nudeln gegessen, aber »Carbonara«, »Bolognese« oder

»Margherita« waren für ihn eine Ansammlung sinnloser Silben, auch wenn sie auf dieser Speisekarte in amharischen Lettern gedruckt waren. Der Kellner wandte sich trotzdem nur an Luul, denn wenn in Äthiopien ein Mann und eine Frau zusammen unterwegs sind, dann ist nur der Mann für alle Anfragen, Antworten und Bestellungen zuständig.

»Er weiß noch nicht«, sagte ich trotzdem an Luuls Stelle, »er kennt die Namen nicht.«

Der Kellner ließ sich nicht aus der Ruhe bringen. »Und was will sie?« fragte er Luul und deutete auf mich. Ich glaube, manchmal hätte ich es richtig schwer, wenn ich für immer in Äthiopien wäre.

Als der Kellner endlich zufrieden mit unserer Bestellung abzog, begann Luul seine Odyssee zu erzählen: »Ich war dreiundzwanzig Jahre alt und musste aus Addis Abeba fliehen, weil die Äthiopier nach ihrer Niederlage gegen Eritrea alle Eritreer aus ihrem Land vertrieben. Ich galt bei ihnen als Eritreer, weil Papa Eritreer ist. Ich wollte zu seinem Bruder Haile flüchten, zu meinem Onkel, nach Khartum. Ich habe mich zu Fuß zu ihm auf den Weg gemacht, eine Woche lang war ich unterwegs. Doch kurz hinter der Grenze fingen mich sudanesische Polizisten ein und schlugen mich die ganze Nacht wie einen räudigen Hund, weil ich ihnen nicht beweisen konnte, wer ich war. Ich hatte keinen Pass. Sie ließen mich laufen, als sie mir nichts mehr abnehmen konnten. Erst Haile rettete mich. Ich konnte bei ihm wohnen, in seinem Schloss in Khartum.«

»Wie bei mir!« fiel ich Luul ins Wort. »Haile hat auch mich gerettet und meine Schwestern. Er ist der Beste in unserer Familie!«

Kichern musste ich über Luuls Bemerkung mit dem Schloss. Haile wohnte damals zur Untermiete in einem Haus mit fünf oder sechs Zimmern, ein schmuckloser Betonkasten aus den sechziger Jahren. Das war in Luuls Vorstellung bereits so etwas wie ein Schloss!

»Wie einen Affen führte mich Haile der Ägypterin vor, einer Verwandten von ihm«, fuhr Luul fort. Das war die »Schlossbesitzerin«, bei der unser Onkel gewohnt hatte. »Er erzählte ihr, ich sei Ghebrehiwets Sohn. Sie gab mir zu essen und zu trinken, und ich dachte, hier könnte ich in Sicherheit sein. Doch als ich am nächsten Tag alleine zu ihr kam, drohte sie mir Prügel an und jagte mich fort.

Arbeiten konnte ich in Khartum trotzdem. Ich trug Säcke auf einer Baustelle. Haile war immer in Kontakt mit Ghebrehiwet. Ein paar Mal telefonierte ich sogar mit Papa, beim Roten Kreuz, wo Haile arbeitete. Papa sagte mir, er würde mich nach Deutschland holen. Das war meine große Hoffnung – Deutschland! Europa! Dort würde ich nicht so schwer arbeiten müssen, versprach er mir, dort hätte ich eine Wohnung, dort gäbe es genug Wasser, auch heißes Wasser und sehr viel zu essen. Wenn ich gut arbeite, könnte ich sogar ein Auto haben, einen Volkswagen!

Papa schrieb mir, er könne mich nicht aus dem Sudan, sondern nur von Kenia aus holen. Ich sollte dorthin fahren, zu einem Freund von ihm, er würde mich dort abholen oder dafür sorgen, dass ich ein Ticket nach Deutschland bekomme. Er schickte mir Geld für die Reise nach Nairobi.«

Meine Handflächen wurden nass vor Aufregung. Damals, das muss um 1992 oder 1993 gewesen sein, war ich längst in Deutschland, gute fünf Jahre schon. Ich war von zu Hause ausgezogen und lag in heftigem Streit mit unserem Vater. Nichts hätte ich mehr gebraucht als einen großen Bruder, der mir ein paar Sachen erklären und mich hätte unterstützen können.

Warum hatte das nicht geklappt mit Luuls geplanter Deutschlandreise, von der ich damals nicht die geringste Ahnung hatte? Aber woher auch – ich wusste doch nicht mal, dass ich überhaupt einen großen Bruder hatte …

»Mit dem Geld von Papa und mit dem, was ich verdient hatte, kaufte ich auf dem Schwarzmarkt einen Pass und flog nach Kenia. Ich fand Ghebrehiwets Freund und konnte bei ihm wohnen, einen Tag, aber es kam kein Anruf. Noch einen Tag, und wieder kein Anruf, keine Post, keine Nachricht. Dann schmiss mich der Freund raus. ›Meine Wohnung ist kein Postamt‹, sagte er, ›und ich bin kein Postbeamter.‹ Anfangs lebte ich von dem restlichen Geld, das mir Papa geschickt hatte, doch das war bald alle, und ich musste auf der Straße schlafen, auf einem Pappdeckel in einer ruhigen Ecke weit draußen am Stadtrand, denn in der Stadt drin wäre das zu gefährlich gewesen. Dort waren überall Banden unterwegs, die alle überfielen, die draußen schliefen. Manche hatten ja doch einige wenige erbettelte Münzen bei sich oder ein paar Bissen zu essen.

Bald hatte ich selbst nichts mehr zu beißen. Ich ging jeden Tag in die Stadt, zu Fuß, aber es war immer noch keine Nachricht da. Mir blieb nichts anderes übrig, als eine Arbeit zu suchen, um nicht zu verhungern. Ich fand etwas in einem Restaurant. Dort machte ich die Küche sauber, wusch ab, räumte den Müll weg, kaufte ein – frag mich lieber, was ich dort *nicht* gearbeitet habe, das kann ich schneller erzählen als das, was ich tun musste. Dafür bekam ich zu essen und fünfundzwanzig kenianische Schilling pro Tag. Heute sind das nicht mal dreißig Eurocent, damals konnte man sich dafür gerade mal eine Mahlzeit kaufen. Zum Schlafen ging ich weiterhin jeden Abend an den Stadtrand. Ich gab kaum etwas aus, so konnte ich Geld sparen. Doch dieses Geld hatte ich nicht lange, weil ich bestohlen wurde, und zwar von Polizisten! Sie weckten mich mit Tritten und nahmen mir alles weg. Sie drohten mir, dass sie mich einsperren würden, wenn ich mich wehre. Eine verkehrte Welt war das, in Kenia!«

Luul konnte zu solchen Schilderungen die Augen rollen, den Kopf verdrehen und sich schütteln, als würde ihn der Schrecken der Situation erst in diesem Moment wie ein wild gewordener Löwe anspringen. Dabei sollte es noch viel schlimmer kommen.

»Ich sagte den Polizisten, dass ich offiziell in Kenia war, und zeigte ihnen meinen Pass. Ich hoffte, sie würden nicht erkennen, dass er gefälscht war. Die Polizisten sahen den Ausweis aber gar nicht an, sondern zerrissen ihn vor meinen Augen. ›So‹, sagten sie, ›und was machst du jetzt? Wo sind deine Papiere!?‹ Bei denen zählten Dokumente nichts, sondern nur Geld, um sie zu bestechen. Und das hatten sie mir weggenommen.

So ging es mir ein paar Mal. Immer, wenn ich Geld verdient hatte, nahmen es mir die Polizisten wieder ab. Sie warteten nur darauf, mich ausnehmen zu können. Also wurde ich vorsichtiger, rollte das Geld klein zusammen und schob es mir jede Nacht in den Hintern. Das schien mir der sicherste Platz dafür zu sein. Noch nie war mir mein Hintern so sicher vorgekommen.

Nach fast zwei Jahren hatte ich ein paar Scheine beisammen, aber immer noch keine Nachricht von Papa. Ich dachte, ihm wäre vielleicht etwas dazwischengekommen, und wartete weiter. Seine Telefonnummer kannte ich nicht, und ein Gespräch nach Deutschland hätte ich mir nicht leisten können. Ich erkundigte mich am Postamt – eine Minute Telefonieren kostete mehr, als ich an einem Tag mit vierzehn Arbeitsstunden verdiente. Also ging ich fast jeden Tag zu Papas Freund, um nachzufragen, aber dort gab es nie etwas Neues.

Eines Nachts kamen wieder einmal die Polizisten zu mir, um mich zu kontrollieren. Sie schlugen mich, weil sie kein Geld fanden. Die Prügel wären nicht schlimm gewesen, die war ich von Ghebrehiwet gewöhnt, der hatte mich als Kind immer geschlagen. Auch in der Armee war ich geschlagen worden. Schlimmer war, dass sie mich auf die Polizeistation mitnahmen und mir dort mein Geld aus dem Arsch fischten. Sie behielten es, und als ich mich darüber beschwerte, schlugen sie mich noch mehr und warfen mich raus. Ich konnte mich bei niemandem beschweren, denn ich hatte ja keine Papiere, kein Geld und nichts. Polizisten in Kenia sind genauso Verbrecher wie die gewöhnlichen Verbrecher auf der Straße.«

Luul trommelte auf den Tisch, wie um seine Aussage zu bekräftigen. Ich musste lachen, und das verunsicherte ihn, aber das Bild, das ich vor mir sah, war zu komisch: Verbrecher in Uniformen, die meinem armen Bruder das hart verdiente Geld aus dem Hintern fischten! Es wäre mir sicher noch komischer vorgekommen, wenn es nicht ein so trauriges Beispiel für Behördenwillkür und Verfall der staatlichen Autoritäten in Afrika gewesen wäre, denn Luul war mit seinen Erlebnissen kein Einzelfall. Fast alle Afrikaner, die einem Menschen in Uniform begegnen, fragen sich als erstes, was der von ihnen erpressen, stehlen oder ihnen auf andere Art illegal abnehmen könnte; erst in zweiter Linie fragen sie sich, ob sie etwas Falsches getan oder ein Gesetz übertreten hatten.

»Nach diesem Vorfall«, nahm Luul den Faden wieder auf, »beschloss ich, nach Addis Abeba zurückzukehren. Da ich kein Geld hatte, musste ich zu Fuß gehen, denn alle Autofahrer wollten mich nur gegen Bares mitnehmen. Das ist normal bei uns. Niemand lässt einen Unbekannten umsonst einsteigen. Also wanderte ich sechs Tage lang über das Gebirge. Immer wieder kamen mir meine Mutter und mein Vater entgegen, mitten auf der Straße. Das waren Trugbilder wegen des Hungers. Während der Nächte hätte ich gerne geschlafen, um wenigstens dann meinen Magen nicht zu spüren. Gut, dass ich vorher schon dünn war. Dicke überleben so etwas nicht.

Weil es in den Bergen aber wilde Tiere gibt, musste ich während der Dunkelheit auf Bäume klettern. Ich suchte meinen Platz immer so aus, dass ich vor mir einen Ast hatte und hinter mir einen. Wenn ich einschlief und nach vorne kippte, hielt mich der eine Ast, und wenn ich nach hinten kippte, der andere. Unten waren Hyänen, Löwen, alle wilden Tiere unseres Landes. Aber es war Gottes Wille, dass ich nicht hinunterfiel und überlebte.

Erst hinter der äthiopischen Grenze ging es mir besser. Hirten schenkten mir einen Becher Kamelmilch. Mein Mund war so trocken und mein Magen so zusammengeschnürt, dass ich kaum etwas runterbrachte, obwohl ich knapp vor dem Verhungern und Verdursten war. Nur winzige Schlückchen konnte ich zu mir nehmen. Diese Kamelmilch rettete mir das Leben.

Später ging ich nach Adi Keyh zurück, weil meine Mutter dort lebte. Das Leben war aber nicht sehr gut, es herrschten Hunger und Angst vor neuen Kriegen. Die Eritreer hatten Angst um ihre Freiheit, genauso wie heute noch, und die *shabia* suchte wie wild nach Soldaten – genauso wie heute.«

»Shabia« war der populäre Ausdruck für die EPLF, die nicht nur die äthiopischen Regierungstruppen, sondern auch die konkurrierende ELF besiegt hatte, zu der mich unser Vater als kleine Nachwuchskämpferin geschickt hatte. Als Luul nach Adi Keyh kam, war die ELF längst aufgerieben, und ihre letzten Anhänger waren in den Sudan geflohen. Die Shabia war dagegen Regierungspartei und immer auf der Suche nach Soldaten, um ihren neugegründeten Staat zu verteidigen.

»Alle nahmen sie damals mit aus Adi Keyh, wirklich alle«, erinnerte sich Luul, »die Jungen, die Alten, sogar mein Großvater musste kämpfen gehen. Eine Braut holten sie direkt von der Hochzeitsfeier, ab an die Front statt ins Ehebett, das war grausam! Nur mich nahmen sie nicht, weil ich nach all meinen Hungermärschen wie ein Skelett aussah.

›Wir kommen nächstes Jahr wieder‹, sagten sie zu mir, ›wenn du was auf den Knochen hast.‹ Die hatten Angst, ich verhungere ihnen bei der Truppe. Oder ich fresse ihnen alles auf, weil ich einen so großen Nachholbedarf hatte. Den militärischen Vorteil, den ich ihnen geboten hätte, wollten sie nicht nutzen: Ich war damals nämlich viel zu dünn, um von einer Kugel getroffen zu werden.«

Ich war ganz verliebt in meinen Bruder Luul.

Der Hunger zeichnete Luul bis heute, dachte ich. Seine Gesichtszüge waren zu scharf für sein Alter, der Kopf zu knochig, die Arme, die Beine, alles war immer noch zu dünn an ihm. Und er konnte noch nicht richtig essen: Der Teller Spaghetti vor ihm wurde und wurde nicht leerer, obwohl er seine Erzählung immer wieder unterbrach, um einen Bissen zu essen. Das waren winzige Bissen, auch wenn sie sich vor seinem Mund riesengroß ausnahmen. Menschen, die nie gehungert haben, stellen sich Hungernde, die etwas zu essen bekommen, wie Vielfraße vor, doch das Gegenteil ist der Fall: Wer wirklich gehungert hat, das kann ich aus Erfahrung bestätigen, braucht Jahre, um wieder zu normaler Nahrungsaufnahme zurückzufinden.

»Die Not vertrieb mich schließlich aus dem Bergland«, fuhr Luul nach seinem nächsten Bissen fort. »Ich wollte wieder fliehen, diesmal direkt nach Europa, zu meinem Vater. Das wäre mein Traumziel gewesen. Ich wollte mit dem Schiff fort, denn ein Flugticket konnte ich mir nicht leisten, und ein Visum für ein europäisches Land hatte ich nicht. Wohin hätte ich mir das auch stempeln lassen sollen, ich besaß nicht einmal einen abgelaufenen Reisepass. Und ich hatte, was noch schlimmer war, kein Geld, um einen zu kaufen. Ich wollte über das Rote Meer nach Ägypten flüchten und von dort aus durch den Suezkanal weiter nach Europa. Ich schlug mich über Nairobi nach Daressalaam in Tansania durch. Mit vier anderen Eritreern kamen wir bis in den Hafen, dort lag ein Flüchtlingsschiff, das wussten wir. Doch wir waren zu spät dran, wir hatten uns zu lange in der Stadt aufgehalten. Wir waren einfach zu spät.

Es gab ein riesiges Chaos beim Ablegen des Schiffs, viele Menschen wollten noch in letzter Sekunde an Bord. Die vier anderen, mit denen ich da war, schafften es, ich blieb an Land zurück. Wie ich mich damals ärgerte darüber, wie traurig ich war! Dabei hätte ich froh sein sollen. Später erfuhr ich nämlich, dass die vier im Meer landeten und ertrunken sind. Die chinesischen Matrosen haben sie entdeckt und als blinde Passagiere über Bord geworfen. Das fand ich nicht schön.«

»O Luul, Luul, wie hast du es nur geschafft, dem Tod immer wieder so knapp von der Schippe zu springen? Du musst einen Schutzengel haben, der meinem in nichts nachsteht, ja, der ihn noch an Einfallsreichtum übertrifft«, sagte ich, doch er wehrte ab, als wäre das alles nichts. Als würde er von den selbstverständlichsten Dingen der Welt berichten. Dabei hatte ihn das Leben richtig missbraucht. Das Leben zeigte ihm mindestens so viele Schattenseiten wie mir.

»Wir wollen nicht aufrechnen, wer Schlimmeres erlebt hat«, sagte Luul. »Niemand kann wissen, wer mehr durchmachen musste. Gott wird am Jüngsten Tag darüber richten.«

Luul schaffte es immer wieder, seiner Erzählung eine überraschende Wendung zu geben – und wenn es das Jüngste Gericht war, an das ich in diesem Moment nicht gedacht hätte. Ich empfand vor allem, dass wir dasselbe fühlten. Durfte ich wagen, das auszusprechen? Ich wusste nicht, ob Luul für solche Dinge aufnahmefähig war, schließlich kannte ich meinen Bruder kaum. Doch dieser Gedanke kam mir trotzdem sofort über die Lippen, denn bei Menschen, denen ich vertraue, kann ich selten mit dem, was mich bewegt, hinter dem Berg halten. »Es wäre so schön gewesen, all das gemeinsam durchzumachen«, sagte ich. »Es wäre wunderbar gewesen, zusammen durchs Leben zu gehen und unsere Geschichten einander nicht erst nach dreißig Jahren zu erzählen, als wären das Geschichten von Leuten, die sich zufällig kennengelernt haben. Es wäre das Beste gewesen, wie Bruder und Schwester aufzuwachsen.«

Nun war es draußen. Luul sah mich an, wie man jemanden ansieht, den man mag, aber nicht versteht. »Wir *sind* miteinander aufgewachsen«, sagte er dann, »wir wussten es nur nicht, bis heute. Jetzt kann uns nur der Allmächtige selbst trennen.«

Was war bloß mit diesem Bruder los? Wie ein unsicheres Kind saß er vor mir. Wie ein großgewachsener, doch immer noch kleiner Junge, der eben erst angefangen hatte mit seinem Leben, saß er da und erzählte mir von einem unfassbaren, verschlungen Lebenspfad, der bei anderen Leuten für drei Leben gereicht hätte. Nebenbei garnierte er seine Erzählungen mit philosophischen Bemerkungen, über die ich stundenlang würde nachdenken müssen, das wusste ich schon, während ich ihm zuhörte. War Luul so etwas wie ein kleiner Prophet des Alltags, ein Erleuchteter aus dem Slum, ein Mann der straßentauglichen Weisheiten?

»Yaldiyan und Tzegehana waren all diese Jahre beisammen und konnten sich gegenseitig stützen«, sagte ich, ohne genau zu wissen, warum. War ich eifersüchtig auf die beiden? »Unsere Halbschwestern wuchsen auf wie normale Geschwister.« »Halbschwestern« hatte ich gesagt, was ich sonst nie tat, doch nun wollte ich zwischen ihnen und uns unterscheiden, denn erst seit ich Luul getroffen hatte, wusste ich, dass es einen Unterschied macht, ob zwei Menschen zur Gänze Geschwister sind oder nur zur Hälfte. Dass es etwas anderes ist, denselben Vater *und* dieselbe Mutter zu haben statt nur einen gemeinsamen Elternteil.

Glück

Bis jetzt war alles in zwei völlig verschiedenen Welten passiert, was Luul und mir widerfahren war, doch eine Gemeinsamkeit zwischen uns gab es trotzdem: die Extreme, die wir durchlebt hatten. Seltsam, dass das ausgerechnet bei uns beiden, den Kindern von Adhanet und Ghebrehiwet, so kommen musste. Wir hatten jede Menge Halbgeschwister – warum verliefen deren Leben nicht so extrem? Warum wuchsen sie alle mit ihren echten Geschwistern auf, warum waren nur Luul und ich all die Jahre voneinander getrennt? War das eine Frage, die nur Gott beantworten konnte, das Schicksal, die Vorsehung? Oder gab es darauf eine Antwort, die tief in unseren verstrickten Geschichten verborgen lag?

Es war schon spät abends, als ich über solchen Gedanken ins Hotel zurückkehrte. Ich wollte nur noch auf mein Zimmer, doch das war nicht so einfach.

»Hast du ihn gefunden?« schallte es mir von der Rezeption schon von weitem entgegen, durch die gesamte Halle. Das war Abebe, einer der Portiers, der mir am Tag zuvor geholfen hatte, die Nummer der Firma herauszubekommen, in der Luul arbeitete. Natürlich hatte ich ihn in die Geschichte von der Suche nach meinem Bruder einweihen müssen, sonst wäre er vor unbefriedigter Neugierde geplatzt.

»Ja, Abebe«, rief ich zurück, »aber ich bin so müde. Ich erzähle morgen!«

Da hatte ich die Rechnung ohne den Wirt gemacht. Sofort schoss er mit zwei seiner Kollegen, die meine Suche ebenfalls mitbekommen hatten, hinter seinem Tresen hervor, und mir blieb nichts anderes übrig, als haarklein Bericht zu erstatten: Wie sah Luul aus? War er wirklich mein Bruder? War er mir ähnlich? Konnte er sich noch an mich erinnern? Das waren ihre drängendsten Fragen, und ich beantwortete sie umgehend.

Selbst den Manager des Hotels in seinem Verschlag hinter der Rezeption hatte der Wirbel in der Halle, die sonst um diese Zeit schon ziemlich ruhig war, aufgescheucht. Mit ausgebreiteten Armen eilte er herbei, gratulierte mir umständlich zu meinem neuen Bruder und wollte sofort wissen, was ich als allererstes gedacht hatte bei meinem Treffen mit Luul. Das war keine leichte Frage! Sollte ich diesem wildfremden Menschen jetzt sagen, ich hätte als allererstes darüber nachgedacht, wie Luul wohl seine Zähne reinigte? Damit er nicht auf eine völlig falsche Fährte kam, vertraute ich ihm dann doch lieber meinen zweiten Gedanken an: »Ich dachte sofort: Senait, das ist dein leibhaftiger Bruder!«

Diese Antwort stellte den Mann nicht zufrieden. »Und dann? Was war dann?«

»Ich war verwirrt und wusste nicht, ob mir heiß oder kalt war. Ob ich weinen oder lachen sollte. Ob ich Hunger hatte oder nicht. Alles war Chaos in mir. Erst als ich seine Umarmung spürte, war es wieder gut.«

Diese Antwort quittierte der Manager mit einem zufriedenen Schnalzen, damit konnte er etwas anfangen. »Sehr gut«, sagte er, »wir sind alle glücklich mit dir, Senait!«

Eigentlich wollte ich mich gern noch einen Moment an die Bar setzen, aber da dort nur Nutten und betrunkene skandinavische UNO-Angestellte saßen, beschloss ich, nach oben auf mein Zimmer zu gehen. Dort trat ich auf den Balkon und sog die kühle, frische Nachtluft ein, die um diese Zeit aus den umliegenden Bergen auf Addis einströmte. In der Ferne rief ein Muezzin zum Nachtgebet, die Konturen schwarzer, unbeleuchteter Hochhäuser hoben sich unwirklich gegen den sternenhellen Himmel ab. Unter mir lag der Pool, halbwegs von Palmen verdeckt. Plötzlich floss eine warme, weiche Welle durch mich hindurch, wie ich sie selten erlebt hatte. Hatte ich das überhaupt schon erlebt? Was war das?

Ich spürte dieser Welle noch ein Weilchen nach, weil sie so gut tat. Das, dachte ich, muss das Glück sein.

Hochzeitspläne

Am nächsten Tag kam Luul gleich morgens ins Hotel. Er müsse nicht arbeiten, sagte er, aber ich glaube, er ging einfach nicht hin zu seiner Arbeit, einer Hilfstätigkeit in einer Baufirma. Das bedeutet nichts Besonderes in Afrika. Wer nicht zur Arbeit kommt, der ist eben nicht da und erhält kein Geld. Kündigungsfristen, Krankschreibungen oder Abmahnungen sind unbekannt, weil solch einfache Arbeitsverhältnisse wie das von Luul ohnehin nur durch Handschlag zustande kommen. Wenn der Arbeitnehmer nicht mehr will, kommt er nicht mehr, und wenn der Chef nicht mehr will, setzt er seine Angestellten auf die Straße, wo sie in den meisten Fällen ohnehin herkommen.

Luul konnte in diesen Tagen unmöglich arbeiten gehen, denn die Arbeit würde immer da sein, seine Schwester aber nur eine Woche lang. Luul wusste auch, dass die Summe, die er verdiente – an die fünfundzwanzig Euro im Monat – lächerlich war im Vergleich zu dem, was ich für ihn aufbringen konnte. Dass ich für ihn aufkommen würde, stand für ihn genauso wie für mich außer Frage. In Afrika halten Familien zusammen, und das bedeutet, dass der, der mehr hat, den Familienmitgliedern, die weniger haben, etwas abgibt. Wer das nicht macht, hat das Recht verwirkt, sich Familienangehöriger zu nennen, er wird von seinen Verwandten verstoßen. Diese Regel gilt nicht nur für Brüder und Schwestern, für Eltern und Kinder, sondern auch für viel weitläufigere Verwandte wie Onkel, Tanten, Cousins, Cousinen und auch Großcousins und Großcousinen – Verwandtschaftsgrade, auf die in Deutschland kein Cent gegeben wird.

Also setzten wir uns an den Pool, bestellten farbenfrohe Fruchtsaftcocktails, die so groß waren, dass Luuls Gesicht fast verschwand zwischen Ananas- und Papayastücken, zwischen bunten Papiersonnenschirmen und Strohhalmen, und unterhielten uns über die Zukunft.

»Luul, wirst du eine Familie haben?«

Richtig verlegen wurde er auf diese Frage. »Tja«, sagte er, »ich weiß nicht … Eigentlich schon … Es ist noch nicht sicher.«

Damit gab ich mich nicht zufrieden, denn ich bin auch eine neugierige Afrikanerin. »Los, raus mit der Sprache, Luul, hast du eine Freundin?«

Nun musste Luul Farbe bekennen und zugeben, dass er verlobt war. Ich platzte fast vor Neugierde. »Wie heißt sie? Wie sieht sie aus? Hast du ein Foto?«

Hatte er natürlich nicht. Sie hieß Seble, und Luul versprach, sie mir demnächst vorzustellen. Sie arbeitete als Schneiderin und war noch nie verheiratet. Im Klartext hieß das, dass sie Jungfrau war, genauso wie Luul, der ohne klare Heiratsabsichten niemals eine Beziehung angefangen hätte. Der nie mit einer Frau ins Bett gehen würde, bevor er sie geheiratet hatte. Der also noch nie mit einer Frau im Bett war. Das brauchte ich ihn nicht zu fragen, das wusste ich auch so.

In Eritrea ist das anders, dort sind die Menschen nicht so konventionell, außer in der tiefsten Provinz. In Eritrea haben alle Sex vor der Ehe. Hier in Äthiopien gab es das nicht oder nur in den Großstädten, vor allem in Addis Abeba, und auch da nur bei einer kleinen Bevölkerungsschicht. Hier gab es ja sogar Prostituierte und auch Diskotheken, in denen ein Mann Frauen ansprechen konnte. Doch Luul würde nie in solche Lokale gehen, das hatte er schon tags zuvor gesagt. Wegen der Frauen nicht und wegen des Alkohols nicht, der dort ausgeschenkt wird – ganz abgesehen davon, dass ihn ein Abend in einem solchen Lokal einen Monatslohn kosten würde.

Doch es gab noch ein Problem, bevor Luul seiner Verlobten einen ordnungsgemäßen Heiratsantrag machen konnte: Er hatte kein Haus. Wo also sollten er und Seble nach der Hochzeit wohnen? Wohin sollte er sie bringen? Ein Mann, das ist die äthiopische Vorstellung, muss seiner Frau ein Haus bieten, in dem sie sorgenfrei leben kann, nur mit der Bestellung dieses Hauses beschäftigt. Luul war meilenweit davon entfernt, ein Haus zu haben, genauso weit wie davon, eine Familie erhalten zu können.

Sein einziger Trost bestand darin, dass er damit nicht allein war. Millionen äthiopischer Männer haben kein Haus und können keine Familie unterhalten, aber sie heiraten trotzdem. Und wen heiraten diese Männer? Meistens Frauen, die genauso mittellos sind wie sie selbst, die also nichts zu verlieren haben, wenn sie einen mittellosen Mann heiraten. Doch so verhielt es sich in Sebles Fall offenbar nicht, immerhin hatte sie einen Beruf gelernt, den sie sogar ausübte. Sie war etwas Besseres als die Heerscharen von Armen, Hungernden und Obdachlosen, die täglich durch die Straßen der Stadt gespült wurden.

Also musste Luul sich etwas einfallen lassen, denn mit einem kleinen Verschlag, wie seine Wohnung einer war, ging es nicht. Vielleicht könnte er erst mal eine richtige Wohnung mieten? Aber von welchem Geld? Ich gab ihm schon mal fünfhundert Euro, das war alles, was ich im Augenblick dabei hatte.

Luul war einerseits überwältigt, denn das war eine enorme Summe für ihn. »Jetzt muss ich zwei Jahre nicht arbeiten gehen«, sagte er und grinste von einem Ohr zum anderen, bis er merkte, dass ich ihn ein bisschen streng ansah. »Natürlich werde ich trotzdem weiter arbeiten«, fügte er schuldbewusst hinzu, »denn ich muss sparen, für eine Wohnung.« Andererseits nahm er das Geldgeschenk routiniert an, obwohl er keine Routine in der Annahme von Geldgeschenken besaß, hatte er doch kaum welche bekommen in seinem Leben. Doch er wusste, dass ihm das Geld zustand, weil ich seine Schwester war und ein bisschen Geld hatte.

Dieses Geld konnte ihm helfen, den eingeschlagenen Weg weiterzugehen. Zwar war er bereits verlobt mit seiner Freundin, doch das war nicht bindend und hatte insofern noch wenig zu sagen. Jetzt müsste er drei männliche Freunde als seine Boten zur Familie seiner Angebeteten schicken. Diese drei Vermittler müssten für ihn als potentiellen Heiratskandidaten der Tochter des Hauses werben. Dazu müssten Luuls Vermittler bereits etwas vorweisen können: Einen Beruf musste der Bräutigam haben, eine Wohnung, mindestens, und aus einer guten Familie sollte er stammen.

Hätte er die drei schon losgeschickt, hätte Luul hoch gepokert, denn seine Pfründe waren noch sehr klein: Als Beruf ging er einer niedrigen, wenig lukrativen Hilfsarbeit nach, seine Wohnung war ein finsteres Loch, das aus einem Zimmer bestand, und seine Familie war praktisch nicht existent – miteinander zerstritten, auf Äthiopien, Eritrea und Deutschland aufgeteilt, die Mutter tot, der Vater nicht sehr wohlwollend, und dazu jede Menge Halbgeschwister, zu denen kein Kontakt bestand.

Seine wenigen Trümpfe ließen sich schnell aufzählen: Er war ein braver Junge, er trank nicht, und er ging sonntags in die Kirche. Es war alles andere als sicher, ob das Sebles Familie reichen würde. Es war sogar ziemlich sicher, dass ihr das zuwenig wäre. Doch Luuls Trümpfe wuchsen, zumindest ein bisschen, denn jetzt hatte er mich. Nun könnte er auf seine Schwester verweisen, die reiche Schwester aus Deutschland, die ihn unterstützte. Dass ich selbst arm war wie eine Kirchenmaus, spielte in Afrika keine Rolle, denn selbst eine Kirchenmaus war dort reich, wenn ihre Kirche nur mitten in Deutschland stand.

Möglich also, dass er es jetzt wagen könnte, die Gesandtschaft loszuschicken. Sebles Familie würde sich in keinem Fall sofort entscheiden, dazu war die Faktenlage zu dünn. Wenn sie die Boten aber nicht sofort bei ihrem ersten Besuch auf die Straße setzten, bestand immerhin Hoffnung. Dann könnten sich die drei noch mal auf den Weg machen. Dieses zweite Mal dürfte Luul sie allerdings nicht mit leeren Händen hinschicken, dann müssten sie Geschenke mitbringen: Lebensmittel, Kaffee, vielleicht ein schönes Bild. Oder auch einen Topf, eine Kaffeekanne, etwas Nützliches. Ein Symbol, das bedeutete: Luul hat wirklich Interesse an Seble, und er würde sich das auch etwas kosten lassen.

Mehrere Besuche dieser Art wären notwendig, bis sich die Familie entschließen würde, Luul selbst zu empfangen. Dann könnte bei Gefallen alles Weitere ausgemacht werden: der Hochzeitstermin. Die Höhe der Mitgift. Die Hochzeitsfeier und, sehr wichtig, die Bezahlung der Hochzeitsfeier. Der Wohnort der Brautleute.

Luul wusste nur zu gut, dass in diesem Fall eine ganze Latte von schier unlösbaren Aufgaben auf ihn zukommen würde, doch er war bereit, diesen Weg zu gehen. Er wusste nur noch nicht so recht, wo er anfangen sollte. Doch vielleicht hatten wir ja heute einen Anfang gemacht …

Der allererste Schritt wäre freilich der Heiratsantrag, den Luul seiner Verlobten selbst machen müsste. »Wie fragst du sie, ob sie dich will?« wollte ich von ihm wissen.

Luul musste kichern, wieder kam seine fast jungfräuliche Verlegenheit zum Vorschein. »Ich würde sagen: Wir kennen uns sehr lange, du warst mir eine sehr gute Freundin, aber meine Gefühle gehen weit darüber hinaus. Da ich dich als Geschöpf liebe und du ein wunderbarer Mensch bist, möchte ich mit dir alt werden. Deswegen möchte ich dich fragen, ob du meine Frau werden willst!«

Das fand ich nicht mal so schlecht für den Anfang – wie gerne hätte ich einen Mann, der mir so einen Antrag stellte. Doch wie würde Seble reagieren?

»Was machst du, wenn sie nein sagt?«

Luul sah mich bestürzt an, doch dann musste er zugeben: »Daran hatte ich auch gedacht. Hundertmal habe ich daran gedacht. Ich glaube, dann kichere ich einfach unauffällig, verschwinde, so schnell ich kann, und versuche mein Glück woanders.«

Im Sinne eines funktionierenden Heiratsantrags war das zwar kein sehr professioneller Plan, aber es war immerhin eine Lösung, falls alles schiefgehen sollte.

Bitte nicht aufregen

Ein wichtiger Schlüssel für den Erfolg meines Bruders als Freier war sein Onkel Tsegeab, der natürlich gleichzeitig auch mein Onkel war. Er war der Bruder unserer Mutter, das Oberhaupt der Restfamilien, die meine Mutter in Addis Abeba hinterlassen hatte. Tsegeab war ein einflussreicher Mann, weil er öffentlich die Rechte der Eritreer in Äthiopien vertrat, er war Akademiker, hatte ein Haus – wenn auch nur zur Miete –, eine Frau und auch ein Dienstmädchen. Er war also vorzeigbar und augenscheinlich gut als Schwiegervater geeignet. Es gab nur einen Schönheitsfehler: Er war der schärfste Kritiker Luuls und ließ offenbar kein gutes Haar an ihm.

»Ich möchte zu Tsegeab gehen«, sagte ich spontan, als Luul mir von ihm erzählte. »Er weiß sicher viel über die Familie.«

An Luuls Reaktion merkte ich, dass das für ihn alles andere als einfach war. »Jetzt geht das nicht«, beschied er mir, »der Onkel ist zuckerkrank.«

Das verstand ich nicht. »Deswegen sollen wir ihn nicht besuchen können? Liegt er im Krankenhaus?«

»Nein, er ist zu Hause, aber er darf sich nicht aufregen.«

»Warum sollte er sich aufregen?«

So kam heraus, dass Luul das Lieblingsaufregungsobjekt unseres Onkels war. Ich verstand nicht, warum das so war, aber es war gut zu wissen, denn nun konnte ich damit umgehen. Ich musste als erstes also nicht den Onkel auf unseren Besuch vorbereiten, sondern Luul. »Wir gehen zusammen hin«, sagte ich. »Ich werde nicht zulassen, dass du beleidigt wirst. Wir sind jetzt Bruder und Schwester.«

Daraufhin erzählte Luul von den Drohungen, die Onkel Tsegeab ihm gegenüber ausgesprochen hatte: Dass er ihm einen Tritt geben würde, damit er ins Leben hinein fände. Dass er der Schandfleck der Familie sei, den er noch mal ausradieren werde, und anderes mehr. Das machte mich noch neugieriger auf Tsegeab. War das genauso ein Schreihals wie unser Vater, obwohl die beiden nicht miteinander verwandt waren?

An diesem Tag jedoch ging nichts mehr mit Tsegeab. Luul brauchte erst mal eine Nacht, um darüber zu schlafen und sich an den Gedanken zu gewöhnen, dass er den Onkel anrufen sollte. Statt dessen beschlossen wir, uns in der Stadt umzutun, Luul wollte mir Addis zeigen. Das war keine leichte Aufgabe, denn in Addis Abeba leben zwar an die fünf Millionen Menschen, und die Stadt dehnt sich über eine schier unendliche Kette von Hügelrücken und Tälern und über eine weite Ebene aus, doch sie hat nur wenige Highlights im herkömmlichen Sinn zu bieten. Nach Luuls Meinung waren das nur die Dreifaltigkeitskathedrale, in der ich schon war, das Nationalmuseum und der Präsidentenpalast, den man freilich nur von außen aus dem vorbeifahrenden Auto besichtigen konnte. Alles andere – die Kirchen, die Moscheen, die Paläste aus der Kolonialzeit, die alten Geschäftshäuser an der »Piazza«, wie die Gegend rund um die wichtigsten innerstädtischen Einkaufsstraßen heißt, die Märkte, die vielen Plätze, die Parks –, all das hielt Luul für vernachlässigenswert. »Es ist eine wunderschöne Stadt«, sagte er, »ich liebe Addis. Doch was sollen wir uns hier ansehen?«

Also entschieden wir uns für das Nationalmuseum. Dort besuchten wir Lucy, einen der ersten Menschen der Welt. Ihr Skelett wurde 1974 in einem entfernten Winkel Äthiopiens ausgegraben – in dem Moment, als im Archäologencamp die Beatles liefen, und zwar das Stück »Lucy in the Sky with Diamonds«, daher ihr Name. Staunend standen wir vor dem kleinen Glaskasten mit dem winzigen, 3,2 Millionen Jahre alten Skelett. Nur etwas über einen Meter groß war das Mädchen gewesen, und nicht mehr als dreißig Kilo hatte es gewogen. So klein es war, so groß war seine Bedeutung für die Erforschung der Menschheitsgeschichte: Lucy hatte den Beweis erbracht, dass das menschliche Leben in Afrika seinen Ursprung genommen hatte und dass der Mensch schon aufrecht ging, bevor sich sein Hirn so richtig entwickelt hatte. Lucy bewegte sich jedenfalls auf zwei Beinen fort, doch ihr winziger Kopf ließ auf keine ausgeprägt hohe Denkleistung schließen. Ich wurde immer ehrfürchtiger, je mehr wir über Lucy erfuhren, und auch Luul konnte sich der Faszination dieses Fundes nicht erwehren – bis ich las, dass das ausgestellte Skelett nur eine Rekonstruktion war. Die echten Knochen lagen zwar im selben Gebäude, allerdings im Archiv.

»Das ist Betrug«, fand Luul. »Wir zahlen Eintritt und bekommen nicht mal das Original zu sehen.«

War er wirklich verärgert oder gab er nur eine kleine Theateraufführung zum besten? Bevor er einen der finster dreinblickenden Wärter bedrohen konnte, schleifte ich ihn wieder aus dem Museum heraus. Der repräsentativen Sammlung von Töpferei-, Gerberei- und Schnitzarbeiten in der nächsten Etage hätte er vermutlich ohnehin wenig abgewinnen können.

Halloween

Abends aßen Luul und ich im Restaurant des Hotels. Luul, der noch nie in so einer Art von Hotel gewesen war, staunte alles an. Luul hatte noch nicht viele Restaurants besucht, abgesehen von denen, in denen er gearbeitet hatte. Er hatte auch noch nicht so richtig mit

Messer und Gabel gegessen, weil das bei uns nicht üblich ist, und dass es für Wein andere Gläser geben könnte als für Wasser, darüber hatte er noch nicht nachgedacht. Am auffälligsten fand er die Toiletten im Hotel. »Hast du das gesehen?« sagte er aufgeräumt. »Da fließt das Wasser von selbst durch, und so sauber, dass man davon trinken könnte.«

An diesem Abend lagen auf den Tischen schwarz-weiß gescheckte Tischdecken im Zebra-Look, die Kellnerinnen trugen lange schwarze und sehr spitze Hüte zu schwarzen Kleidern, auf die merkwürdige Geheimzeichen gemalt waren, und auf dem Büfett loderten Kerzen in ausgehöhlten Kürbissen. Offenbar war heute Halloween!

Das war das letzte, was ich mitten in Äthiopien erwartet hätte, wo dieses amerikanische Fest vollkommen unbekannt war. Doch wir befanden uns im Haus einer amerikanischen Hotelkette, und solche Unternehmen machen zwischen den einzelnen Ländern, in denen ihre Hotels stehen, keine großen Unterschiede.

Sowohl Luul als auch ich empfanden kein wohlig-schauriges Gefühl beim Anblick der ausgehöhlten Kürbisse, sondern einfach nur Abscheu. Beide hatten wir in unserer Kindheit unendlich oft Kürbisse essen müssen, ich vor allem während meiner Zeit bei der ELF. Kürbisse hatten wir als Sauce bekommen, als getrocknete Masse, als Suppe, als dünnflüssiges Getränk, als Belag für Enjera, als steinhart gewordene Reste – Kürbisse waren oft das einzig Essbare, das wir noch hatten. Deshalb mussten wir dieses Gemansche trotz allen Ekels herunterwürgen, sonst wären wir schlicht und einfach verhungert. Und jetzt sollten wir, wie mir ein Blick in die Karte zeigte, wieder Kürbis essen, wenn auch an Lachstatar, Entenbrüstchen, Rinderfiletstreifen und anderen Dingen mehr, deren Namen Luul in seinem ganzen Leben noch nie begegnet waren!

Zu meinem Erstaunen ließ sich Luul durch das Brimborium eines Sechs-Gänge-Menüs nicht aus der Ruhe bringen. Er probierte den Gruß aus der Küche, rollte die kleinen Kaviarkügelchen prüfend zwischen seinen dürren Fingern und war erstaunt, als ich ihm ankündigte, dass nach einer klaren Rindsbouillon noch weitere Speisen zu erwarten wären.

»Ihr Europäer könnt nicht genug Essen bekommen«, sagte er gutgelaunt, aber auch ein wenig kritisch, und ich konnte nicht anders, als ihm leicht zerknirscht recht zu geben. Immerhin hatte ich ihn zu diesem Essen eingeladen, weil ich dachte, so etwas würde ihn vielleicht begeistern. Dabei wusste ich tief im Inneren, dass ihm ein einfaches, gewohntes Essen lieber gewesen wäre. Was war bloß in mich gefahren? Wollte ich ihm die Vorzüge der europäischen Kultur nahebringen? Wollte ich ihm zeigen, dass ich mich in dieser Kultur zu Hause fühlte? Doch wo war ich eigentlich zu Hause?

Luul ließ sich durch all das Fremde nicht beirren. Wacker versuchte er sich an einem blutigen Steak und bestaunte die fragile Architektur der über die Mousse au Chocolat geschichteten Zuckerbäckerei. Nur den Meeresfrüchtesalat lehnte er rundweg ab, denn Shrimps und Calamari haben bei unseren Leuten aus unerfindlichen Gründen ein denkbar schlechtes Image – abgesehen davon, dass sie ohnehin kaum jemand je zu Gesicht bekommen hat. Am meisten war Luul vom Baguette mit Butter und dem Pfefferminztee aus dem Teebeutel angetan, den lediglich verkosteten und wenig fachkundig zerlegten Rest trugen die schwarzgekleideten Damen tapfer lächelnd Gang für Gang wieder in die Küche zurück.

Auf meine Frage, wie ihm das Menü gefallen habe, meinte Luul nur, Enjera wäre ihm lieber gewesen. Lachend pflichtete ich ihm bei. Dass wir für den Preis unseres Essens draußen in der Stadt ein halbes Jahr lang jeden Tag hätte Enjera essen gehen können, wagte ich ihm nicht zu sagen; das war so grotesk, dass ich es selbst kaum fassen und auch nicht akzeptieren konnte. Warum errichten Europäer und Amerikaner hier, mitten in Afrika, ihre kleinen amerikanischen und europäischen Reiche, in denen alles so sein soll wie zu Hause, was aber bis auf die europäische Preislage doch nicht funktioniert?

Ich war mit Luul in dieses Restaurant geraten, ohne mich vorher zu informieren, was hier zu welchem Preis geboten wurde, doch die anderen Gäste – fast alles Weiße, die in Addis lebten – saßen da, weil sie hier Stammgäste waren und kulinarisch und kulturell eine Umgebung suchten, wie sie sie aus ihren Heimatländern kannten. Mich wunderte, mit welcher Unverfrorenheit sie kulinarischen Genüssen nachgingen, während ein paar Meter weiter Menschen von einer Handvoll Getreide am Tag lebten – oder auch von weniger.

Mir gelang es nur, mich mit dem Gedanken zu beruhigen, dass die ganze Welt so aufgebaut war. Genau betrachtet macht es keinen Unterschied, ob das Luxushotel, in dem die Menschen schlemmen, in Afrika oder in Deutschland steht. Die anderen, die nichts haben, hungern ohnehin, und ihnen ist weder mit dem einen noch mit dem anderen geholfen.

Innerlich schüttelte ich den Kopf darüber, mit welch merkwürdigen Gedanken ich mich beruhigen konnte …

Familienverhältnisse

Viel nahrhafter als Shrimps, Saucen und Semifreddo aus der Küche des Hotels waren für mich Luuls Erzählungen über meine Familie. Besser gesagt über *unsere* Familie, doch das hatte ich noch nicht verinnerlicht. Wie gut es mir tat, diese Geschichte von jemandem zu hören, der sie in- und auswendig kannte, weil er in dieser Geschichte, in meiner Geschichte, die gleichzeitig auch die seine war, selber vorkam.

Und so hatte sich unsere Geschichte Luul zufolge zugetragen: Adhanet, unsere Mutter, war vierzehn oder fünfzehn Jahre alt, als unser Vater Ghebrehiwet ihr in Adi Keyh im eritreischen Hochland den Hof machte, wo die Familien der beiden lebten. Mama fand ihn lästig. Sie wusste nicht genau, was er für einer war und was er ausgerechnet von ihr wollte. Vor allem wusste sie nicht, warum sie der knapp zehn Jahre ältere Mann so unverschämt anglotzte. Also ging sie zu ihrem Vater und erzählte ihm, dass dieser Typ sie nervte. »Der Mehari-Sohn«, beschwerte sie sich, »versperrt mir den Weg, der ist aufdringlich.« Ihr Vater schnappte ihn sich daraufhin, zog ihm die Ohren lang und brachte ihn zu seiner Familie zurück.

Doch Ghebrehiwet war damals schon keiner von den Schüchternen. Er kämpfte weiter um sie, ein halbes Jahr lang, bis ihr aufging, dass sie nicht um ihn herumkam. Also willigte sie ein, genauso wie ihre Familie, und die beiden heirateten. Kurze Zeit später – neun Monate sollen nicht ganz gereicht haben, was fast einem Skandal gleichkam – brachte Adhanet Luul zur Welt. Sie war damals fünfzehn, höchstens sechzehn Jahre alt, so genau wusste sie selbst das auch nicht. Jedenfalls kam Luul weder zu früh noch zu spät, sondern goldrichtig für die Maßstäbe eines eritreischen Gebirgsstädtchens.

Dieser Beginn der Geschichte brachte einiges in meinem System durcheinander: Oma Sifan hatte mir vor zwei Jahren erzählt, dass Adhanet schon zwei Kinder in erster Ehe gehabt hatte, vor Luul. Hatte sie die erfunden? Wusste Luul nichts von denen? Verwechselte Sifan, deren Erinnerungen oft nicht mehr so klar waren, Adhanet mit einer ihrer anderen Töchter?

Ich sprach Luul darauf an, doch der verneinte: Nein, er wäre der Erstgeborene. Außerdem wäre Adhanet doch viel zu jung gewesen, um vor ihm schon zwei Kinder zu haben. Das leuchtete mir ein, und ich beschloss, Sifan bei meinem unmittelbar bevorstehenden Besuch in Adi Keyh danach zu fragen.

Unsere Mutter, so erzählte Luul die Geschichte weiter, arbeitete in einem kleinen Krankenhaus. Papa dagegen war damals schon ein faules Tier, er arbeitete nie regelmäßig, sein ganzes Leben nicht. Während seine Frau für die Kranken kochte, organisierte er zu Hause illegale Pokerpartien, das passte gut zu seiner Mentalität. Mama hasste das. Sie wollte seine Spielkumpane nicht im Haus haben, auch wegen des kleinen Luul. Sie wollte mit ihm wie eine richtige Familie zusammenleben, als Vater, Mutter, Kind, ohne ein halbes Dutzend zwielichtiger Männer, die den ganzen Tag im einzigen Raum des Hauses rumhingen. Wenn das nicht aufhörte, drohte Mama, würde sie sich von Papa trennen, was sie denn auch bald tat, mit dem vollsten Einverständnis ihrer Familie, die ebenfalls zu dem Schluss gekommen war, dass ihr Schwiegersohn nichts taugte.

Adhanet ließ sich also scheiden und zog mit Luul nach Addis Abeba, von wo ein Teil ihrer Familie stammte. Damals war das noch kein Problem, denn Äthiopien war von Eritrea aus gesehen nicht Feindes-, sondern Mutterland, und Eritrea war nichts anderes als die nördlichste äthiopische Provinz. Mama wollte Abstand von Papa gewinnen, denn der hatte sie noch nicht aufgegeben. Sie wollte aus seinem Dunstkreis heraus. Sie wusste, dass sie ihrem Exmann vielleicht nicht widerstehen könnte, wenn sie ihm zu nahe wäre.

Die Großstadt Addis schien unserer Mutter gutzutun. Dort fing sie ein neues Leben an und heiratete erneut. Mein Vater rief sie trotzdem immer wieder an, doch sie wollte nichts mehr von ihm wissen. Durch Freunde erfuhr der Schlaumeier dennoch von ihrer neuen Heirat. Sie bekam in den nächsten Jahren drei Kinder von ihrem neuen Mann, die hießen Grimai, Dawit und Genet.

Luul wurde seiner Mutter offenbar zuviel, und Ghebrehiwet entschloss sich, ihn zu sich zu nehmen. So wuchs er in der Familie auf, die unser Vater in der Zwischenzeit mit Abrehet, seiner zweiten Frau, gegründet hatte. Die war für ihn allerdings nicht mehr als ein Ersatz für Adhanet. Ein Racheakt, weil unsere Mutter ihn verlassen hatte. Wohl deswegen behandelte er Abrehet wie den letzten Dreck.

Luul erlebte in Adi Keyh die Geburt unserer beiden Halbschwestern Yaldiyan und Tzegehana.

Kurze Zeit später ging die neue Ehe unserer Mutter in die Brüche, weil ihre Schwiegermutter sie nicht mochte. Sie zwang ihren Sohn dazu, sich von ihr zu trennen. Ich hatte immer gehört, sie hätte ihn aus freien Stücken weggejagt, doch so ist das in Afrika fast immer: Wenn zwei Menschen ein und dieselbe Begebenheit erzählen, verwandelt sie sich schnell in zwei verschiedene Geschichten.

Aus welchen Gründen auch immer, Mamas zweite Ehe ging auseinander, als die jüngste Tochter aus dieser Ehe, Genet, erst zwei Monate alt war. Die anderen Kinder waren zu diesem Zeitpunkt drei und vier Jahre alt. Luul fand, dass Genet genauso aussah wie Mama, »ganz weiß«, wie er sagte. Damit meinte er, dass sie ein bisschen heller war als er, was kein Kunststück war, denn Luul ist für äthiopische Verhältnisse ziemlich dunkel.

Papa war noch mit Abrehet verheiratet, doch sobald er erfuhr, dass Mamas zweite Ehe kaputt war, machte er ihr sofort wieder den Hof. In Beziehung auf eheliche Treue war er ohne jeden Skrupel. Mama wehrte sich anfangs noch mit Händen und Füßen, doch Papa ließ nicht locker. Sie wurde schwächer, sein Werben stärker. Sie liebte ihn natürlich immer noch, doch sie wusste, dass dieser Mann ihr Ruin war. Es kam trotzdem so, wie es kommen musste: Papa folgte Mama bis nach Addis Abeba und machte ihr den zweiten Antrag seines Lebens.

Er musste ihr nur sagen, sie sei immer noch seine größte Liebe, und schon wurde sie schwach. Zum ersten Mal seit Jahren verbrachten unsere Eltern eine Nacht miteinander, nach der Mama als Schwangere, Papa als Ehebrecher aufstand. Das Kind, das von da an in ihrem Bauch heranreifte, war ich.

Als ich das hörte, kamen mir die Tränen: Ich wusste zwar, dass ich erst entstanden war, nachdem meine Eltern nicht mehr zusammenlebten, aber ich hatte nicht gewusst, wie dramatisch ihre Situation gewesen war und dass meine Mutter meinem Vater gegen ihren Willen verfallen war. Neu war mir auch, dass mein Vater meine Mutter ein Leben lang verehrt hatte, ohne sich um moralische oder familiäre Schranken zu kümmern. Erst jetzt erfuhr ich, dass ich in der extremsten Situation dieser jahrelangen gegenseitigen Abhängigkeit entstanden war. Könnte darin der Grund für meinen manchmal extremen Charakter zu suchen sein?

Kaum war mir dieser Gedanke gekommen, als ich ihn auch schon als abwegig verwarf. Einen kleinen Eindruck auf mein für solche Gedankengänge nur zu anfälliges Unterbewusstsein machte er trotzdem: Senait als Produkt des Zusammentreffens zweier Menschen, die niemals vorher und nie mehr danach so intensiv, aber auch nicht mehr in einer so verzweifelten Situation zusammenkommen sollten.

Die Ausgangslage für eine erneuerte Beziehung zwischen meinen Eltern war denkbar schlecht: Papa lebte in einer Ehe, in der es schon zwei Kinder gab, nämlich Yaldiyan und Tzegehana, und Mama hatte zwar bereits vier Kinder, dafür aber keinen Mann und jede Menge schlechter Erfahrungen mit Männern, die sie vermutlich nicht umgänglicher gemacht hatten.

Nach meiner Geburt hatte sie auch noch mich. Luul war damals etwa fünf Jahre alt, er konnte sich noch gut an die Ankunft seiner neuesten Schwester erinnern. Damals lebte er wieder zusammen mit unserer Mutter in Weleke, einem Dorf in der Nähe von Addis Abeba, wo ich auf die Welt kam.

Mir fiel fast die Gabel in den Salat, als Luul das berichtete. Hatte Sifan in dem Punkt doch das Richtige erzählt? Bis zu diesem Moment hatte ich ihre Korrektur meiner Lebensgeschichte in diesem Punkt noch nicht so recht akzeptiert: In meinem Pass ist als Geburtsort Asmara eingetragen, die eritreische Hauptstadt, und so hatte ich es zuvor immer gehört. Meine Mutter, hieß es immer, sei mit mir im Bauch von Addis nach Asmara gereist, um dort mit meinem Vater zusammenzuleben, und in Asmara sei ich auch auf die Welt gekommen.

Doch nicht nur Sifan, sondern auch Luul wusste genau, dass es nicht so war. Als unsere Mutter wenige Monate nach meiner Geburt dann tatsächlich mit mir nach Asmara reiste, weil Ghebrehiwet ihr wieder einmal versprochen hatte, er werde Abrehet verlassen und noch mal sie heiraten, musste Luul bei seinem Onkel bleiben. Ghebrehiwet hatte ihr gesagt, sie solle den kleinen Laden verkaufen, den sie damals in Addis betrieb, und nach Asmara gehen, er würde sich ebenfalls dort niederlassen. Luul sollte in der ersten Zeit in Addis warten, um dann nach Asmara nachzukommen, sobald sie dort eine neue Wohnung gefunden hätte.

Welch arglistiger Täuschung unseres Vaters Mama doch aufgesessen war! Der alte Schlaumeier hatte in Wirklichkeit nie vor, mit Mama in Asmara zusammenzuleben, er wollte sie nur als Geliebte in seiner Nähe wissen – und sich auf gemeine Weise dafür rächen, dass sie ihn verlassen und noch mal geheiratet hatte. Das hatte er ihr nie verziehen.

Meine Mutter glaubte ihm jedoch, wie immer. Sie ließ die drei Kinder aus ihrer letzten Ehe und auch Luul stehen und ging nur mit mir nach Asmara. Doch wer nicht kam, war mein Vater.

Dann begann meine Geschichte, die vom Kind aus dem Koffer: Als sie erkannte, dass sie von Ghebrehiwet getäuscht worden war, verlor Mama die Nerven. Ihr Leben in Addis hatte sie aufgegeben, und in Asmara war es ihr nicht gelungen, ein neues Leben zu beginnen. In einem Anfall von Verzweiflung versuchte sie mich loszuwerden, packte mich in einen Koffer, ließ ihn in ihrer neuen Wohnung stehen und ging in die Stadt. Hätte nicht eine Nachbarin mein jämmerliches Geschrei gehört, wäre ich erstickt. Doch sie befreite mich und holte die Polizei, die meine Mutter ins Gefängnis und mich ins Waisenhaus von Asmara brachte.

Weil mich das Leben schon zu Beginn so rüde gebeutelt hatte, wurde ich zu dem, was mich heute ausmacht: ein zähes kleines Mädchen, das verbissen und, wenn es sein muss, bis zum letzten darum kämpft, nicht unterzugehen.

Täuschungen

Luuls Erzählungen an diesem Halloweenabend gruselten mich mehr als die Kürbisfratzen, Gespensterlampions und Hexenbilder, mit denen die Kellnerinnen das Hotelrestaurant dekoriert hatten, um ihren verwöhnten Gästen ein paar wohlige Schauer über den Rücken zu jagen.

Unter anderem erfuhr ich, dass meine Mutter nicht allzu hart büßen musste für ihre Kindesweglegung, die immerhin so etwas wie ein Tötungsversuch war. Sie verbrachte nur drei und nicht, wie ich immer gedacht hatte, sechs Jahre im Gefängnis. Wer je ein afrikanisches Gefängnis gesehen hat, weiß allerdings, dass diese Strafe soviel zählt wie dreißig Jahre in einem deutschen Gefängnis.

Viele glaubten damals, sie hätte sich bei ihrem Bruder in Addis versteckt, aber diese Leute täuschten sich, sie war wirklich im Gefängnis. Luul wusste das deshalb so sicher, weil er ein paar Wochen später als verabredet zu Mama nach Asmara reiste, aber nicht zu ihr konnte, da sie eingesperrt war. Deshalb verbrachte er diese Jahre bei unserem Vater.

Doch die Zeit bei Abrehet entpuppte sich für Luul nicht als Honigschlecken. Die Stiefmutter schlug den Jungen, der ihrem wenig geliebten Mann so ähnlich sah, nach Lust und Laune. Luul zeigte mir einen Finger, an dem heute noch zu sehen war, wo Abrehet ihn verkrümmt hatte, doch er trug die Schmach tapfer. Er verpetzte seine Stiefmutter nie, denn die musste ohnehin Abend für Abend Schläge von seinem Vater einstecken.

Ghebrehiwet verliebte sich in dieser Zeit wieder mal neu, in seine spätere Frau Werhid. Diesmal verließ er Abrehet wirklich, und zwar zusammen mit seinen Töchtern Yaldiyan und Tzegehana. Abrehet wollte ihre Kinder nicht ziehen lassen, und es kam zum Streit zwischen den Eheleuten, bei dem Abrehet den kürzeren zog. Papa knallte ihre eine Pfanne auf den Kopf, so dass sie bewusstlos umsank, und verließ mit den beiden schockierten Mädchen den Ort der Auseinandersetzung. Zurück blieb die misshandelte Abrehet mit Luul.

Ich frage mich bis heute, warum Papa nicht Luul mitnahm anstatt seiner beiden Mädchen. In den meisten afrikanischen Gesellschaften sind Söhne wesentlich mehr wert als Töchter, und die meisten afrikanischen Väter hätten genau umgekehrt gehandelt, noch dazu, wo er Luul nicht bei seiner leiblichen Mutter ließ, sondern bloß bei seiner Stiefmutter.

»Papa liebt mich, da bin ich mir sicher«, sagte Luul, als ich ihm diese Frage stellte. Er blickte in eine unbestimmte, mit dunklen Tüchern verhängte Ferne jenseits der Kürbisfratzen. »Aber warum er mich damals bei Abrehet ließ, weiß ich auch nicht.«

Ich habe keine Ahnung, woher Luul diese Sicherheit nahm. Ich weiß nur, dass es in seiner Lebensgeschichte keine Belege für die Liebe unseres Vaters gibt. Es sei denn, dass er ihn genau deswegen nicht mitgenommen hätte, weil er ihn liebte, denn unsere Schwestern erwartete bei Werhid kein glückliches Familienleben, ganz im Gegenteil: Papa wollte seiner neuen Frau zu Beginn ihrer Beziehung etwas bieten, doch Geld hatte er keines, also mussten wenigstens Arbeitskräfte her, und zwar am besten solche, die nichts kosteten. Was lag da näher, als die Mädchen mitzunehmen?

Natürlich wusste er schon im vorhinein, dass Werhid die beiden Töchter nicht gut behandeln würde, stammten sie doch von ihrer ehemaligen Rivalin ab, doch das war ihm egal. Möglich, dass er Luul dieses Schicksal ersparen wollte. Vielleicht ließ er seinen Sohn aber auch deshalb in Adi Keyh, weil er mit seinen beiden Töchtern und Werhid mitten ins Kriegsgebiet zog, ins westliche Eritrea, um dort seine Kumpanen von der ELF zu unterstützen. Dass das ganz allgemein gefährlich war und erst recht für einen Jungen im besten Soldatenalter von etwas über acht Jahren, wusste er freilich auch.

Sollte Ghebrehiwet so gedacht haben, dann hatte er sich getäuscht, denn für seinen Sohn Luul kam es noch schlechter: Als Papa weg war, schmiss Abrehet ihn sofort raus. »Ein Schlampenkind nehme ich nicht auf«, äffte Luul das Gekeife seiner Stiefmutter höchst überzeugend nach, und schon stand er mit seinen acht oder neun Jahren auf der Straße. Einzupacken und mitzunehmen gab es nichts, weil Luul nichts besaß außer dem, was er auf dem Leib trug. Dieser Rauswurf war eines der einschneidenden Erlebnisse, die seinen Lebensweg prägten – und seine Lebensauffassung, dass man überall durchkommen kann, wenn man es mit allen Fasern seiner Seele will.

Luul wollte durchkommen. Er fasste unverzüglich den Entschluss, zu seinem Großvater zu gehen, zu Adhanets Vater, der einen guten Tagesmarsch entfernt in einem winzigen Bergdorf wohnte, zu dem nicht mal eine Straße hinführte. Luuls Gewaltmarsch, den er aus Angst vor wilden Tieren bis zum Einbruch der Dunkelheit absolvieren wollte, hatte Erfolg: Der Großvater nahm ihn auf und teilte mit ihm das Wenige, das er hatte. Vermutlich waren das eine Handvoll Teffmehl, ein Ei und ein paar Kaktusfrüchte, das, was alle hatten, die oben in den Bergen von der Landwirtschaft lebten.

Unser Vater war nicht begeistert von dem großen Marsch des kleinen Luul. Er nahm es ihm im Gegenteil später übel, dass er nicht zu seinen Verwandten väterlicherseits gegangen war, sondern zum Vater seiner Mutter. Aus Wut darüber verweigerte er lange Zeit jeden Kontakt zu Luul. Doch Luul ließ sich davon nicht beirren. Sobald er ein paar Birr zusammengespart hatte, setzte er sich in einen Bus nach Addis Abeba, um wieder bei seiner Mutter zu leben, die nach ihrer Gefängnisstrafe dorthin zurückgekehrt war.

Mein Kopf fühlte sich bald selbst wie ein ausgehöhlter Kürbis an, in dem die Gedankenfetzen frei herumwirbelten. Es kam mir vor, als wäre mein Leben ein Puzzle, dessen Teile bunt gemischt vor mir auf dem Tisch lagen. Noch vor ein paar Tagen hatte ich geglaubt, ich hätte dieses Puzzle so gut wie gelöst. Ich hatte gedacht, es fehlten nur wenige Teile, um die letzten weißen Flecken zu füllen, doch nun musste ich einsehen, dass mir das gesamte Mosaik zu verrutschen drohte. Immer mehr Teile machten sich selbständig, und ich drohte den Überblick zu verlieren.

Ich sah ein, dass ich meinen Geburtsort ändern musste. Ich erkannte, dass ich mich über die Beziehung meiner Eltern getäuscht hatte. Immer hatte ich gedacht, ich sei nichts anderes als ein Produkt einer flüchtigen Bekanntschaft, eines Irrtums. Da waren zwei Menschen zwar miteinander verheiratet, aber es hatte zwischen ihnen offenbar nie richtig geklappt, sie hatten auch nie lange miteinander gelebt. Als Produkt eines Missverständnisses dazustehen war kein schönes Gefühl.

Doch nun erwies sich, dass ich das Produkt einer zwar unglücklichen, aber doch lebenslangen Leidenschaft zweier Menschen füreinander war. Meine Eltern kamen nie richtig zusammen, auch wenn sie es immer wieder versucht hatten. Sie waren von starken Anziehungs- und Zentrifugalkräften zueinander hin, aber auch wieder voneinander weggeschleudert worden. Das musste ich erst mal verkraften. Was bedeutete das für mich? Lag schon hier die Quelle zu meinen stark schwankenden und oft so wirren Gefühlszuständen?

Ich merkte auch, wie leicht sich das Puzzle meines Lebens anders zusammengefügt haben könnte. Was, wenn Papa Luul doch zu Werhid mitgenommen hätte? Was, wenn ich mit meinem Bruder anstatt mit Yaldiyan und Tzegehana aufgewachsen wäre? Was, wenn Luul mit mir bei der ELF gewesen, mit mir in den Sudan geflohen und mit mir nach Deutschland ausgereist wäre? Oder wenn er, der Ältere, der soldatentauglichere als ich, bei den zahlreichen Einsätzen an vorderster Front, die er wohl hätte mitmachen müssen, gestorben wäre? All das war so undenkbar und gleichzeitig war es auch so gut möglich, dass mir der Kopf zu schmerzen begann.

Plötzlich schien es mir, als wären für mich alle nur denkbaren Szenarien möglich gewesen. Ich hätte wohlbehütet von meinem älteren Bruder aufwachsen können – wahrscheinlich die Idealsituation für jedes kleine Mädchen. Genausogut hätte ich all die Jahre aber auch in

Gegnerschaft zu Luul verbringen könnern, weil er sich unserem Vater gegenüber immer ganz anders verhalten hatte als ich. Davon hatte er noch nicht viel erzählt, aber ich hatte es aus unseren Gesprächen mitbekommen, das lief als Subtext all unserer Unterhaltungen: Luul liebte unseren Vater nicht nur, er ordnete sich ihm unter, er wollte ihm gefallen. Ganz im Gegenteil zu mir: Ich musste mich meinem Vater zwar oft unterordnen, weil er es gewaltsam erzwang, aber ich wollte es nie. Ob ich ihm gefiel, war mir nicht egal, aber es stand nicht ganz oben auf dem Spickzettel meines Lebens. Zumindest bestimmte es keineswegs all mein Tun.

Viel später, als ich neunzehn oder knapp zwanzig Jahre alt war und während meiner ersten Afrikareise seit der Auswanderung nach Deutschland meine Mutter in Addis Abeba sah, kam es zu der größten Täuschung in der gemeinsamen Lebensgeschichte von Luul und mir. Ich besuchte meine Mutter am ersten am zweiten Tag alleine, erst am dritten Tag war meine Schwester Tzegehana mit dabei. Ich war fast ohnmächtig, so aufgeregt war ich über dieses Treffen. Diesmal war außer uns dreien auch ein junger Mann dabei, und während ich mit Mama sprach, redete Tzegehana die ganze Zeit auf ihn ein. Ich bekam nicht mit, worüber die beiden sprachen, ich merkte nur, dass sie sehr unfreundlich zu ihm war. Sie beleidigte ihn mehrfach und schüchterte ihn so ein, dass er nicht wagte, das Wort an mich zu richten.

Schon damals war mir dieser junge Mann auf merkwürdige Art vertraut vorgekommen, ohne dass ich hätte sagen können wieso. Dieser junge Mann hieß Luul und war mein Bruder, doch sie alle hatten es damals vor mir verheimlicht – außer Luul, der es mir wohl sagen wollte, von den anderen aber daran gehindert wurde, der Himmel weiß warum. Es kam sogar zum offenen Streit, als Tzegehana meine Mama und auch Luul beschimpfte. Sie empörte sich über die Vernachlässigung, die ich zeitlebens durch meine Mutter erfahren hatte, und konnte nicht einsehen, dass es nichts brachte, deswegen in Hass und Rache zu wühlen. Ihr war nicht klar, dass das nur in eine Spirale gegenseitiger Beschuldigungen mündete – ganz abgesehen davon, dass Luul nichts dafür konnte.

Luul wusste es nicht mehr, aber ich erinnerte mich daran, dass ich damals ironisch zu ihm gesagt hatte, er sehe aus wie unser Vater. Doch ich hatte nicht weiter darüber nachgedacht, sondern nur angenommen, er wäre ein Laufbursche meiner Mutter, denn er war damals keine imposante Erscheinung. Durch den Hunger und die Entbehrungen, die hinter ihm lagen, erschien er wie ein mickriger, kleiner, hässlicher und unsicherer Mann. Wenn ich nur geahnt hätte, wer er in Wirklichkeit war!

Die Szene, die Tzegehana damals uns allen machte, war vielleicht auch zu heftig, als dass ich daneben viel mitbekommen hätte. Luul erstarrte, als auch ich noch mit meiner Mutter zu streiten begann. Ich war in jenem Moment von Tzegehanas Argumenten aufgehetzt. Das ging soweit, dass mich meine Mutter vor die Tür setzte – mich, die verlorene Tochter, die sie zwanzig Jahre nach der Geburt zum ersten Mal getroffen hatte, die Tausende Meilen geflogen war, um sie zu sehen. Sie schmiss mich raus, weil sie meine Widerborstigkeit nicht ertragen konnte und weil ihr eigenes schlechtes Gewissen sie so sehr plagte, dass sie sich nicht anders zu helfen wusste.

Luul reagierte damals schon so, wie er es heute noch in brenzligen Situationen tut: Er hob das Kinn, begann sich daran zu kratzen und brummte etwas Unverständliches vor sich hin, das wie »hmmm, hmmm« klang. Als wir uns jetzt kennenlernten, gewöhnte ich mich bald daran, dass das bei Luul ein Zeichen dafür war, dass er nicht mehr weiter wusste und am liebsten mit Hilfe einer kleinen Lüge aus dem Schlamassel herausfinden wollte.

Auch als ich ihn an diesem denkwürdigen Halloweenabend fragte, warum er mir denn damals um Gottes Willen nicht gesagt hatte, dass wir Geschwister waren, begann er unbewusst wieder, sich am Kinn zu kratzen.

»Ich habe mich nicht getraut, weil ich nicht wusste, was in euren Köpfen vorging und wie ihr damit umgehen könnt. Ich wollte euch schonen.«

Das war eine von Luuls ausweichenden Antworten, bei denen ich zwar den wahren Kern spürte, aber ich merkte deutlich, dass dahinter etwas verborgen lag. Luul würde dieses Geheimnis vor mir nicht lüften, das wusste ich auch.

Onkel Tsegeab

Es war nicht leicht, Luul zu überreden, gemeinsam mit mir Onkel Tsegeab zu besuchen. Er hatte Angst vor dem Bruder unserer Mutter, dem Chef unserer Familie. Doch ich konnte unmöglich alleine zu ihm gehen, das wusste auch Luul, denn schließlich kannte mich der Onkel nicht, und mein Bruder musste mich ihm vorstellen. Im Taxi, das uns zu ihm brachte, wurde Luul immer stiller. Nachdenklich rieb er sich das Kinn und starrte nach draußen. Das war kein gutes Zeichen.

Tsegeab wohnte in einem guten Viertel von Addis Abeba, weit außerhalb des Zentrums. Wieder einmal wunderte ich mich, wie sich die Taxifahrer in dieser Stadt zurechtfanden, denn es gab keine Straßentafeln, keine Wegweiser, oft nicht mal Straßennamen, und natürlich besaß kein Mensch einen Stadtplan. Die meisten Menschen hätten nicht mal gewusst, was das ist, wenn man ihnen einen Plan unter die Nase gehalten hätte, und dabei machte es praktisch keinen Unterschied, ob sie Analphabeten waren oder nicht.

Die Wohngegend meines Onkels galt als gut, weil die Hauptstraßen asphaltiert und die Häuser mit Strom versorgt waren. Es gab keine Slums, keine illegal errichteten Buden aus Verpackungsabfall, Wellblech und Holzbrettern, sondern gemauerte Häuser mit Gärten, die durch hohe Zäune vor neugierigen Blicken geschützt waren. Hier gab es noch nicht mal Bettler auf den Straßen.

Luul ließ den Fahrer vor einem großen Eisentor halten. Er ging auf eine kleine Tür in dem Tor zu, öffnete sie routiniert, indem er einen versteckten Haken löste, und schon standen wir in einem Garten, der so groß war wie ein Schulhof und auch fast so bevölkert. An seinen Seiten standen drei Häuser, in denen mehrere Familien lebten. Kinder spielten in der Mitte des Gartens, rund um einen geparkten Autobus. Einige der Erwachsenen, die unter den Vordächern ihrer Häuser im Schatten saßen, begrüßten Luul. Das war für ihn eine willkommene Verzögerung auf dem Weg zum Onkel, doch ich zog Luul weiter. Wo war Tsegeab?

»Er wohnt dort.« Luul deutete auf eine offene Tür neben dem Autobus. »Du kannst schon vorgehen.«

Das lehnte ich ab. »Wir gehen zusammen.« Es war manchmal nicht leicht mit meinem Bruder. Was hatte er nur?

Kaum waren wir ins Haus eingetreten, standen wir schon im Wohnzimmer, im Esszimmer, im Büro, im Schlafzimmer, denn all diese Funktionen erfüllte der Raum. An einer Seite des Zimmers standen eine Reihe von Stühlen, auf deren mittlerem Tsegeab saß, düster vor sich hin starrend und rauchend. Er schien nicht so richtig anwesend zu sein, zumindest tat er so, als hätte er uns nicht bemerkt. Ich erkannte ihn sofort an seinem Äußeren. Seine Gesichtszüge sahen aus wie die meiner Mutter, nur noch schärfer geschnitten, weil Onkel Tsegeab sehr dürr war und einige Jahre älter als unsere Mutter.

Als ich ihn grüßte, stand er auf und hieß mich herzlich willkommen. Luul hatte ihm bereits von meiner Anwesenheit erzählt und ihm meinen Besuch angekündigt. Ohne Luul eines Blickes zu würdigen, erkundigte er sich umständlich nach meiner Anreise, nach dem Hotel und wie es mir ginge. Erst als Luul wieder mal nicht mehr wusste, wohin mit seinen Armen, die ihm immer im Weg zu hängen schienen, rieb Tsegeab gegenseitig mit seinem Neffen die Schultern – die traditionelle Begrüßung unter Männern.

Der Onkel freute sich aufrichtig über meinen Besuch, doch ich merkte, dass ihm etwas Kummer bereitete. Zwar versuchte er, ruhigen und würdevollen Stolz auszustrahlen, den er durch das traditionelle weiße Tuch, das er sich über Hemd und Hose um den Oberkörper und die Hüften geschlungen hatte, noch zusätzlich unterstrich, aber gleichzeitig sog er zu gierig an seinen Zigaretten, sein Blick flackerte zu unruhig durch den Raum, und er rutschte zu nervös auf dem Stuhl hin und her. Ich hätte ihn gerne gefragt, was ihm Sorgen machte, doch ich spürte, dass sich das für mich nicht gehörte. Eine junge Frau fragt einen alten Mann nicht, was ihn beschäftigt. Doch Tsegeab konnte mit dem Grund seiner Unruhe ohnehin nicht lange hinter dem Berg halten. »Wir haben schlechte Nachrichten bekommen«, sagte er mit düsterem Unterton, »meine Mutter ist tot.«

»Meine Mutter ist tot.« Es dauerte etwas, bis sich dieser Satz in mein Bewusstsein gesenkt hatte. »Meine Mutter ist tot.« Meine auch, dachte ich, als Onkel Tsegeab das sagte, aber dann schoss es mir mit einem

Mal heiß wie Feuer durch den Kopf: Seine Mutter war ja meine Großmutter! Das war Sifan, die Oma, die ich in einer Woche in Eritrea besuchen wollte. Sifan war tot!

Ich stand mit offenem Mund da. Sifan, der ich noch vor einem guten Jahr eine Augenoperation ermöglicht hatte, in der Hoffnung, sie könne mich wenigstens in Umrissen erkennen, wenn ich ein zweites Mal zu ihr auf Besuch kommen würde … Sifan, die mir seit meinem ersten Besuch bei ihr vor knapp zwei Jahren unzählige Male im Traum erschienen war … Sifan, in der ich die Quelle meiner Familienerinnerung sah und an die ich noch so viele Fragen hatte … Sifan, der ich so vieles erzählen wollte … Sifan sollte nun tot sein?

»Wann ist sie gestorben?«

Oft sind wir von großen Dingen bewegt, und uns fallen nur kleine Fragen ein – wahrscheinlich, um uns von den großen abzulenken. Doch die Antwort meines Onkels lenkte mich nicht ab, sie machte mich nur noch ratloser: Oma war schon vor über einem halben Jahr gestorben.

»Warum erfahre ich das erst jetzt?« fuhr ich den armen Mann an, weil ich im Augenblick des Schmerzes mit meinen Emotionen nicht anders umzugehen wusste, als sie meinem Onkel ins Gesicht zu schleudern. »Warum erfahre ich nie, was in dieser Familie vor sich geht? Warum wird mir alles verschwiegen?«

Luul schien von meiner Reaktion noch mehr entsetzt zu sein als von der Todesnachricht selbst. Ängstlich presste er sich in seinen Stuhl und gab mir vorsichtig Zeichen, mich zurückzuhalten. Er hatte wirklich Angst, der Ärmste, doch darauf konnte ich keine Rücksicht nehmen.

Tsegeab war aber nicht erbost über meine Reaktion, er wunderte sich nur. »Ich weiß es doch selbst erst seit ein paar Tagen«, sagte er, »wir haben nur wenig Kontakt zu unseren Verwandten in Adi Keyh.«

Das war mir klar, doch es beruhigte mich nicht. Oma Sifan war tot! Weinend brach ich zusammen.

Dieses Verhalten schien meinem Onkel nun wieder angemessen zu sein, auch wenn er sich selbst nicht so gehen ließ: »Ich weine nicht, weil meine Mutter alt war. Weil es ihre Zeit war zu gehen. Und ich weine nicht, weil das ganze Land stirbt. Weil alle Menschen in Eritrea von Hunger und Krankheit bedroht sind, weil sie unter ihrer Regierung leiden. In dieser Situation kann ich nicht um einen einzigen Menschen weinen! Dieses Recht nehme ich mir nicht heraus.«

Mein guter Onkel! Diese Bemerkung kam so bitter und hart, aber auch so ehrlich herüber, dass meine Tränen augenblicklich versiegten. Luul hatte mir schon gesagt, dass unser Onkel ein sehr politisch denkender Mensch war, der sein Leben der Befreiung Eritreas gewidmet hatte. Ich wusste, dass er mit jeder Faser seiner Seele an seinem Vaterland hing, dass er mit vielen politischen Entwicklungen der letzten Jahre mehr als unzufrieden war und deshalb tiefen Gram hegte. Ich verstand das, ich achtete seine moralische Integrität und seine Unbeugsamkeit, doch gleichzeitig bedauerte ich ihn. Er tat mir leid, weil er in seiner politischen Fixiertheit seine Gefühle vergessen hatte. Hatte er nicht wie jeder Mensch ein Recht darauf, sein persönliches Leid zu spüren, seine Freude zu feiern, seiner Trauer nachzuhängen, ohne dass dadurch andere, hehre Ideale verletzt wurden? Kein Mensch sollte seine Wertvorstellungen über sein Leben setzen. Er darf sich nicht selbst beschneiden, auch nicht einer politischen Idee zuliebe, die nie mehr wert sein kann als ein Leben, das es zu betrauern gilt!

All das konnte ich dem Onkel nicht sagen, es wäre zuviel für ihn gewesen, solche Ungeheuerlichkeiten aus meinem Munde zu hören. Aus dem Mund einer jungen Frau, die zwar seine Nichte war, die Tochter seiner Schwester, die er aber erst wenige Minuten zuvor kennengelernt hatte. Es sprach ohnehin einiges dafür, dass ihm dieses Kennenlernen zu schnell gegangen war: »Deine Verwandten werden dich in allem unterstützen«, sagte er ganz in der Rolle des gütigen Onkels, »sie werden dir alle Informationen geben, die du brauchst. Auch von mir wirst du noch viele Adressen von Verwandten bekommen, damit du dich weiter informieren kannst, denn das ist im Interesse unserer Familie.«

Herrje, er klang fast wie ein Politiker auf wichtiger internationaler Mission.

»Aber du musst uns Zeit geben, du musst dich einfühlen. Du musst dich anpassen, du musst auf deine Verwandten zugehen, und du musst ihnen zuhören, gut zuhören!«

Ich stutzte – was war da passiert?

Natürlich war ich, wie das so meine Art ist, nicht nur schweigend dagesessen, sondern ich hatte Tsegeab viele Fragen gestellt. Ich wollte einiges über meine Mutter wissen, über meine Cousins und Cousinen, die ich alle noch nicht kannte, und natürlich auch über die anderen Kinder meiner Mutter, meine Halbgeschwister, die ich gerne treffen würde. Ich hatte gefragt und gefragt, weil das für mich ein Weg war, mit einem Menschen Kontakt aufzunehmen, doch der Onkel fühlte sich gleich in seiner Ehre gekränkt. Er fand, dass es an ihm war, Fragen zu stellen – die ich ihm auch gerne beantwortet hätte –, doch es kamen keine Fragen von ihm, sondern nur bedeutungsschwere Blicke, die ich nicht zu interpretieren wusste.

Ich hatte aber keine Zeit, ich drängte, damit hatte Tsegeab vollkommen recht. Doch ich konnte ihm das erklären. »Mein ganzes Leben lang war ich immer im unklaren über mich, über meine Familie«, sagte ich, »nun kann ich nicht mehr warten. Jetzt bin ich hier bei euch und will alles wissen, alles in mich aufsaugen, alle kennenlernen. Ich dürste nach Familie, ich hungere nach Informationen, und ich kann nicht mehr geduldig sein, das war ich viel zu lange.«

Ich trat wie ein kleiner Trotzkopf auf, das merkte ich selbst, doch ich konnte nicht anders. Luul versteckte bereits unbewusst seinen Kopf zwischen den Händen, als etwas Merkwürdiges passierte: Onkel Tsegeab lenkte ein. Er gab nach, er entspannte sich, er lächelte und reichte mir die Hand.

»Du bist unruhig, du willst alles«, sagte er, »du bist nicht diplomatisch, sondern ehrlich. Das gefällt mir, weil ich genauso bin.«

Luul sah erstaunt auf, und auch ich konnte es kaum fassen. Hinter der rauhen, auf Wichtigkeit getrimmten Fassade unseres Onkels steckte ein augenzwinkernder Schelm. Ein Mann, der über seinen langen, dünnen Schatten springen konnte. Jemand, dem die spontane Eingebung wichtiger war als seine Tradition. Nun musste ich auch lächeln, und unser kleiner Disput, der sich beinahe zum Streit ausgewachsen hätte, war wie weggeblasen.

Gelassen und bereitwillig erzählte der Onkel von seiner Situation: Wie er wegen der herrschenden politischen Lage aus Eritrea geflohen war. Er sprach von seiner Frau, die immer noch in Asmara lebte, und die er seit Jahren nicht gesehen hatte. Er ließ seiner Verbitterung über den Hass, der sich zwischen den verfeindeten Staaten aufgebaut hatte, freien Lauf. Er ließ mich aber auch spüren, dass er diese Verbitterung nicht auf mich übertragen wollte.

»Komm morgen wieder«, sagte der Onkel zu mir und umarmte mich. »Da werde ich den Tod Sifans vor der gesamten Familie verkünden!«

Rhythmus Afrika

Zurück im Hotel dröhnte mir der Kopf, wie so oft nach einem Tag voller Familie. Meine Oma war tot. Mein Bruder war ein kleiner Feigling, der sich vor seinem Onkel fürchtete. Mein Onkel war ein kluger, beizeiten witziger, aber auch verhärteter Mann, der seine politischen Prinzipien hochhielt wie mein Vater, das aber ohne Gewalt, Aggression oder Blutvergießen schaffte. In meiner Tasche stapelten sich Adressen von einem guten Dutzend Leuten, die alle meine Verwandten waren, von denen aber kaum einer wusste, dass es mich gab. Ich hatte einen jener Tage erlebt, die mein Leben auf den Kopf stellten.

Um wieder vom Kopf auf die Füße zu kommen, beschloss ich, abends auszugehen. Ich wollte äthiopische Musik hören, äthiopische Tänzer sehen und, falls ich mich dafür gut genug fühlen sollte, mich vielleicht selbst auf die Tanzfläche wagen. Doch mit wem sollte ich mich ins Nachtleben stürzen? Alleine, soviel war klar, konnte ich nicht gehen, weil mich dann alle Männer automatisch für eine Nutte gehalten hätten, denn die meisten Frauen, die in Addis nachts alleine unterwegs waren, taten dies aus geschäftlichen Gründen. Ich staunte, dass Prostitution auf manchen Hauptstraßen sogar öffentlich betrieben wurde. Bei meinem letzten Besuch in Addis vor dreizehn Jahren wäre das noch undenkbar gewesen, denn Äthiopien war damals ein viel konservativeres Land als Eritrea, wo sich in der Rollenverteilung zwischen Männern und Frauen viel geändert hatte, seit so viele Frauen zusammen mit den Männern in den Krieg gezogen waren. Doch augenscheinlich befand sich nun auch die äthiopische Gesellschaft in einem tiefgreifenden Wandel. Wie tief der wirklich ging, sollte ich erst später an diesem Abend mitbekommen.

Ein Begleiter musste also her. Luul kam leider nicht in Frage, weil er Musik- und Tanzlokale sowie Bars aus religiösen Gründen ablehnte – er kam mir in dieser Hinsicht rein und unschuldig wie ein Kind vor. Natürlich hätte er mich trotzdem begleitet, mir zuliebe, aber ich wollte ihn nicht in eine Szene hineinzerren, mit der er nichts zu tun haben wollte.

Da ich außer Luul und meinem Onkel, der für solche Ausflüge viel zu alt war, niemanden kannte, engagierte ich einen Taxifahrer, der Luul und mich schon ein paarmal gefahren hatte. Er hieß Salomon und war ein Engel von einem Mann – stets geduldig, aufmerksam und intelligent, außerdem zuverlässig und ein verdammt guter Fahrer. Anders als vermutlich die meisten äthiopischen Männer würde er es nicht falsch verstehen, wenn ich ihn bat, mich heute abend zu begleiten. So war es auch.

Ich war froh darüber, jemanden dabei zu haben, der die guten Lokale kannte, denn ich wollte nicht erst lange suchen müssen. So konnte die Nacht beginnen – o Gott, hatte ich diese Abwechslung nötig!

Unsere erste Station war das »Habesha«, ein äthiopisches Musiklokal, in dem die Gäste an kleinen runden Tischen saßen, auf die genau eine der Enjera-Platten passte, die wir bestellten. Die Kellnerinnen trugen traditionelle Tracht, die sehr balkanischen Dirndln ähnelte: weiße Blusen und weiße Röcke mit roten und blauen Säumen, dazu bunte Schals und Sandalen mit den eckigen Absätzen der alten Nubierinnen. Die Haare trugen sie zu kleinen Zöpfchen geflochten, die knalleng am Kopf anlagen, um im Nacken in einen fetten Busch entlassen zu werden. Was für ein traumhafter Service! Inklusive Kellnerinnen und Küchenpersonal bekochten, unterhielten und bedienten hier mehr Menschen, als sich bekochen, unterhalten und bedienen ließen.

Auf einer winzigen Bühne stand eine elektronisch verstärkte Band mit zwei Keyboards, Drums und E-Gitarre. Die Männer spielten vor allem Tigrinya-Musik, krachend laut, aber nicht sehr ambitioniert. Zu jedem Lied kam ein neuer Sänger oder eine Sängerin auf die Bühne. Der Vorrat an Männern in glänzenden Polyester-Anzügen und Frauen in langen Abendkleidern, die herzzerreißende Liebeslieder von sich gaben, schien unerschöpflich.

Mich faszinierte, mit welcher Inbrunst Männer wie Frauen loslegten, auch wenn nicht alle stimmlich so sicher waren, wie sie das auf einer Bühne sein müssten. Ich genoss den stampfenden Rhythmus meiner Heimat, die kurzen, abgehackten Melodiefolgen, das Scheppern der Trommeln.

Als eine der Kellnerinnen, die eher wie eine Prinzessin aussah, an unseren Tisch kam, hatte ich fast schon das amharische Wort für Bier auf den Lippen, doch ich verkniff es mir und machte »Bitte noch ein Tonic« daraus. Mit spitzen Fingern und erhobenen Augenbrauen schnappte sie mein leeres Glas, um es gegen ein volles auszutauschen. Sie wusste genau, worum es ging. Sie sah mir an, dass ich im Ausland lebte und den dortigen Lebensstil gewohnt war, sie wusste aber auch, dass der hier nicht angebracht war. Und jetzt interessierte es sie, ob ich mich wohl unterordnen würde. Nun, ich tat es, um niemanden zu verletzen. Nicht die Sänger, nicht die Kellnerin und nicht zuletzt Salomon, mit dem ich am Tisch saß.

Alle Frauen, die hier saßen, hatten bloß ein Glas Cola oder Tonic, freilich ohne Gin, vor sich stehen, auch wenn ihre Männer tranken wie die Löcher und rauchten wie die Schlote. Wie gerne hätte ich mir jetzt eine Kippe angemacht und den Rauch bis an die Decke geblasen! Doch ich wusste, dass ich mit einer Zigarette unangenehm auffallen würde, und das wollte ich nicht. Dazu gefiel mir die Stimmung, die die Musiker verbreiteten, zu gut.

Als ich schon dachte, der Vorrat an Musikern sei endgültig aufgebraucht, kamen zwei Frauen und ein Mann auf die Bühne. Das waren Oromo, Mitglieder eines Stammes, der südlich von Addis lebt. Sie führten einen der Fruchtbarkeitstänze auf, für die die Oromo berühmt sind, einen prallen, sinnlichen Tanz. Die Frauen hatten dazu sehr knappe Tücher umgebunden, und steil von ihren Hintern standen zu steif stehenden Schwänzen gerollte Tücher ab, mit denen sie aufreizend in Richtung des Tänzers, aber auch zum Publikum hin wackelten. Der Mann auf der Bühne trug einen Federbusch, den er in eindeutigen Posen in Richtung der Schwänze der beiden Frauen bewegte. Bald zuckten der Mann und jeweils eine der beiden Frauen paarweise in wilden Verrenkungen knapp über dem Boden, als wären wir in einer Sexshow.

Das war, auch wenn es so wirkte, kein Tanz für Touristen, von denen gar keine anwesend waren. Es war auch keine städtische Adaption eines ländlichen Tanzes, sondern das Original, das ich zuvor schon einige Male gesehen hatte. Welch ein Missverhältnis hier bestand: Die Frauen auf der Bühne durften sich in den geilsten Kostümen und Posen zeigen, ekstatisch mit dem Hintern wackeln und schmachtend von der Liebe singen, und wir Frauen im Publikum durften nicht mal einen Gin Tonic trinken.

Als nach den Tänzern wieder die Sänger an der Reihe waren, deutete ich Salomon gegenüber an, dass es nicht schlecht wäre, das Lokal zu wechseln. Ihm war das nur recht, vermutlich hatte er schon zu oft in Shows wie diesen gesessen.

Er schlug ein anderes, »moderneres« Lokal vor, wie er sich ausdrückte. Ich weiß nicht mehr den Namen dieser Bar, die aussah wie ein In-Lokal für Studenten in Berlin-Friedrichshain. Die Möbel stammten aus den siebziger Jahren, an den Wänden hingen Spiegel und alte Filmplakate, das Licht war gedämpft, die Luft rauchgeschwängert. Hier konnte ich endlich rauchen, denn einige der anderen Frauen taten das zu meiner Überraschung auch. Auf einer düsteren Bühne spielte eine kleine Band, zu der sich ein paar Sänger abwechselten. Ihr Repertoire war klassisch äthiopisch, mit ein paar aktuellen afrikanischen Hits gemischt; musikalisch keine sehr aufregende Angelegenheit. Als ich Salomon nach einer Weile fragte, ob es in Addis nicht etwas Moderneres gäbe, sah er mich nur einen Augenblick fest an zum Zeichen, dass wir aufbrechen könnten.

Nach wenigen Minuten Autofahrt war ich in der äthiopischen Moderne angekommen, im »Dream Club«. Diese Diskothek stand an einer Straße, an der sich Bar an Club an Restaurant reihten, doch der Dream Club logierte im prächtigsten Gebäude weit und breit. Das sah aus wie auf einem Rummelplatz, mit verspiegelter Fassade, bunter Beleuchtung und einem goldbetressten Türsteher, dessen Uniform wirkte, als stammte sie vom Faschingskostümverleih, doch der muskulöse Mann meinte seinen Job durchaus ernst.

Schon am Eingang dampfte uns der neueste amerikanische Soul- und Hiphop-Sound entgegen, bei dem die Bässe so stark kamen, dass die Wände wackelten. Das war nur die erste Überraschung, denn je weiter wir uns den Weg durch Menschentrauben und Rauchwolken hinein ins Lokal bahnten, desto mehr blieb mir der Mund offenstehen: Hier waren die Mädels so angezogen wie in den coolsten Clubs von Berlin. Hier war jeder Nabel frei, alle Lippen waren gepierct und alle Röcke reichten nicht weiter als bis zum Slip. Neben der Bar rekelte sich ein halbnacktes Go-go-Girl in einem grell ausgeleuchteten Käfig, alle tranken Gin Tonic und qualmten. Manche kifften sogar, was das Zeug hielt.

Im ersten Moment wusste ich nicht, ob ich mich darüber freuen oder traurig sein sollte, denn so viel Europa hatte ich weder erwartet noch erhofft. Doch je länger ich mit meinem Drink und meiner Zigarette neben Salomon an der Bar lehnte und je genauer ich mir die Menschen um mich herum ansah, desto trauriger wurde mir zumute. Ich sah, dass die Mädchen alle noch sehr jung waren und trotzdem schon müde Gesichter hatten. Ich sah, dass die Männer, die sich hier mit ihnen die Zeit vertrieben, nicht viel mehr im Sinn hatten als eine schnelle Geschichte, bei der sie nichts zu verlieren hatten als ein paar Gin Tonics. Ich sah, dass einige der Mädchen sehr knapp an der Grenze zur Prostitution entlangspazierten und sich dabei viel zu billig verkauften. Ich stellte mir die Häuser ihrer Eltern vor, aus denen sie sich abends geschlichen hatten, nachdem ihre Familien längst im Schlaf versunken waren, denn kein einziger äthiopischer Vater hätte seine Tochter freiwillig oder wissentlich an diesen Ort gehen lassen. Und ich sah, wie den meisten Mädchen hier der Alkohol nicht bekam, wie einige bereits ziemlich orientierungslos durch die Gegend schwankten, leichte Beute für die zahlreich wartenden männlichen Jäger.

Erst zu fortgeschrittener Stunde wurden die Verhältnisse äthiopischer. Die Mädchen verschwanden nach und nach, während sich die Männer zusammenrotteten, um miteinander zu trinken, genauso, wie es schon ihre Väter getan hatten, wenn auch in einem anderen Ambiente. Nur auf der Toilette traf ich noch ein paar Frauen, die gleich über mich herfielen. Sie verlangten mit Nachdruck Informationen. Wo ich herkäme, wer ich überhaupt sei. Ob ich ihnen weiße Männer verschaffen könnte. Ob der Mann neben mir mein Kunde wäre.

Spätestens jetzt wusste ich, dass sich im Grunde nichts geändert hatte, auch wenn es auf den ersten Blick so aussah. Ich wusste, dass hier nicht die Moderne, sondern bloß die Gier regierte. Mir wurde klar, dass sich die Sitten und Gebräuche nicht gewandelt, sondern dass sie nur ein anderes Gesicht bekommen hatten. Die Frauen waren immer noch von den Männern abhängig, ihnen ging es bloß darum, ihnen zu Gefallen und zu Diensten zu sein. Der einzige Unterschied lag darin, dass manche von ihnen wagten, ein bisschen Geld dafür zu verlangen.

Trauer

Am nächsten Morgen stand zu Luuls Unglück wieder Onkel Tsegeab auf dem Programm, der den Tod unserer Oma bekanntgeben wollte. Das war ein Ereignis, bei dem jedes Familienmitglied selbstverständlich anwesend sein musste. Noch auf dem Weg zum Haus des Onkels dachte ich, wie gut es war, dass ich Luul am Vorabend nicht mitgenommen hatte – sein gesamtes Weltbild wäre zusammengekracht und seine Konstitution dazu, denn ein paar Gin Tonics wären für ihn eindeutig zu viel gewesen. Auch mein Kopf brummte, doch ich hatte einfach einmal über die Stränge schlagen müssen, und als ich wieder im Hotel ankam, musste es schon eher Morgen als Nacht gewesen sein, denn die ersten Vögel zwitscherten bereits.

Entsprechend spät waren wir aufgebrochen, obwohl der Onkel mehrfach darauf hingewiesen hatte, dass er die ersten Besucher bereits um halb sieben Uhr morgens erwarten würde. Die Verkündung sollte zwar den ganzen Tag in Anspruch nehmen, doch bei Angelegenheiten wie dieser gilt in Afrika untypischerweise der Grundsatz, besser zu früh als zu spät da zu sein, denn Familienangelegenheiten haben immer höchste Priorität. Das sind Dinge, mit denen sich nicht scherzen lässt. Entsprechend unruhig war Luul, dass wir uns erst so spät auf den Weg gemacht hatten.

Aber wir kamen nicht zu spät zu Tsegeab. Als wir eintraten, war die Stuhlreihe an der linken Seite des Wohnzimmers voll besetzt, und an der rechten Seite hatte man Stühle aufgestellt, von denen zwei belegt waren. Es sah aus wie im Wartezimmer einer gutgehenden Zahnarztpraxis. Auch die Stimmung erinnerte daran. Keiner sagte etwas, sondern alle blickten betreten zu Boden. An der Stirnseite des Raums saß der Onkel auf dem mit Abstand bequemsten Stuhl des Hauses und sah starr geradeaus, ohne uns Eintretende wahrzunehmen, jedenfalls ließ er sich kein Zeichen des Erkennens anmerken.

Tsegeab war an diesem wichtigen Tag noch traditioneller gekleidet als das letzte Mal. Er trug bloß das weiße Tuch der eritreischen Hochlandbewohner und dazu ein Paar gewöhnliche Herrenhalbschuhe, sonst nichts. Diese Tracht an meinem Onkel zu sehen war ungewöhnlich. So etwas trugen sonst nur Hirten, Bauern oder mittellose Arbeiter, aber keine städtischen Intellektuellen, wie Tsegeab einer war. Er hatte immerhin studiert, er war Soziologe, gab ein regelmäßig erscheinendes Informationsblatt über Eritrea heraus, arbeitete bei einer Zeitung mit und sprach den ganzen lieben langen Tag über Politik.

Da der Onkel auch weiterhin keine Anstalten machte, uns zu begrüßen, wollte ich mich zwischen den Stühlen zu ihm hindurchquetschen, um ihm mein Beileid auszusprechen, doch Luul hielt mich im letzten Moment am Ärmel zurück. Ich sah ihn ärgerlich an, doch er machte mir ein Zeichen, bei ihm zu bleiben.

Ich neige sonst nicht dazu, Ratschlägen zu folgen, die sich in Ärmelzupfen äußern, aber diesmal schien es mir angebracht. Hier sollte etwas passieren, was ich nicht kannte. Also folgte ich Luul, und wir setzten uns auf zwei der leeren Stühle.

Dann geschah weiter nichts. Wir saßen stumm da. Erst nach einer Weile ergriff der Onkel das Wort, um eine Unterhaltung fortzusetzen, die er offenbar unterbrochen hatte, als wir eingetreten waren. Es handelte sich um irgend etwas Belangloses, doch Onkel Tsegeab war ein Genauigkeitsfanatiker, also sprach er fertig. Dann stand er auf, um zu Luul und zu mir herüberzugehen und uns zu begrüßen, als wären wir erst in diesem Moment gekommen.

Das kam mir merkwürdig vor, doch ich sagte nichts. Der Onkel war eben so, dachte ich, als schon der nächste Besucher eintrat, ein junger Mann. Auch er suchte sich einen Platz, setzte sich hin, schlug die Augen zu Boden und saß still da. Die anderen blieben wieder stumm sitzen, niemand begrüßte den Neuankömmling. Die Menschen hier verhielten sich nach einem bestimmten System. Es wäre gespenstisch gewesen, wenn ich nicht gewusst hätte, dass es sich um ein Trauerritual handelte, das ich noch nie gesehen hatte.

Nachdem der Onkel unsere Begrüßung abgeschlossen hatte, setzte er sich wieder auf seinen Platz. Das Hausmädchen brachte uns beiden etwas zu essen: Enjera natürlich, ein paar Soßen dazu und Fanta. Als wir schon aßen – ich hatte keinen Hunger, aber in einem afrikanischen Haus ist es vollkommen ausgeschlossen, Speisen abzulehnen, die bereits serviert sind –, fiel der Blick unseres Onkels auf den Neuankömmling. Der verstand dieses Zeichen sofort, stand auf und stellte sich vor, denn der Onkel schien ihn nicht zu kennen.

»Ich bin Alem, der Sohn deines Onkels Kinfe«, sagte er zu Tsegeab, »und ich bin gekommen, um die Nachricht von Sifans Tod zu hören.«

Unser Onkel nickte darauf nachdenklich. »Aha«, sagte er, »dann sind wir also verwandt. Das ist gut. Setz dich wieder hin.«

Alem setzte sich in derselben Sekunde, als habe er nur auf das Signal dazu gewartet. Der Onkel fragte ihn noch nach Neuigkeiten aus seiner unmittelbaren Familie aus, dann versank er wieder in Schweigen. Alle anderen sagten ohnehin nichts.

Nach und nach verabschiedeten sich Trauergäste, doch es kamen immer wieder neue Familienmitglieder und Freunde nach. Alle verhielten sich wie Alem: Sie setzten sich auf einen freien Stuhl, hockten still da und warteten, bis mein Onkel sie auffordernd ansah, sie begrüßte oder ihnen direkt das Wort erteilte. Zwei wurden mir als Cousin und Cousine vorgestellt, das waren sie sowohl untereinander als auch zu mir. Die beiden, Mussie und Judith, waren miteinander verheiratet. Das war möglich, weil sie nicht blutsverwandt waren, sondern aus den beiden unterschiedlichen Teilen meiner Familie stammten; Mussie war mit mir von seiten meiner Mutter verwandt, Judith von meines Vaters Seite. In Afrika ist es eine normale Sache, dass ein Mann eine Frau aus einer befreundeten Familie findet und umgekehrt. Dabei kommt es weniger leicht zu Überraschungen, da man ungefähr weiß, wie es in der anderen Familie zugeht.

Mir brummte der Kopf von den Erzählungen, wie die beiden nun mit mir verwandt waren, und auch von dem Bericht über die Odyssee, die sie durchmachen mussten, um vor den Kriegswirren aus Eritrea zu flüchten. Mussie hatte in Südafrika studiert, um von dort nicht mehr nach Eritrea zurückzukehren, und Judith war ihm auf einem Umweg über Kenia und Uganda nach Äthiopien gefolgt. Das sind typische afrikanische Schicksale, dachte ich, die Menschen drohen zwischen Unruhen, Kriegen und Hungersnöten aufgerieben zu werden und können sich nur über die Kraft und den Zusammenhalt ihrer Familien retten.

War es mir nicht genauso ergangen? Wo wäre ich heute ohne meine Familie? Wahrscheinlich wären meine Schwestern und ich im Krieg in Eritrea vor die Hunde gegangen, wenn uns nicht unser Onkel Haile nach Khartum geholt hätte. Und wahrscheinlich wären wir in Khartum wie so viele Eritreerinnen als Hausmädchen in muslimischen Haushalten geendet, wenn uns unser Vater nicht nach Deutschland geholt hätte. Je mehr Geschichten von Krieg, Not, Entbehrung, aber auch von Hilfe durch die Verwandten ich aus meiner Familie hörte, desto gelassener konnte ich mit meiner eigenen Geschichte umgehen. Sie war kein Einzelfall. Kein besonders schlimmes Schicksal, keine Strafe Gottes. Kein Fluch, keine Last, kein Horror, sondern eine afrikanische Geschichte wie viele andere afrikanische Geschichten auch – mit sehr unterschiedlichen Ausgängen, wie ich immer deutlicher erkannte: Ich lebte nicht in einem Flüchtlingsheim in Addis Abeba, so wie Mussie und Judith, sondern ich wohnte in einer Berliner Altbauwohnung. Ich musste nicht täglich damit rechnen, ausgewiesen, umgesiedelt oder wieder vertrieben zu werden, sondern ich lebte als deutsche Staatsbürgerin in Sicherheit und Frieden. Mir ging es besser als den meisten meiner Verwandten. Das ist aber nicht mein Verdienst, sondern allein glücklichen Umständen zu verdanken. Erst durch die Konfrontation mit all den anderen Geschichten aus meiner Familie wurde ich mir dessen bewusst. Du kannst Gott dafür danken, Senait, dachte ich bei mir, und ich beschloss, das bei der nächsten Gelegenheit auch zu tun.

So saß ich genauso still wie die anderen Menschen um mich herum auf meinem Stuhl und sah zu Boden, doch in meinem Innersten herrschte heftige Bewegung. Nie hatte ich eine so in sich selbst versunkene Trauergemeinde gesehen, nie hatte mich eine Zeremonie so mitgenommen, und noch nie hatte mir ein an und für sich negatives Ereignis soviel Trost und Zuversicht gespendet. Ich beschloss, mich auf das, was hier passierte, einzulassen, denn ich merkte, dass es nicht nur gut für die Sache war, gut für meine Familie, sondern auch gut für mich. Ich spürte, dass hier Kräfte am Werk waren, die meine eigene Kraft ergänzen und stärken könnten.

Mehr und mehr überwältigte mich die Strenge des Rituals, das ausschließlich darin bestand, dass alle dasaßen und nur der sprach, der vom Onkel gefragt wurde. Ich spürte die Strenge der Situation, ich fühlte die Kraft der Tradition, die die Menschen fest in Händen hielt und ihnen Sicherheit gab. Niemand durfte sich anders verhalten, als es von ihm erwartet wurde, niemandem war es erlaubt, die ungeschriebenen Regeln zu verletzen, mit denen der ganze Raum durchsetzt schien, und es machte auch niemand Anstalten, etwas dergleichen zu tun. Alles war auf den Onkel ausgerichtet, das Familienoberhaupt, den Ältesten im Raum. So lange, bis Tsegeabs Onkel kam.

In dem Moment, als er den Raum betrat, verstummte Tsegeab, schnellte von seinem Platz hoch und übergab ihn seinem Onkel, einem schon sehr gebeugt gehenden alten Mann. Tsegeab selbst setzte sich zwischen die anderen, auf einen Stuhl in der Wartereihe an der Seite. Wie anders er dort wirkte, als einer unter vielen, während der alte Mann jetzt das Zentrum des Raums eingenommen hatte.

Er musste nicht warten, bis ihm Tsegeab das Wort erteilte, sondern er sprach selbst. Er fragte nach Sifan, und Tsegeab erzählte in kurzen

Worten, dass sie bereits vor Monaten gestorben sei und dass ihn erst jetzt die Todesnachricht erreicht habe. Als der alte Mann das hörte, heulte er los. Er gab sich nicht mit Einleitungen ab, nicht mit Erklärungen, sondern er weinte, schrie, verkrampfte sich wie aus heiterem Himmel. Er reckte die Arme gegen die Decke, die Tränen liefen über sein stoppeliges Gesicht, das er bald unter den Händen verbarg. Sein Schluchzen schüttelte den ganzen, schmächtigen Körper, seine Klagelaute erfüllten das gesamte Haus.

Ich saß da wie versteinert und wagte kaum, den Weinenden anzusehen. Männer weinen bei uns normalerweise nie, schon gar nicht Männer in so ehrfurchtgebietendem Alter wie Tsegeabs Onkel, doch der heulte wie ein Schlosshund. Die anderen schien das nicht zu kümmern, sie saßen weiterhin schweigend da und starrten auf ihre Knie. Was jetzt wohl passierte?

Es dauerte nicht lange, und der Mann hatte sich wieder im Griff, schnaubte noch ein paarmal in sein Taschentuch, wischte sich die Tränen ab und saß ruhig da, wie die anderen. Als das Hausmädchen auch ihm Enjera und Fanta brachte, griff er entschlossen zu und konzentrierte sich voll und ganz auf seine Mahlzeit.

Da ich durch die neue Sitzordnung direkt neben Tsegeab saß, konnte ich ihn leise ansprechen, zumal mir die Situation jetzt gelöster vorkam. Seit Tsegeabs Onkel aß, hatten sich im Raum einzelne Gespräche entwickelt, als ob die Trauer des Familienältesten die Situation entspannt hätte. Ich bewunderte nicht nur die Disziplin, sondern auch die Ausgeglichenheit der Trauergemeinde. Es war wunderschön, wie die Menschen den Ausbruch des Mannes durch ihre Anwesenheit und durch ihre Ruhe aufgefangen hatten, ohne Mitleid, Trost oder Hätschelei wie in Europa.

»Unsere Leute können gut trauern«, sagte ich zum Onkel. »Sie gehen ganz aus sich heraus, wie bei einer Explosion, sie lassen ihren Gefühlen freien Lauf, und dann wirken sie ehrlich beruhigt. Ich wäre auch gerne so, doch in mir gärt immer alles ewig lange. Wie ist das bei dir?«

Es war zu spüren, dass der Onkel solche Fragen nicht gewohnt war, doch er antwortete ohne zu zögern: »Ich habe schon heute morgen geweint, genauso wie die anderen«, sagte er, »als ihr noch nicht da wart.«

Mir kam es so vor, als würde der Onkel sich keinen größeren Ausbruch zugestehen als ein paar Tränen zwischen zwei Aussprachen mit den Familienmitgliedern. Ich fragte ihn danach, und er sah es genauso. »Wir können nur so trauern«, sagte er, »anders geht es nicht. Um noch mehr und noch länger zu trauern, ist zuviel Leid um uns. Würden wir das tun, so würden wir von Leid erstickt werden, und das wäre nicht gut.«

Der Anlass für dieses Foto im Kreis meiner neu entdeckten Familie mütterlicherseits war traurig: Im weißen Tuch der Hochlandbewohner verkündete mein Onkel Tsegeab *(Mitte)*, dass meine Großmutter gestorben war.

Für mich war die Situation so überwältigend gewesen, dass ich nach draußen gehen musste, um frische Luft zu schnappen. Tsegeab begleitete mich. Ich vermutete, er sah das als seine Aufgabe an, denn im Hof waren jede Menge Menschen, die ich nicht kannte: die Bewohner der anderen Häuser. Es waren muslimische Familien, vor allem die des Hausbesitzers, der offenbar ein reicher Mann war, denn er hatte drei Frauen, die es sich im Schatten seines Vordachs bequem gemacht hatten. Rund um sie herum spielten ihre gemeinsamen Kinder – ich konnte sie nicht zählen, doch mein Onkel sagte, es seien insgesamt einundzwanzig. Das konnte sich der Vermieter nur leisten, weil er einen richtigen Beruf hatte: Er war der Chauffeur des Autobusses, den er sicherheitshalber gleich mitten auf dem Hof abstellte.

Tsegeab musterte seine Nachbarn kritisch. »Sie haben zu viele Kinder«, sagte er leise, und es war zu merken, dass hier zwei Welten aufeinanderprallten, die christlichen Vorstellungen meines Onkels und die muslimischen seiner Nachbarn. »Aber wir leben in Eintracht miteinander.«

Auch Luul war auf dem Hof, er tratschte mit den Dienstmädchen von Tsegeab und von den muslimischen Familien. Mein Onkel wollte wieder hineingehen und lud mich ein, mit ihm zu kommen; er fühlte sich verantwortlich dafür, dass dort drinnen alles seinen geregelten Lauf nahm. Mit einer unwirschen Handbewegung winkte er Luul heran. »Was machst du dort bei den Mädchen?« rief er ihm zu. »Komm hinein zu den Männern. Du bist doch auch ein Mann!«

Das war nicht scherzhaft, sondern ernst gemeint, und Luul hatte das genau verstanden. Mit gesenktem Kopf trabte er hinter Tsegeab durch die Tür.

»Bald hast du es geschafft«, flüsterte ich ihm zu. »Wir sitzen noch ein bisschen bei der Familie, dann gehen wir.«

Luul nickte mir dankbar zu. Ach, war es schön, einen kleinen Bruder zu haben … Auch wenn Luul eigentlich mein großer Bruder war, fühlte ich mich doch für ihn verantwortlich wie seine große Schwester.

Als ich mit Luul das Haus unseres Onkels verließ, musste ich mir eindringlich vor Augen halten, dass ich zwar meine Großmutter verloren, aber meinen Bruder gewonnen hatte. Natürlich war mir die Unsinnigkeit einer solchen Rechnung bewusst. Es war ein lächerlicher Vergleich, da man niemals zwei Menschen gegeneinander aufrechnen kann, doch es war eine kleine Hilfe, um nicht zu verzweifeln. Erst allmählich begriff ich, dass ich meine Großmutter nie mehr wiedersehen würde. Dass der Mensch, auf den ich soviel Hoffnung gesetzt hatte, unwiederbringlich fort war. Die Person, die mir Antworten auf ungezählte Fragen hätte geben können. Die mir so vieles aus meiner Familie hätte erklären können. Die mir meine Kultur, mein Land und das Denken meiner Menschen so gut wie wenige andere hätte nahebringen können – und zwar nicht durch lange Reden, sondern einfach dadurch, dass ich neben Sifan in ihrem Haus gesessen hätte. Dadurch, dass ich mit ihr durch Adi Keyh gegangen wäre. Durch scheinbare Nebensächlichkeiten aus ihrer Vergangenheit, an die sie sich in meiner Gegenwart erinnert hätte.

Doch dazu war es nun zu spät. Müde verabschiedete ich mich von meinem Onkel und wusste, dass ich mich mit dieser Umarmung eigentlich von meiner Oma verabschieden müsste. Doch den Abschied von ihr würde ich noch lange nicht schaffen. Es kann Jahre dauern, bis ich diesen Abschiedsschmerz verdaut habe.

Zum Nil

Weil ich von Äthiopien nur die Hauptstadt kannte und Luul mir die Gegend zwischen Addis und Eritrea zeigen wollte, durch die er auf seinen verschiedenen Fluchten wochenlang gewandert war, beschlossen wir, einen Ausflug in das Bergland nördlich von Addis zu machen, bis zur berühmten Schlucht des Blauen Nils. Gesagt, getan. Gleich nach dem Frühstück starteten wir in einem gemieteten Geländewagen Richtung Norden – mit Fahrer, denn ich hätte es nie gewagt, mich in dem chaotischen Verkehr Afrikas ans Steuer zu setzen, und Luul konnte wie die meisten Menschen hier nicht Auto fahren.

Die Stadt schien noch zu schlafen, als wir aufbrachen. Mir kam die Ruhe trügerisch vor, denn eigentlich herrschte eine untergründige Unruhe in Addis. Viele Menschen waren unzufrieden mit der Regierung. Sie sprachen von Wahlbetrug, durch den sich ein paar Monate zuvor die Regierung von Premierminister Meles Zenawi an der Macht gehalten haben sollte, und organisierten immer wieder Demonstrationen, die gewaltsam auseinandergetrieben wurden. Doch in welchem afrikanischen Land leben die Menschen schon in freien, demokratischen und friedlichen Verhältnissen?

Für den heutigen Tag war eine Aktion des zivilen Ungehorsams angekündigt: Taxifahrer sollten morgens für eine halbe Stunde ihre Hupen betätigen und so auf die Unzufriedenheit im Land aufmerksam machen. Der Zeitpunkt dieser Aktion stand unmittelbar bevor, doch es war keine Polizei zu bemerken, kein Militär und auch keine aufgebrachten Menschen. Die Menschen, die wir sahen, standen am Straßenrand und warteten auf Busse, die in die Stadt fuhren. Je weiter wir aus der Stadt hinauskamen, desto mehr Menschen sahen wir warten.

Bald wand sich die Straße in die Berge hinauf, die direkt hinter den letzten Vororten von Addis aufragen. Die Fahrt ging durch dichten Wald bis auf eine Hochebene. Immer wieder überholten wir Läufer, die in der klaren Höhenluft trainierten, weit oberhalb der Smogglocke von Addis. Äthiopiern scheint das Laufen im Blut zu liegen, ihre langen, dünnen Beine haben sie schon zu vielen Welterfolgen getragen.

Welch ein Kontrast sich hier zeigte: Auf der einen Straßenseite liefen muskulöse junge Männer mit weit ausladenden, eleganten Bewegungen in Muscle-Shirts und kurzen Hosen, auf der anderen Straßenseite schleppten Frauen tief gebeugt riesige Bündel mit Holzscheiten oder dürren Ästen. Die Ärmsten trugen Wasserkanister, Enjera-Fladen und Mehlsäcke für ihre Familien, da sie sich keinen Esel leisten konnten, um diese Lasten zu befördern.

Hinter einer Kurve mussten wir scharf abbremsen, weil ein dichter Pulk von Passanten einen in den Straßengraben gerutschten Autobus bestaunte. Ein blinder Mönch benutzte die Situation, um die Passagiere in den anhaltenden Autos lautstark anzubetteln. Unser Fahrer bekreuzigte sich bei dessen Anblick, wie er es bei jeder Kirche oder bei jedem Wegkreuz tat, die wir passierten. Das hinderte ihn aber nicht daran, wie ein Berserker zu fluchen, wenn ihm ein Esel, ein Radfahrer oder auch nur ein langsameres Auto den Weg versperrte. Wieder einmal hatte ich das Gefühl, dass eine Sache, wie so oft in Afrika, nicht so recht zur anderen passen wollte.

Die Straße war eine der wenigen gut ausgebauten im ganzen Land und führte über eine leicht gewellte, nur mit wenigen Bäumen bestandene Hochebene, die in der Ferne von Gebirge umkränzt war. Überall wogten Felder, Wiesen und saftig grüne Weiden, weil die Regenzeit erst seit wenigen Wochen vorbei war. Alles sah so fruchtbar, mild und fast kitschig schön aus, dass man sich kaum vorstellen konnte, dass hier schon Hungersnöte gewütet hatten, weil das Land nicht genug Essbares abgeworfen hatte, und dass in anderen Teilen des Landes auch zu dieser Zeit gehungert wurde.

Im tiefblauen Himmel über der endlosen Ebene schwammen lichte Schäfchenwolken, entlang der Straße trieben Hirten ihre Schafe und Kühe. In ihren bodenlangen, weißen Gewändern und mit den mannshohen Hirtenstäben glichen diese Männer Figuren aus der Bibel, und auch die Vegetation, die Schafe und die Wölkchen sahen so aus, wie mittelalterliche Maler ihre Idyllen im Heiligen Land dargestellt hatten.

Luul war für diese Schönheiten nicht so recht empfänglich, er redete sich lieber seine Sorgen von der Seele. Der Besuch bei Onkel Tsegeab schien ihm zugesetzt zu haben. Ich konnte das gut verstehen, denn der Onkel hatte Luul auch mir gegenüber als Versager bezeichnet. Alle in seiner Familie hätten studiert, hatte er mir anvertraut, und sie alle lebten im Ausland, in London und in den USA, was in Afrika höchstem Adel gleichkommt.

Ich fand es ungerecht, alle Menschen nur nach diesem einen Kriterium zu beurteilen. »Du bist nicht schlechter als die anderen, Luul«, beruhigte ich meinen Bruder. »Nicht jeder ist für ein Studium geeignet. Außerdem hat dich niemand dabei unterstützt – wie hättest du dir das leisten sollen?«

Luul war voller Sorge, den Ansprüchen seiner Familie nicht zu genügen, obwohl er in seinem Leben schon Prüfungen gemeistert hatte, an denen manches andere Familienmitglied gescheitert wäre. Außerdem hegte Luul seit seiner Kindheit ein Misstrauen gegenüber Tsegeab. Der hatte früher mit ihm und seiner Mutter zusammengewohnt, bis er hinter ihrem Rücken das Haus verkauft hatte, so dass unsere Mama von einem Tag auf den anderen mit Luul auf der Straße stand – so erzählte es wenigstens Luul.

Über solchen Gesprächen bogen wir in eine Staubstraße ein, die sich in engen Windungen in ein weites Flusstal hinabschraubte. Wir fuhren durch ein Dorf, in dem sich Tausende Menschen auf der Straße drängten, auffallend viele darunter waren Bettler, Invaliden und Mütter mit kleinen Kindern. Sie lagerten so dicht an der Fahrbahn, dass sich manche von ihnen zurückbeugen mussten, als wir an ihnen vorbeifuhren. Auf dem Boden, im Schatten der Häuser, rund um den Markt und vor allem unter der Krone eines riesigen Baumes, der fast den gesamten Hauptplatz des Dorfes ausfüllte, saßen sie, sahen ruhig auf die Neuankömmlinge und warteten. Worauf haben wir nie erfahren. Afrika ist voll von Menschen, die auf etwas warten, von dem viele Wartende selbst nicht wissen, was das eigentlich sein könnte.

Hinter dem Dorf war unser Ziel, die Klosterkirche von Debre Libanos, einer der berühmtesten christlichen Wallfahrtsorte Äthiopiens, der im dreizehnten Jahrhundert von dem äthiopischen Priester und späteren Heiligen Tekla Haimanot gegründet wurde. Die Kirche stammte aus den sechziger Jahren des zwanzigsten Jahrhunderts, errichtet unter Kaiser Haile Selassie, und wie alle Bauten aus seiner Regentschaft war sie eher ein Sinnbild seiner Macht als ein architektonisches Juwel.

Am Eingang des Klosters sprach uns ein Mann an, der uns die Anlage zeigen wollte. Vor jeder äthiopischen Sehenswürdigkeit verdienen solche selbsternannten Guides auf diese Weise ihren Unterhalt. Sie bezeichnen sich nie als Fremdenführer, sondern sagen den Besuchern nur, sie würden gerne über dies und jenes sprechen und könnten alles erklären, was es zu sehen gibt, um zuletzt um eine Spende zu bitten, weil ihre Familie unverschuldet in große Not geraten sei. So war es auch heute. Wir willigten dennoch ein, weil uns der Mann in Winkel führen konnte, die wir sonst nicht gefunden hätten. So stiegen wir über eine unbeleuchtete Treppe in das Untergeschoss der Kirche hinab, von wo uns dumpfe Trommelschläge entgegenschallten.

Je tiefer wir kamen, desto weniger sahen wir, aber dafür hörten wir um so mehr. Der untere Treppenabsatz versank im fahlen Dämmerlicht halb heruntergebrannter Kerzen, die notdürftig ein niedriges Gewölbe beleuchteten. Erst als sich meine Augen nach dem gleißenden

Sonnenlicht draußen an die Düsternis gewöhnt hatten, erkannte ich, dass sich im mittleren Teil des Gewölbes zwischen ein paar Säulen jede Menge Menschen drängten. Sie waren alle weiß gekleidet, drehten uns die Rücken zu und folgten mit ihren Bewegungen dem Rhythmus der Trommeln. Das waren riesige bauchige Instrumente, die ein paar Männer im Zentrum dieses Menschenknäuels schlugen.

Plötzlich änderte sich der Rhythmus, die Körper bewegten sich schneller, Dutzende Stimmen begannen einen kehligen Singsang. Zwischen den Trommeln brannte Weihrauch, der das wenige Licht im Raum in eine trübe, milchige Masse verwandelte. Manche Männer waren von Kopf bis Fuß in weiße Tücher gehüllt, daran erkannte man sie als Pilger, während andere dunkle Kittel trugen, das waren die Mönche des Klosters.

Das Trommelgewirbel steigerte sich, die Menschen bewegten sich immer schneller, immer rasender. Niemand nahm von uns auch nur die geringste Notiz. Wenn in der Mitte kein Kreuz gestanden hätte, wenn an der Wand nicht eine lebensgroße Mariendarstellung gewesen wäre, hätte kein zufälliger Betrachter daran gedacht, dass es sich hier um eine christliche Zeremonie handeln könnte. Ohne diese Symbole hätte jeder auf den geheimen Ritus einer heidnischen Naturreligion getippt.

Luul musste mich mehrmals am Ärmel zupfen, bis ich wie aus einer Trance erwachte und ihn erstaunt ansah. Er flüsterte mir etwas zu, wovon ich wegen des Lärms der Trommeln kein Wort verstand. Daraufhin wiederholte er es in normaler Lautstärke, doch ich bekam wieder nichts mit.

»Wir müssen gehen!« brüllte er mir ins Ohr.

Ich gehorchte nur widerwillig und erst, nachdem unser Guide die Aufforderung wiederholt hatte. Die beiden mussten mich fast mit Gewalt wieder ans Tageslicht hinaufzerren.

»Sie wollen nicht so lange beobachtet werden«, sagte der Guide fast entschuldigend, »sie sind das nicht gewöhnt.«

Ich nickte nur und betrachtete geistesabwesend die Fresken mit den Bibelszenen. Noch nie hatte ich eine so starke spirituelle Kraft gespürt, eine körperlich so gegenwärtige Ausprägung des Glaubens. Ich hatte keinen Gottesdienst erlebt, keine Bibelstunde und auch kein Rosenkranzbeten, sondern eine göttliche Kraft, die sich mit musikalischer Reinheit zu so etwas wie Seligkeit vereint hatte. Das mag kitschig klingen, doch genauso hatte ich es empfunden: dass ich hier Zeugin einer zutiefst heiligen Zeremonie geworden war, bei der die Menschen aus ihrem kleinen Erdenleben hinaus- und in etwas anderes hineingetreten waren.

Bei der weiteren Besichtigung des Klosters spürte ich die besondere Energie dieses Ortes. Auf uralten, in den Fels gehauenen Pfaden oberhalb des Klosters stiegen wir durch tiefen, fast tropischen Wald zu den Höhlen hinauf, in denen die Mönche teilweise heute noch lebten. In einer Höhle war eine Kapelle untergebracht, in der gebetet wurde. Von den Wänden rann überall Wasser aus dem Berg, das die Menschen in vielen kleinen Töpfen und Tiegeln auffingen. Das war heiliges Wasser, das das Böse vertreiben und Krankheiten heilen sollte. Ich trank ein paar kräftige Schlucke davon und spürte die Wirkung sofort: Es war klares, frisches und unverzüglich belebendes Quellwasser. Ob es den

Ich genoss den Sonnenuntergang am Nil.

Teufel austrieb, der manchmal in mir wütete, konnte ich nicht beurteilen.

Die Pilger, die auch von dem Wasser getrunken hatten, ließen sich mehr Zeit, dessen Wirkung zu genießen. Sie saßen versunken oder rastend vor dem Eingang, von Bettlern, wild lebenden Äffchen und zahlreichen Händlern umringt, die Kekse oder Taschentücher feilboten.

Aber wir hatten uns für diesen Tag noch mehr vorgenommen. Die weitere Fahrt führte uns zunächst über eine halsbrecherische Serpentinenstraße hinunter in die Schlucht des Blauen Nils, der sich dort durch einen hunderte Kilometer langen Canyon zwängt. Anschließend statteten wir der »Portugiesischen Brücke« einen Besuch ab, einem eleganten Bauwerk, das ohne Straßenanschluss wie ein Wunderding aus einer anderen Welt genauso nutzlos wie schön mitten in den Bergen steht. Abschließend machten wir noch einen Gang durch die Kleinstadt Fiche, wo uns die Menschen bestaunten, als kämen wir von einem anderen Stern, und dann doch mit uns Cola und Kaffee tranken, als würden wir seit Jahren jeden Tag zur selben Zeit auf derselben Terrasse etwas trinken.

Auf der Rückfahrt waren wir so voller Eindrücke, dass wir kaum noch etwas aufnehmen konnten. Luul sah jetzt nicht mehr zum Fenster hinaus, er sah in die Vergangenheit und erinnerte sich an die Zeit, als er zu Fuß von Adi Keyh bis nach Addis Abeba gegangen war. Nur das letzte Stück hatte ihn jemand mitfahren lassen.

Adi Keyh, der Herkunftsort unserer Familie, hatte ihm kein Glück gebracht. Luul war wie ich immer auf der Suche nach seiner Familie gewesen. Wie ich wollte er immer Kontakt zu seinen Verwandten herstellen, und wie ich war er oft damit gescheitert. Mehrmals war er nach Adi Keyh gefahren und hatte die Familie seiner Mutter besucht: Sifan, unsere Großmutter, oder unsere Tante Said, aber auch Abrehet, die ja mal seine Stiefmutter gewesen war und die ihm nie auch nur ein Wort von mir erzählte. Dass er eine richtige Schwester hatte, erfuhr er erst, als Onkel Haile Abrehet ein Foto geschickt hatte, auf dem die drei Schwestern zu sehen waren, die er zu sich in den Sudan gerettet hatte: Yaldiyan, Tzegehana und ich.

Dieses Bild zeigte Abrehet auch Luul. Als er das Foto sah, wusste er sofort, dass ich seine Schwester war. Er sah es an meinem Aussehen und erkannte es an Abrehets merkwürdiger Reaktion, als er sie auf mich ansprach und sagte, dass ich die schönste von allen dreien sei. Da zischte Abrehet: »Was denn, die ist doch nicht schön!« Aber auch dann sagte ihm Abrehet nicht, dass ich seine Schwester war.

Sie behandelte ihn schlecht, sie war die typische böse Stiefmutter aus dem Märchen. Ist es nicht erstaunlich, dass ihren Töchtern mit Werhid dasselbe widerfuhr, die später für Yaldiyan und Tzegehana die böse Stiefmutter war? Bei ihr mussten Abrehets Töchter als Sklavinnen im Haushalt dienen. Manchmal scheint es wirklich, als vergesse Gott nichts.

Luul erzählte das alles ohne Hass, ohne Groll, ohne Schimpferei. Er erzählte so ruhig und gelassen, als wäre nicht von seinem eigenen Leben die Rede, sondern von dem eines entfernten Verwandten. Noch die traurigsten Episoden verstand er so zu schildern, dass ich immer wieder schmunzeln musste. Luul war selbst für afrikanische Verhältnisse, wo alles leichter genommen wird als in Europa, ein entspannter Typ. Die einzige Ausnahme machte er mit unserer Mama. Auf Adhanet wollte er nichts Schlechtes kommen lassen. Wer sie angriff, musste bei ihm mit einer scharfen Gegenreaktion rechnen.

Luul konnte Adhanet nur als Opfer sehen, das entsprach seiner Strategie. Er schätzte unsere Mutter über alles, auch wenn vieles gegen sie sprach. Natürlich fand auch Luul es unverzeihlich, dass meine Mutter mich als Kind in einem Koffer ausgesetzt hatte. Er hasste es, was sie getan hatte, doch sein Gesamtbild trübte das nicht. Er glaubte, durch das Unrecht, das mir als Baby angetan wurde, wäre ich von Gott zu etwas Höherem auserkoren. Das war eine Legende, mit der ich wenig anfangen konnte. Weniger Übel in meiner Kindheit und dafür eine weniger hohe Bestimmung wären mir lieber gewesen.

Weil Luul ein so herzensguter Mensch ist, verteidigte er sogar unseren Vater mit Leib und Seele, auch wenn er seit Jahren keinen Kontakt mehr zu ihm hatte. Luul hatte in die Suchaktion über das Rote Kreuz nicht nur mich, sondern auch unseren Vater mit einbezogen. Der hatte Luul geantwortet, er müsse ihn wohl hassen dafür, was er uns, ihm und seinen Schwestern, angetan habe. Das konnte Luul zwar nicht leugnen, aber in alten Wunden wollte er nicht rühren, also ließ er Papas Schreiben unbeantwortet.

Ich fragte Luul nach unserer Mutter aus, wobei mir klar war, dass ich von ihm nichts Objektives erfahren würde. Doch welches Kind spricht schon neutral über die eigenen Eltern? Von Luul bekam ich nur Positives über sie zu hören. Sie sei ein ruhiger und nachdenklicher Mensch gewesen – alle anderen hatten mir erzählt, dass sie eine aggressive Furie war. Luul sagte, unsere Mutter habe falsche oder böse Menschen sofort durchschaut. Wenn das stimmte, müsste sie jeden Morgen über ihr Bild im Spiegel erschrocken sein, falls sie einen Spiegel besessen haben sollte. Wenigstens gab es einen Menschen, der sie liebte, und das war ihr Sohn.

Die ganze Wahrheit über sie, das wusste ich, würde ich wohl nie erfahren. Bei allen heiklen Fragen machte Luul weiterhin »Hmmm, hmmm, hmmm« und kratzte sich dabei am Kinn – mehr kam von ihm nicht. Selbst zum Aussehen unserer Mutter erhielt ich keine klare Auskunft. Wenn ich Luul danach fragte, sagte er nur: »Sie war groß und kräftig.«

Ich fragte zurück: »Unser Vater stand auf dicke Frauen?«

Luul sagte dann, dass sie nun auch wieder nicht dick gewesen wäre, sondern nur weiblich, viel weiblicher als alle anderen Frauen in der Familie. Aber selbst zu diesem Punkt hatte ich immer im Gegenteil gehört, dass sie dünn gewesen sei.

Ich selbst konnte mich von unserem Treffen vor dreizehn Jahren in Addis nur dunkel an sie erinnern. Ich wusste aber noch, dass sie mir nicht gefiel, ich fand sie einfach nicht hübsch. Sie sah aus wie meine Tante Said, ihre Schwester, und die fand ich auch nicht anziehend.

»Wahrscheinlich werde ich nie erfahren, wie meine Mutter wirklich war«, seufzte ich und ließ die Blicke über die unendliche Hochebene schweifen, die vor dem Autofenster vorbeizog.

Als wir uns wieder Addis näherten, geriet unsere Unterhaltung ins Stocken, nicht, weil uns nichts mehr einfiel, sondern weil ich mich auf die Straße konzentrieren musste: Unser Fahrer hatte seine Kreuzzeichen längst aufgegeben und sich zum Straßenterrorist entwickelt, der alles, was lebte und sich bewegte, von der Straße hupte, fluchte und vor der rohen Gewalt seiner Kühlerhaube in den Graben springen ließ. Dass Luul mir von den näheren Umständen vom Tod unserer Mutter erzählte, machte die Sache auch nicht besser. Fast wäre er damals zusammen mit ihr im Bus gestorben, denn eigentlich hatte er mit ihr zur Hochzeit eines Onkels nach Asmara fahren sollen, war aber dann doch zu Hause geblieben, um zu arbeiten. Erst nach Wochen, als seine Sorge bereits so ins Unermessliche gewachsen war, dass er schon nach Asmara fahren wollte, um die Mutter zu suchen, erhielt er die Todesnachricht. Damals herrschte Krieg, es gab keine Telefone, und eine Botschaft benötigte Wochen, um zu ihrem Empfänger zu gelangen.

Unter solchen Erzählungen rasten wir die Serpentinen entlang der Abgründe oberhalb der Stadt hinunter – bis mir diese Kamikazetour endgültig reichte. »Fahr sofort normal, sonst steige ich hier aus!« schnauzte ich den Fahrer an. Sollte ich vielleicht das Leben meines Bruders und mein eigenes gleich dazu auf dieselbe Art verlieren, wie unsere Mutter ums Leben gekommen war? Der Fahrer sah mich verständnislos an, aber er fuhr immerhin langsamer. Nicht, weil er eingesehen hatte, dass seine Fahrweise kriminell war, sondern weil er um sein Trinkgeld fürchtete, wenn ich mich zu sehr ärgern würde.

Unruhe

Sobald wir wieder nach Addis Abeba hineinrollten, war zu merken, dass sich etwas in der Stadt verändert hatte, seit wir sie morgens verlassen hatten. Nur auf den ersten Blick schien alles normal: Die Bettler bettelten, die Straßenverkäufer verkauften, die Handybesitzer telefonierten und die Wartenden saßen am Straßenrand und warteten. Doch die Goldläden auf der Cunningham Street hatten allesamt die Rolläden heruntergelassen, die Cafés auf der Adwa Avenue waren geschlossen, und die fliegenden Händler auf diesem zentralen Straßenzug waren verschwunden. Wir sahen eine gesperrte Straße, ein quer zur Fahrtrichtung stehendes Auto, in dem niemand saß. Wir sahen ein paar Polizeiautos und eine Gruppe von Soldaten, die auf etwas warteten. Was war geschehen?

Im Hotel war alles wie immer: die Menschen an der Bar, die Prostituierten in der Lobby, die Geschäftsleute im Restaurant. Erst auf meinem Zimmer erfuhr ich, was passiert war. »Die Grenze der Toleranz ist erreicht«, sagte ein bildfüllendes Schild im äthiopischen Fernsehen, und ein ernster Kommentator verlas unter der Überschrift »Genug ist genug« Texte darüber, dass die gewaltsame Opposition gestoppt werden müsse. Dazu waren Bilder von steinewerfenden Jugendlichen zu sehen, ein paar brennende Autoreifen und die zerschlagenen Scheiben eines Autobusses. Offenbar waren die lang erwarteten Unruhen ausgebrochen. Was sollte ich tun? Abreisen?

Ich rief meinen Onkel an, der mich beruhigte – alles halb so schlimm, alles gehe so weiter wie immer. »Wir dürfen uns nicht von jeder kleinen Unruhe aus der Bahn werfen lassen«, sagte er, »so können wir nicht leben.«

Der gute Tsegeab neigte zu theatralischen Äußerungen, aber er beruhigte mich trotzdem. Außerdem war ich ohnehin in zwei Tagen auf einen Flug nach Khartum gebucht, und bis dahin würde das System wohl noch halten.

Zwar wollte ich auf keinen Fall, dass sich auch bei mir der für viele meiner afrikanischen Landsleute typische Fatalismus festsetzt, doch im Moment gab es für mich keine andere Möglichkeit. Wie alle anderen Menschen in Addis auch musste ich mit der Situation, wie sie war, leben und das Beste daraus zu machen versuchen.

Immerhin hatte ich noch einiges vor. Insbesondere wollte ich Luuls Verlobte kennenlernen, und ich wollte mit ihm ein paar Sachen besorgen – ein Handy, damit ich ihn aus Deutschland erreichen konnte. Ein paar Hosen, Hemden und Schuhe, damit er besser aussah und sich um einen besseren Posten bewerben konnte, denn darauf kommt es an, wenn man etwas erreichen will in Afrika: auf die Hautfarbe, auf die Kleidung und auf das Auftreten. Das Können kommt ungefähr an letzter Stelle. Luuls Hautfarbe, die ziemlich dunkel war, konnte ich nicht ändern, doch seine Kleidung schon, und das Auftreten würde sich mit dem richtigen Anzug schon von selbst ergeben. Mit anderen Worten: Ich konnte einfach noch nicht abreisen.

Am nächsten Morgen weckte mich wie jeden Tag der Fernseher. Sobald ich von einem Musikkanal auf das äthiopische Programm umstellte, hörte ich wieder Aufrufe der Regierung und Anklagen an die Opposition. Gut, dass Luul mich abholen wollte. Mit ihm zusammen würde mir schon nichts passieren, redete ich mir ein. Er war noch überall durchgekommen.

Tatsächlich schien alles vollständig normal, als wir durch die Stadt fuhren. Über das Handy freute sich Luul wie ein kleines Kind, auch wenn es ihn etwas beunruhigte. Er konnte nicht fassen, wie viele Nummern er eingeben musste, um telefonieren zu können. Von so etwas wie einem PIN-Code hatte er noch nie gehört. »Was ist das?« fragte er. »Das kannst du von einem Dorfjungen wie mir nicht erwarten, dass er das weiß!« Luul konnte so witzig und selbstironisch sein!

Mit dem Telefon war er von einem Moment auf den anderen in die Liga der wichtigen Menschen aufgestiegen. Jeder konnte nun sehen, dass Luul etwas zu sagen hatte, denn anders könnte er sich ja niemals ein Telefon leisten. Die Apparate kosteten viel mehr als in Deutschland, und auch das Telefonieren war teurer, aber denkwürdig einfach geregelt. Es gab keine Verträge, keine Unterschriften, keine Freischaltung, sondern jedem Gerät war von Haus aus eine Telefonnummer zugewiesen. Wer telefonieren wollte, kaufte sich eine Karte, rubbelte eine Nummer frei, tippte die ein und konnte loslegen. Das musste so sein, denn kein Mensch in ganz Afrika würde eine Telefonrechnung zahlen, wenn er die dort vermerkten Gespräche bereits geführt hatte. In dieser Gesellschaft herrschte das absolute Misstrauen aller gegen alle. Nicht mal fünf Liter Sprit konnte man an einer Tankstelle zapfen, wenn man sie nicht vorher bezahlt hatte – jeder Kunde könnte schließlich ein Dieb sein.

Nachmittags stand unser Treffen mit seiner Verlobten Seble an, ein für Luul heikler Termin. Wir warteten in demselben Café auf sie, in dem ich das erste Mal auf Luul gewartet hatte. Luul rutschte nervös auf seinem Sitz hin und her und hielt die Straße unter scharfer Beobachtung. »Ich hoffe so sehr, dass sie dir gefällt«, murmelte er immer wieder, als würde davon der weitere Bestand seiner Beziehung abhängen. Dann sprang er plötzlich auf – Seble kam von der anderen Seite über die Straße.

Luuls Verlobte Seble gefiel mir ausnehmend gut.

Sie gefiel mir ausnehmend gut. Seble war ein schüchternes, aber reizendes Mädchen, sie sah wunderbar aus und schien gut zu Luul zu passen. Offenbar war sie auch wirklich in ihn verliebt, so wie Luul in sie. Ich überreichte ihr das Geschenk, das ich mit ihm zusammen für sie ausgesucht hatte. Unverzüglich steckte sie sich die Ohrringe an, legte das Halsband um und streifte sich den Ring auf den Finger. Das Gold stand ihr hervorragend. Alles, was ich gekauft hatte, war zwar billiger, aber doch echter Goldschmuck, und Seble sah sofort aus wie eine richtige Verlobte. Am meisten strahlte Luul. Er war glücklich, weil er merkte, dass wir zwei Frauen gut miteinander auskamen. Es war, als hätte ich seiner Beziehung den letzten Segen erteilt.

Wie sehr ich mir wünschte, Luul so etwas wie Segen zu spenden! Ich hatte das dringende Gefühl, ihm etwas Gutes tun zu müssen, nachdem sich so gut wie jeder in unserer Familie an ihm vergangen hatte.

Am höchsten rechnete ich Luul an, dass er durch die vielen Schicksalsschläge nicht bitter geworden war. In dieser Hinsicht wollte ich noch viel von ihm lernen. Er war süß geblieben, mild und frohen Herzens, und trotz allem war er ein im besten Sinne gläubiger Mensch geworden – nicht aus Tradition, sondern weil er von seiner Religion überzeugt war. Durch die innere Ruhe, in der er lebte, sagte er, ohne es zu wissen, die schönsten Sachen, weil er die Worte nicht auf die Waagschale legte, sondern sie direkt aus seinem Herzen fließen ließ, im Guten wie im Bösen.

So sagte Luul mir unumwunden, dass er nicht wolle, dass ich unsere anderen Geschwister treffe, die drei Kinder aus der zweiten Ehe unserer Mutter. Er hatte Angst davor, dass ich von ihnen Geschichten erfahre, die Wahrheiten ans Licht bringen, die seine Wahrheit beschädigen würden. Vor allem hatte Luul Angst, dass ich noch mehr Negatives über unsere Mutter erfahre – dabei wusste ich bereits jetzt so viel Schlimmes über sie, dass es mir für das ganze Leben reichte.

Auch den Vater unserer drei Geschwister sollte ich nicht treffen, wenn es nach Luul ginge. Er lebte in Asmara, wohin ich von Addis – nach einem kurzen Besuch in Khartum – fliegen wollte. »Was«, fragte Luul entsetzt, »du willst diesen Krüppel treffen?«

In solchen Momenten sprach er genauso wie unsere Mutter. Natürlich kannte er diesen Exmann von Adhanet, weil er ihn selbst schon in Asmara besucht hatte, doch dabei hatten sich die beiden unverzüglich zerstritten. Dieser Exmann und seine Kinder schimpften über uns und ihre Mutter, weil sie sie im Stich gelassen hatte. Deswegen wollte Luul nicht, dass ich sie kennenlerne. Für ihn war Adhanet seine Mutter, sie war sein Leib und seine Seele. So zu denken ist zwar nicht richtig, aber es hat große Güte und dadurch seine eigene Wahrheit. Möge Gott geben, dass ich einmal an dieser Wahrheit teilhaben kann.

Doch jetzt, am Ende meines Äthiopienbesuchs, wollte ich Luul nicht mit diesen Dingen belasten. Ich wollte mit ihm und seiner Verlobten Enjera essen gehen, über die Zukunft sprechen und darüber, wann wir uns wiedersehen würden. Bei seiner Hochzeit? Bei meinem nächsten Afrikabesuch? Oder bestand die Möglichkeit, dass er nach Deutschland käme?

So hielten wir es auch, und es wurde ein entspannter Abend, für mich der letzte in Addis.

Wir kamen gut gelaunt ins Hotel zurück. Ich war voll mit den besten Eindrücken, nicht nur von meinem neuen Bruder, sondern überhaupt von dem, was ich in Äthiopien gesehen hatte. Hier waren die Menschen zugänglicher als in Eritrea. Sie trugen nicht ständig diesen Stolz auf all ihre gewonnen Kriege, auf ihre Unabhängigkeit und ihren eigenen Staat vor sich her. Die Äthiopier hegten nicht dieses Überlegenheitsgefühl gegenüber allen anderen, das den Eritreern oft so schlecht zu Gesicht steht angesichts all des Hungers, der Not und der Ungerechtigkeit, die in ihrem Land herrschten.

Während ich aufs Zimmer ging, um meine Sachen zu packen, warteten Luul und Seble unten in der Lobby, denn die beiden wollten mich zum Flughafen bringen. Mein Flug nach Khartum ging sehr spät, weit nach Mitternacht wie viele Flüge in Afrika, denn hier spielen Bedenken wegen Lärmbelästigung von Flughafenanrainern keine Rolle. Wichtig ist, dass die Menschen nicht in der größten Hitze reisen, und vermutlich auch, dass die Maschinen in der Nacht ausgelastet sind.

Als ich während des Packens den Fernseher aufdrehte, brachte CNN aktuelle Bilder aus Addis, die mir das Blut in den Adern gefrieren ließen: Die Unruhen in der Stadt hatten sich ausgeweitet, hieß es, es seien schon mehrere, vermutlich sogar mehrere Dutzend Tote zu beklagen, weil Regierungstruppen in die Menge gefeuert hätten, um die Demonstranten zum Rückzug zu bewegen. Eilig schaltete ich auf das äthiopische Fernsehen um, doch da liefen nur Volksmusik und eine

Reportage über die günstige Entwicklung eines Bewässerungsprojekts. Ich konnte es kaum fassen. Während wir gemütlich Enjera aßen, waren vielleicht ein paar Straßen weiter Menschen in Gewehrsalven gestorben, und niemand hatte etwas davon mitbekommen, ja es schien niemanden zu interessieren.

Hastig stopfte ich meine Dinge in den Koffer und eilte hinunter, doch in der Lobby war alles wie immer, überall Scherzen, Plaudern und angeregte Gespräche. Ich fragte Luul, ob er etwas gehört hätte, doch er wusste natürlich von nichts. Alle anderen Leute wie die Portiers, die Männer an der Rezeption und auch Salomon, unser Fahrer, wiegelten ab: Es sei nichts weiter Schlimmes, die Fahrt zum Flughafen sei kein Problem. Als ob es mir um nichts anderes ginge, als pünktlich einzuchecken!

Doch genauso sahen sie die Sache, und sie waren bass erstaunt, dass ich noch mehr wissen wollte. Es schien fast so, als wäre ihnen das unangenehm. Als sähen sie in mir plötzlich wieder die Fremde, die sich für Dinge interessierte, die sie nichts angingen. Und das, wo noch nicht einmal sie selbst sich dafür interessierten, da diese Dinge ja nicht ihr unmittelbares Leben betrafen.

Während der Fahrt zum Flughafen reagierte Salomon auf blockierte Straßen, an denen wir vorbeikamen, mit derselben Teilnahmslosigkeit, als würden sich hinter den Polizeisperren lediglich Baustellen verbergen, die es zu umfahren galt, und nicht Szenen von Protesten und Toten. Ich konnte es nach wie vor kaum fassen. Würden in Berlin drei Dutzend Leute von Polizisten erschossen in den Straßen liegen, stünde die Stadt still, doch hier lief alles in seinen gewohnten Bahnen, als handle es sich um eine normale Demonstration, wegen der man einen kleinen Umweg auf sich nehmen musste.

Nachdem ich mich am Flughafen tränenreich von Luul und Seble verabschiedet hatte, verwandelte sich mein Staunen in Ärger über die Beamten, die mich in bester Laune, aber penibel ausfragten, als wäre ich der Staatsfeind, den es zu kontrollieren galt: »Was machst du im Sudan?« wollten sie von mir wissen. »Warum sprichst du nicht Amharisch? Wo bist du zu Hause?«

Als ich ihnen erklärte, dass ich Deutsche sei und in Berlin wohnte, machte das die Sache nicht besser: »Warum fährst du dann nach Khartum?«

Fast wäre mir der Kragen geplatzt, doch ich hielt mich zurück, weil ich keine Schwierigkeiten wollte. Wie typisch das für Afrika war – immer taten alle Beamten und Menschen in Uniform so, als ginge es ihnen nur darum, eine große Ordnung aufrechtzuhalten, doch in Wirklichkeit verwalteten sie nur das Chaos und versuchten mit aller Macht, die herrschenden Strukturen zu retten, die ihnen den größtmöglichen Vorteil brachten, und bestünde er auch nur in dem lausigen Job eines Grenzbeamten am Flughafen.

Widerspruchslos ließ ich diese sinnlosen Kontrollen über mich ergehen. Dreimal, viermal, fünfmal sahen die Beamten meinen Pass durch, als könnten sie ein verborgenes Geheimnis entdecken, wenn sie nur lange genug darin blätterten. Ich regte mich nicht auf, als sie mich immer wieder fragten, wo ich hinwollte, ich sagte nichts, als all die fetten Geschäftsmänner rücksichtslos losstürzten und mich dabei fast über den Haufen rannten, nachdem die Stewardess die Tür zum Einsteigen in den Flughafenbus geöffnet hatte. Ich nahm das alles hin, weil ich nur wegwollte von hier.

Der größte Schönheitsfehler bei der Sache war, dass ich gar nicht nach Khartum wollte, wohin das Flugzeug mich zweifelsfrei bringen würde, sondern in meine wohlige Berliner Wohnhöhle, in die ich mich jetzt gern zurückgezogen hätte, um zu weinen, über mich nachzudenken oder einfach nur die Augen zu schließen. Warum tat ich mir das alles eigentlich an?

Ich fand es nach wie vor toll, eine große Verwandtschaft zu haben. Ich fand es erstrebenswert, sich mit seinen Nächsten auseinanderzusetzen, doch in diesem Moment wollte ich nichts anderes, als in Berlin in meinem Bett zu liegen und mir die Decke über den Kopf zu ziehen.

Sudan

Noch nicht mal im Flugzeug konnte ich mir die Decke über den Kopf ziehen, denn mein Sitznachbar holte mich aus meinen Grübeleien heraus, noch bevor wir in der Luft waren. Er war Sudanese, stellte sich als Ahmed vor und sprach mich in makellosem Deutsch mit Wiener Akzent an, weil er beim Einchecken meinen deutschen Pass gesehen hatte. Seine Sprachkenntnisse hatte er während des Studiums in Wien erworben. Ich hatte zwar nicht die geringste Lust auf Konversation, doch in diesem Fall musste ich eine Ausnahme machen, denn auf dem Flug von Addis nach Khartum mit jemandem über Wiener Küche und Lebensart zu plaudern, war wirklich zu komisch.

Ich merkte bald, dass Ahmed nicht nur über Kalbsschnitzel und Beislkultur Bescheid wusste, sondern auch über seine Heimatstadt Khartum. Er war Architekt, hatte dort ein Büro und befasste sich mit Wohnungsbau. Nach kurzem Überlegen ging ich auf sein Angebot ein, mir behilflich zu sein, wenn ich in Khartum etwas brauchen sollte. Ahmed war zwar nicht mein Fall, doch ich kannte in Khartum keine Menschenseele, und mein Arabisch reichte gerade mal dafür, um mir in einem Lokal ein Foul und eine Cola zu bestellen.

Am Flughafen umfing mich die Nachtluft Khartums wie eine warme weiche Wolke. War es in Addis durch die Höhenlage abends meist schon so kühl, dass eine Jacke nicht schaden konnte, so herrschte hier an diesem Winterabend eine Temperatur, wie sie in Berlin höchstens in zwei, drei Hochsommernächten gemessen wird, wenn alle meinen, es wäre vor lauter Schwitzen nicht ans Einschlafen zu denken. Hier wog die Luft so schwer vor Hitze, dass ich das Gefühl hatte, beim Gehen etwas vor mir her zu schieben. Die Luft war wie ein Stoff, eine Flüssigkeit, wie ein Mantel und nicht wie ein schwereloses Gas.

Schon vor dem Flughafengebäude merkte ich, dass diese Zähigkeit nicht nur an der Luft lag, sondern auch an den Menschen, die in dieser Luft feststeckten. Hier wurde jede Kleinigkeit zu einem Riesenumstand aufgeblasen, hier passierte nichts selbstverständlich, sondern alles wurde zum Riesendrama. Ahmed, der mit mir herausgekommen war, wollte mich mit in die Stadt nehmen, sein Onkel würde ihn abholen.

Auf dem Parkplatz vor dem Gebäude herrschte zwar ein totales Chaos aus wartenden Menschen und Autos, doch wer nicht da war, war Ahmeds Onkel. Dabei waren eigentlich gar nicht so viele Menschen hier, doch die, die da waren, machten ein Gewese, als gelte es, ein gutes Dutzend Staatsbesucher zu empfangen. Jeder schrie und deutete und gestikulierte und hupte und rückte den anderen so dicht auf die Pelle, dass verhältnismäßig wenige Leuten genügten, um den Eindruck zu erwecken, es handle sich um einen Massenauflauf.

Ahmed telefonierte indes seelenruhig, um festzustellen, dass sein Onkel noch unterwegs sei, weil er sich mit der Zeitumstellung vertan und ihn eine Stunde zu spät bestellt hatte. Daraufhin beschloss ich, mir ein Taxi zu nehmen und selbst in die Stadt zu fahren, denn ich war so müde, dass ich mich kaum noch auf den Beinen halten konnte – immerhin war es schon gegen vier Uhr morgens. Doch das wollte Ahmed nicht zulassen. Er meinte, ich würde vom Taxifahrer sicher übers Ohr gehauen, fände kein passendes Hotel und überhaupt sei das zu gefährlich. Ich solle doch mit ihm auf seinen Onkel warten, es könne sich nur um Minuten handeln. Wenn ich aber partout nicht warten wollte, könne er für mich ein Taxi organisieren. Und schon war er dabei, Verhandlungen mit einem Taxifahrer aufzunehmen.

Damit war fast der Punkt erreicht, an dem ich vom Sudan genug hatte. Natürlich wusste ich genausogut wie Ahmed, dass der Onkel niemals in ein paar Minuten hier sein würde, und auch wenn ich Ahmed glaubte, dass er nur das Beste für mich wollte, so hielt ich doch die Art nicht aus, in der das alles geschah. Ich mochte es nicht, wenn Dinge über meinen Kopf hinweg entschieden wurden. Ich konnte es nicht leiden, wenn sich Leute ungefragt zu meinem Anwalt machten. Am meisten störte es mich, wenn Dinge, die wenige Sekunden in Anspruch nehmen, Stunden dauern.

In diesem Moment wusste ich, dass es die nächsten Tage immer so sein würde, weil plötzlich alle Erinnerungen, die ich an den Sudan hatte, mit einem Schlag wieder da waren: Das Gefühl, wie durch einen

Sumpf zu waten. Diese Trägheit überall. Die Arroganz der Männer, ihr selbstherrliches Bestehen auf dem Recht. Die Umständlichkeit im Alltag. Alles stand wieder so deutlich vor mir, als hätte ich das Land nicht vor neunzehn Jahren, sondern erst vorgestern verlassen.

Die Aktion mit dem Taxi passte gut in dieses Bild. Ahmed stellte mir den Taxifahrer als seinen Freund vor, obwohl mir klar war, dass er ihn noch nie zuvor gesehen hatte. Er wusste, dass ich das wusste, aber es machte einfach einen besseren Eindruck. Dann begann er mit ihm so intensiv über den Fahrpreis zu feilschen, als ginge es nicht um eine Taxifahrt, sondern um den Kauf des ganzen Taxis. Der Fahrer nannte zuerst eine Summe, die Ahmed nicht mal zur Kenntnis nehmen wollte – er tat einfach so, als hätte er sie nicht verstanden. Als der Fahrer die Summe wiederholte, lächelte Ahmed, als hätte er sie diesmal zwar akustisch verstanden, aber nicht inhaltlich, und meinte lediglich, das müsse ein Irrtum sein. Nun nannte der Fahrer seine Summe zum dritten Mal, doch Ahmed schüttelte bloß den Kopf – dann müsse er sich wohl einen anderen Freund als Fahrer suchen.

Nun war es an dem Taxifahrer, Ahmed zurückzuhalten. Man könne natürlich über die Summe sprechen, keine Frage. Daraufhin nannte Ahmed einen Preis, der ungefähr bei einem Drittel der geforderten Summe lag. Der Fahrer tat so, als hätte er sich verhört, und als Ahmed den Betrag noch einmal nannte, schüttelte der Fahrer den Kopf. Nein, meinte er, um dieses Geld könne er sein Taxi nicht mal starten. Und so weiter …

Jeder hier verhielt sich so, als wäre er der Nabel der Welt und als gäbe es nichts Wichtigeres, als ebendiesen Nabel zu bepinseln. Natürlich war all das ein Spiel, eine Show, doch ich konnte um diese Uhrzeit nichts Witziges daran finden, eine halbe Stunde über eine Taxifahrt zu verhandeln, die zehn Minuten dauerte.

Als wir endlich in dem klapprigen Kleinbus saßen, betete ich, dass jetzt nicht der Onkel auftauchen möge, denn in dem Fall würde zweifellos alles wieder von vorne beginnen. Aber ich hatte Glück, wir fuhren los, unterwegs in eine Metropole, die in der gesamten Agglomeration siebeneinhalb Millionen Menschen fasste. Khartum war durch das beginnende Ölfieber im Sudan zu einer aufstrebenden Boomtown geworden und wirkte trotzdem wie eine völlig ausgestorbene Stadt. Kein Mensch war zu sehen, kein Auto, kein Fahrrad, nichts. Sobald wir die Hauptstraße verließen, preschten wir über Straßen, die durch von Müll und Steinen übersäte Brachen zu führen schienen. Viele Häuser sahen aus wie Ruinen oder wie nach einem Krieg oder einer Naturkatastrophe eilig zusammengezimmerte Provisorien. Fenster und Türen waren verrammelt, Rolläden heruntergelassen, über die Straßen treibende Plastiktüten und von dem heißen Wind bewegte Papierfetzen sorgten für die einzige Bewegung.

Je genauer ich hinsah, desto mehr Verstörendes bemerkte ich: In einem Winkel zwischen zwei Häusern lag ein Mann auf dem Boden. In einer Einfahrt stand ein Jeep mit einem auf die Ladefläche montierten Maschinengewehr, das von ein paar regungslos daneben sitzenden Männern bewacht wurde. In einer anderen Einfahrt standen schwer bewaffnete Soldaten, die Waffen im Anschlag, um jeden Moment losballern zu können.

Trotz der Hitze liefen mir eisige Schauer über den Rücken. Ich vertrug den Anblick derart zur Schau gestellter Waffen nicht, die jederzeit zum Einsatz bereit waren. Solche griffbereiten Waffen hatte ich in meinem Leben schon zu viele gesehen.

Es wurde nicht besser, als wir vor dem ersten Hotel hielten. Bewaffnete sicherten den Eingang, hinter dem nur ein trübes Licht brannte. Ich war heilfroh, als Ahmed sagte, er wolle nachsehen, ob es ein freies Zimmer gäbe. Aber in diesem, im nächsten und auch im übernächsten Hotel war nichts frei, alle Hotels waren von UN-Truppen belegt, die die Häuser für Monate im voraus für sich gebucht hatten. Wegen des Konflikts in der Darfour-Region war das Land voller Soldaten der Vereinten Nationen.

Also blieb uns nur das Hilton, das teuerste Haus in Khartum, wie ein Portier uns sagte. Doch auch dieses Hotel beruhigte mich nicht: Die Einfahrt wurde von schwerbewaffneten Soldaten bewacht, dicke Pflanzschalen aus Beton sorgten dafür, dass niemand in vollem Tempo die Auffahrt hinaufpreschen konnte, sondern nur im Schneckentempo in engen Kurven. Offenbar sollten auf diesem Weg Sprengstoffattentate verhindert werden.

Nach einer stundenlangen Feilscherei an der Rezeption um den Übernachtungspreis musste ich auf dem Weg in mein Zimmer feststellen, dass sogar vor einzelnen Türen Wächter dösten, die Waffe griffbereit auf dem Schoß. Was um Himmels willen für Gäste waren hier eingecheckt, die solch panische Angst um ihr Leben hatten? Oder war es hier nur vernünftig, Angst zu haben?

Im Zimmer hatte ich vor allem Angst vor Kakerlaken, denn es sah so aus, als sei hier vor zehn Jahren zum letzten Mal etwas getan worden. Die Tapeten warfen Blasen oder hingen in Fetzen von den Wänden, die Möbel waren durchgesessen, der Teppichboden fleckig. Wegen der Klimaanlage ließen sich die Fenster nicht öffnen, aber Geräusche wie der klagende Ruf eines Muezzins drangen trotzdem herein.

Am Horizont zeigte sich der erste Lichtstreif des neuen Tags, Zeit für das Morgengebet – und für eine üppige Mahlzeit, denn wir waren am Ende des Ramadan, des Fastenmonats, in dem gläubige Moslems zwischen Sonnenaufgang und Sonnenuntergang weder essen noch trinken dürfen. In zwei Tagen begann Eid-Al-Fitr, das höchste islamische Fest des Jahres, mit dem der Ramadan im Fastenbruch kulminiert.

Angesichts solcher Aussichten gelang es mir lange nicht einzuschlafen, auch wenn ich meinen Kopf noch so tief unter dem Kissen ins Laken bohrte.

Sonne

Als ich mich endlich aus dem Bett schälen konnte, war von Frühstück längst keine Rede mehr. Es blieb mir nichts anderes übrig, als in der Lobby-Bar Kaffee und Orangensaft zu bestellen und dazu ein paar Pommes frites zu knabbern. Wegen des Ramadan erkundigte ich mich zuvor aber beim Kellner, ob das okay wäre, doch der rabenschwarze Mann in seinem verdrückten schwarzen Anzug grinste nur über beide Ohren und meinte, das sei hier kein Problem. Ich war mir nicht sicher, ob er mit »hier« das Hotel meinte oder die ganze Stadt. Als ich mich umsah, bemerkte ich, dass die anderen Menschen sich auch keinen Zwang antaten.

Da waren baumlange, sehr dunkle Männer in zu knapp sitzenden Anzügen, die nervös mit ihren Handys spielten. Zwei beleibte arabische Familienväter in ihren Galabiyas, den weißen, bodenlangen Gewändern, über und über mit Goldkettchen und goldenen Ringen geschmückt, befanden sich im eifrigen Gespräch miteinander, während ihr halbes Dutzend mehr oder weniger verschleierter Frauen sich am Nebentisch nicht weniger angeregt unterhielt. Und da waren Männer, die so schwarz waren, dass sie fast schon blau aussahen – Angehörige der Dinka, eines Volkes im sudanesischen Süden, gegen die die Muslims im Nordsudan, wo auch Khartum liegt, seit einem halben Jahrhundert Krieg führten. Diese Dinkas trugen Uniformen, die mit viel Gold und bunten Orden geschmückt waren, hatten dunkle Sonnenbrillen auf und sahen so aus, als wären sie jeden Moment bereit aufzuspringen und um sich zu ballern. Mit dieser Einstellung lagen sie hier nicht so falsch, denn die nur teilweise christianisierten Naturvölker des Südens galten den meisten arabisch orientierten Nordsudanesen als minderwertige Menschen, ja als schlimme Feinde. Doch offenbar hatte sich in den letzten Jahren in dieser Hinsicht einiges geändert, denn zu der Zeit, als ich noch in Khartum gelebt hatte, waren dort kaum Dinkas zu sehen gewesen – und wenn, dann nur als Bettler oder Straßenkehrer, auf die man mit dem bloßen Finger zeigte. Hätten sie sich damals in solch einem Hotel gezeigt, wären sie unverzüglich vor die Tür gesetzt worden.

Ein paar Tische weiter sah ich einen Weißen, den einzigen in der Lobby. Als ich merkte, dass er Englisch mit starkem deutschem Akzent in sein Handy bellte, sprach ich ihn an und wunderte mich selbst über meine Unverfrorenheit. Ich glaube, das war das erste Mal, dass ich jemanden ansprach, nur weil er weiß war und ich in dieser fremden Umgebung eine gewisse Zugehörigkeit zu ihm spürte, obwohl ich doch alles andere als hellhäutig bin. Georg, so hieß er, war augenscheinlich genauso froh, jemanden zu treffen, mit dem er Deutsch sprechen konnte. Er stellte sich als Kommunikationstechniker vor, der für eine deutsche Firma am Aufbau eines neuen sudanesischen Handynetzes arbeitete.

Ich war froh, jemanden getroffen zu haben, der mir erklären konnte, was hier abging. »Hier wohnen Waffenschieber, Drogendealer, Ministerialbeamte und Ölhändler«, erklärte er mit verschwörerischer Miene, »und manche von denen bekleiden mehrere dieser Funktionen gleichzeitig.«

Das schien mir reichlich übertrieben, auch wenn die Leute in der Halle, wie ich zugeben musste, genauso aussahen, doch im Laufe unseres Gesprächs entpuppte sich diese Einschätzung als Resultat fundierter Landeskenntnisse. Georg, ein hagerer, nervöser Kettenraucher, dem die Arbeitsbelastung tiefe Furchen ins Gesicht geschnitten hatte, lebte seit Monaten im Sudan. Er arbeitete seit Jahren im afrikanischen und arabischen Raum, sprach gut Arabisch und hatte einen gewissen Überblick über die Kulturen dieser Länder. Er war offensichtlich nicht nur Techniker, sondern zugleich Abenteurer, was auch nötig war, um in solchen Ländern tätig sein zu können. Die Vorsicht, mit der er sich in der Stadt bewegte, gab mir für meine eigene Sicherheit zu denken.

»Dieses Land befindet sich seit Jahrzehnten im Bürgerkrieg«, sagte er. »Hier laufen so viele schwerbewaffnete Jungs herum, von denen niemand weiß, was sie morgen vorhaben, dass man nicht genug aufpassen kann.«

Georg war entsetzt, dass ich mir am Vorabend mit einem wildfremden Sudanesen ein Taxi geteilt und mich von Hotel zu Hotel hatte führen lassen. Aber hier musste ich ihm widersprechen. Ich hatte ein gewisses Gespür für Menschen und glaubte, ganz gut unterscheiden zu können, wer für mich gefährlich werden konnte und wer nicht. Bei all meinen Reisen bin ich immer ziemlich offen an die Leute herangegangen, ich habe mich nie in Touristenghettos eingekapselt, war nie übervorsichtig und bin nie schlecht damit gefahren. Allerdings war der Sudan kein normales Reiseland, wie mir während unseres Gesprächs in der Lobby immer klarer wurde. So durften Ausländer beispielsweise nicht die Hauptstadt verlassen – dazu benötigte man eine Erlaubnis der Regierung. Georg hatte wochenlang gebraucht, um eine Genehmigung für einen Tagesausflug zu den Pyramiden am Unterlauf des Nils zu bekommen.

Das konnte ja heiter werden. In Gedanken strich ich schon mal die geplante Fahrt nach Kessala an der eritreischen Grenze. Ursprünglich hatte ich den Ort besuchen wollen, wo ich auf meiner Flucht aus Eritrea im Sudan angekommen war, jenen Ort, der damals für mich gleichbedeutend mit Freiheit war.

Georg hatte beschlossen, die nächste Zeit im Hotel zu verbringen, denn anderntags sollten die Eid-Feiertage beginnen, und die sind in islamischen Ländern heilig. Dann steht das öffentliche Leben still, die Menschen gehen nicht zur Arbeit, sondern sind damit beschäftigt, sich zum Eid-Gebet in der Moschee zu versammeln, um danach große Festessen zu organisieren, Freunde und Familienmitglieder zu besuchen, allen zu den Feiertagen zu gratulieren und Kinder mit Süßigkeiten und Spielzeug zu beschenken, wenn denn dafür Geld vorhanden ist.

Ich ließ es mir nicht nehmen, den letzten Tag des Ramadan draußen zu erleben, jedoch es gab nicht viel zu sehen. Die Straßen waren wie leergefegt, die Menschen dösten im Schatten der nächsten nächtlichen Mahlzeit entgegen. Die, die unterwegs waren, machten dagegen keinen guten Eindruck. Kein Wunder, der Fastenmonat hatte ihnen arg zugesetzt, und nun mussten sie noch die letzten Einkäufe für das Eid-Fest tätigen, obwohl die meisten Läden schon geschlossen hatten. Die Stimmung glich der am Nachmittag des Heiligen Abends, wenn sich entnervte Familienväter auf die Suche nach den letzten Weihnachtsbäumen machen.

Ich hingegen sah mir in aller Ruhe die Stadt an. Obwohl vor zwanzig Jahren hier nicht siebeneinhalb, sondern weniger als eineinhalb Millionen Menschen lebten, hatte sich seit damals wenig verändert – von den vielen Bürohochhäusern, die in die Innenstadt gepflanzt worden waren wie Gebilde von einem anderen Stern, und von der schieren Größe der Stadt einmal abgesehen.

Rund um die verglasten Betonblocks der Banken, Ölfirmen und Regierungsgebäude lief das Leben in seinen alten Bahnen. Zumeist eingeschossige Häuser drängten sich entlang der staubigen Straßen, ihre abweisenden Fassaden verteidigten das Leben, das sich in den schattigen Höfen abspielte, mit hohen Mauern gegenüber der Außenwelt und vor allem gegenüber der das ganze Jahr über knallheißen Sonne.

Selbst jetzt, während der Wintertage, schien die Hitze nur auf den ersten Blick erträglich, das Thermometer wanderte kaum über die Dreißig-Grad-Marke. Doch die Sonne musste eine andere sein als die über Deutschland. Hier schien eine Sonne, die die Pflanzen, die Tiere und auch die Köpfe der Menschen wie mit Greifarmen packte. Sie brannte direkt von oben mit einer Kraft herunter, die Haut verbrennen, Hirne schmelzen und den Schwindel in die Köpfe treiben kann. Ich bemerkte das erst, als ich ein paar Minuten in der Sonne stand, um nach dem Weg zu fragen. Es begann sich in meinem Kopf zu drehen, die Zunge hing mir wie ein trockener Lappen im Mund, und ich griff unwillkürlich nach einem Lichtmast, um mich irgendwo festzuhalten. Wie unvorsichtig von mir, meinen Kopf nicht zu bedecken, dachte ich und zog das Tuch, das ich um die Schultern trug, über meine Haare.

Eines dieser Tücher hatte ich in solchen Ländern immer bei mir, um mich gegen die Blicke der Männer zu schützen, die eine unbedeckte Frau leicht als Freiwild betrachten. Aber ich wollte mich nicht prinzipiell verschleiern, wollte nicht den ganzen Tag Kopftuch tragen, denn der Islam ist nicht meine Religion, und ich bin der Ansicht, dass jeder seinem Glauben nach Lust und Laune folgen soll, solange er ihn nicht anderen aufzwingt. Ich habe schließlich auch nichts dagegen, dass halb Kreuzberg mit Kopftüchern herumläuft.

Nun war ich froh über das Tuch, das mich vor der geballten Kraft dieser Sonne schützen konnte, und mir fiel ein, dass ich auch als Kind oft mit dem Tuch über den Kopf durch Khartum gelaufen war – nicht aus Glaubensgründen oder weil es von mir verlangt wurde, sondern bloß wegen der Hitze. Auch jetzt fühlte ich mich im Schutz des Tuchs sofort besser, erst recht als ich einen Schluck Wasser aus einer der tönernen Amphoren nahm, die hier *torho* hießen und überall auf den Straßen aufgestellt waren, meist im Schatten kleiner Blechdächer. Daraus konnte sich jeder bedienen, dem die Zunge am Gaumen klebte wie mir. Auch daran erinnerte ich mich noch aus der Kindheit. Wie ich diesen köstlichen Brauch geliebt hatte, der den Fußgängern dieser Stadt das Leben erträglicher machte!

Erinnerungen

»Khartum Talata« heißt übersetzt nichts weiter als Khartum, dritter Bezirk. Dorthin fuhr ich am nächsten Morgen, als die Spannung des letzten Fastentags bei den meisten Menschen wohliger Sattheit gewichen war. Die Wohlhabenden hatten nach den Vorschriften des Islam sicherzustellen, dass auch die Ärmsten in den Genuss eines reichlichen Eid-Mahls kamen. So lagen die Straßen zwar immer noch ziemlich leer da, weil viele Menschen aufs Land gereist waren, um die Feiertage bei ihren Familien zu verbringen, doch die Stimmung schien gelöster.

Ich war auf der Suche nach den vier Jahren, die ich mit meinen beiden Schwestern bei Onkel Haile in Khartum verbracht hatte, nachdem er uns aus dem Lager der ELF geschmuggelt und über die sudanesische Grenze in Sicherheit gebracht hatte. Ich wollte versuchen, das Haus zu finden, in dem wir damals gewohnt hatten, und die Straße, über die ich Tag für Tag einkaufen ging, die Abkürzungen, die ich auf meinem Weg zur Schule gegangen war.

Natürlich wusste ich keinen Straßennamen, keine Namen von Nachbarn oder Freundinnen mehr. Ich hätte nicht mal jemanden nach der Schule fragen können. So ließ ich mich einfach durch die Straßen treiben, fuhr einen Block hinauf, einen anderen hinunter, und plötzlich stand mein ausgemergeltes, gelbes Taxi vor Onkel Hailes Haus.

Ich drehte mich um, sah nach links und rechts, betrachtete das Straßeneck: Kein Zweifel, hier war es gewesen. Das Metalltor und die Mauer um den Garten herum sahen zwar nicht viel anders aus als die meisten Metalltore und die meisten Gartenmauern hier, doch trotzdem kam mir auf diesem Stückchen Straße alles so vertraut vor, als hätte ich es in meinen Träumen schon oft gesehen. Die letzten Zweifel schwanden, als mein Blick auf das Restaurant auf der anderen Straßenseite fiel: »Madame«. Ja, das war es. Diese fremdländische Aufschrift, die unbekannte Verheißung dieses französischen Namens hatte es mir schon als Kind angetan, obwohl ich niemals dort drin war, denn wir konnten uns keinen Restaurantbesuch leisten. Außerdem hatten Kinder damals in Lokalen nichts zu suchen.

Hier war es! In dieser Straße wohnte ich mit meinen Schwestern bei Onkel Haile.

Und nun? Mein Fahrer bestärkte mich, ruhig an das Gartentor zu klopfen. Uns öffnete ein verschlafen dreinblickender Mann, den ich offenbar aus seiner Siesta gerissen hatte. Nach einigem Zögern ließ er uns trotzdem in den Hof. Ich sah unser Kinderzimmerfenster, den Eingang unter dem kleinen Blechdach, das Klohäuschen in der Ecke, die Fenster der ägyptischen Nachbarin, die uns immer »Hawesh, Hawesh!« nachgebrüllt hatte, wenn wir etwas in ihren Augen Falsches getan hatten. »Hawesh« meint in arabischer Sprache nichts anderes als »Äthiopier«, doch es hat für unsere Ohren einen negativen Beigeschmack, so wie das Wort »Kanaken« für Türken.

Genauso wie früher standen auch jetzt die Bettgestelle im Hof, wie das überall üblich ist, um die mörderisch heißen, also ungefähr zweihundert Nächte des Jahres im Freien zu verbringen, auf dass die nächtliche Brise ein wenig Linderung verschaffen möge.

Ich träumte mitten im Hof vor mich hin, bis ich merkte, dass der Hausbesitzer keine Anstalten machte, irgendwelche Fragen an mich zu stellen oder mich gar ins Haus zu bitten. Er war freundlich, blieb aber auf Distanz, auch als ihm mein Fahrer meine Geschichte in Kurzform erzählt hatte. Oder gerade deshalb. Er war Sudanese, und für ihn war ich natürlich nach wie vor eine Hawesh, eine Fremde aus Äthiopien oder Eritrea, das war ihm vermutlich vollkommen egal.

Was blieb mir anderes übrig, als mich herzlich zu verabschieden und zur Kenntnis zu nehmen, dass ich hier nichts mehr verloren hatte? Wie zur Draufgabe versicherten mir die Nachbarn, die vor dem Haus standen, dass in diesem Viertel keine Hawesh mehr wohnten, und es klang nicht so, als würde ihnen dabei etwas fehlen. Selbst die Ägypterin aus dem Nebenhaus war ihnen nicht bekannt. Hatte unser Leben hier keine Spuren hinterlassen?

Ich schlenderte weiter durch die Gegend und entdeckte die Moschee, deren Muezzin uns jeden Morgen geweckt hatte. Merkwürdigerweise fand ich sogar den Stein, auf dem ich mittags auf dem Weg von der Schule nach Hause gerastet hatte. Von hier aus war es kein Problem für mich, die Schule wiederzufinden – den Weg durch die letzten paar Straßen legte ich wie auf Schienen zurück. Natürlich waren wegen der Feiertage weder Lehrer noch Schüler da, doch die Hausmeisterin machte gerade sauber, und ich konnte durch das ganze Gebäude wandern. Ich ging von Klassenraum zu Klassenraum, sogar in das Zimmer des Direktors durfte ich und in den Raum, in dem die Lehrer gesessen hatten.

Ich konnte kaum fassen, wie winzig alles war. Die Klassenräume hatten niedrige Decken, es waren kahle Räume mit bröckelndem Putz ohne Fensterscheiben, nur mit blechernen Läden gegen die Sonne geschützt. Es gab keine Lehrmaterialien außer den Wandtafeln und ein paar Kreidestummeln, und bis auf die Stühle und Tische, die auf dem nacktem Betonboden standen, war kein Mobiliar da. Kaum vorstellbar, dachte ich, was wir dreißig Mädchen in diesem winzigen Kabuff gemacht hatten, den halben Tag lang.

Nach und nach erinnerte ich mich an immer mehr: an den Kletterbaum im Hof, an die Wasseramphoren am Eingang, an die kleine Bühne daneben, auf der wir immer gesungen hatten – nur dass die kahle Wand dahinter mit einer Koransure geschmückt war, das wusste ich nicht mehr.

Der Klassenraum meiner ehemaligen Schule in Khartum erschien mir viel kleiner, als ich ihn in Erinnerung hatte.

»Die Sure ist neu«, sagte die Hausmeisterin, als sie meine fragenden Blicke sah, »sie ist erst seit zehn Jahren da.«

Mein Gott, dachte ich, und ich war hier vor zwei Jahrzehnten Schülerin. Doch was hatte ich erwartet? War es ein Wunder, dass ich mich nach all den Jahren hier fremd fühlte?

Die stärkste Verbundenheit mit der Stadt empfand ich in einem eritreischen Viertel, das es zur Zeit meiner Kindheit noch nicht gegeben hatte. Hier fühlte ich mich sofort heimisch, nachdem mir ein paar Leute, die ich nie zuvor gesehen hatte, zuwinkten, weil sie aufgrund meiner Kleidung zwar sahen, dass ich nicht von hier war, durch mein Aussehen aber sofort erkannten, dass ich eine Eritreerin bin. Bald saßen wir vor einem kleinen Laden auf umgestülpten Limonadekisten mitten auf der Straße, tranken Seven Up und unterhielten uns über die Wege, die uns hierher in den Sudan geführt hatten. Das waren einfache Leute, Bauern aus den westlichen Provinzen Eritreas, die schon vor vielen Jahren vor der Dürre und dem Krieg hierher geflüchtet waren, und die in mir ihre Landsmännin sahen, die den großen Schritt nach Europa geschafft hatte. In Momenten wie diesem spürte ich fast körperlich, wie stark die Bande der Herkunft oder der gemeinsamen Sprache uns Menschen über alle Grenzen und sozialen Schichten zusammenhalten konnten.

Der letzte Programmpunkt meiner Erinnerungsrunde sollte der Besuch im Hauptquartier des Roten Kreuzes sein, wo mein Onkel Haile all die Jahre gearbeitet hatte, bis auch er nach Europa ausgewandert war. Vor dem Tor der Villa, die mir noch gut in Erinnerung war, weil ich Haile dort oft abgeholt hatte, standen Rfaat und Kamal. Die beiden

Rfaat mit seinem Stetson *(re.)* und Kamal, die mit Onkel Haile bei den »Schweizern« gearbeitet hatten.

Sudanesen waren Fahrer der Hilfsorganisation und standen einfach nur so da und plauderten. Es gab nicht viel zu tun, denn in den Büros herrschte zu den Feiertagen gähnende Leere.

Rfaat sprach sehr gut Englisch und sah aus wie im falschen Film: Er

trug einen riesigen schwarzen Stetson, eine gewaltige Ray-Ban-Brille (oder vielmehr ein gut gemachtes Imitat), Jeans, ein grobkariertes Holzfällerhemd und Cowboystiefel. Und er kannte Haile.

Es gab ein gewaltiges Hallo, als ich ihm von meinem Onkel erzählte, dass er jetzt in der Schweiz lebte und eine junge Frau geheiratet hatte, mit der er zwei Kinder hatte. In diesem Moment verfluchte ich mich dafür, dass ich keine Fotos von Haile mitgenommen hatte – aber ich hatte nicht im geringsten damit gerechnet, noch einen alten Kumpel von ihm anzutreffen. Sogar Kamal, Rfaats Kollege, konnte sich dunkel an meinen Onkel erinnern, dabei hatte er nur wenige Monate mit ihm zusammen hier gearbeitet. Auch Rfaat war, das stellte sich bald heraus, höchstens ein Jahr lang zusammen mit ihm bei den »Schweizern« gewesen, wie sie die Rotkreuzler hier nannten, doch es gab keinen Zweifel, dass wir von ein und demselben Haile sprachen.

Rfaat hatte, ähnlich wie Haile, seine internationalen Kontakte, die er beim Roten Kreuz knüpfen konnte, genutzt, um seine Familienangehörigen in den sicheren Westen zu bringen; so lebten seine Frau und seine Kinder seit Jahren in den USA. Er selbst, das zeigte sein Outfit, mochte den American Way of Life, und irgendwann, sagte er, werde er wohl auch dorthin gehen, obwohl … Hier zögerte Rfaat, denn etwas schien ihn noch in Khartum zu halten.

»Ach was«, sagte er, »du musst einfach morgen zu mir nach Hause zum Essen kommen. Ich lade noch zwei Mädchen aus Europa ein, wir werden ein großes Fest machen.«

Die Idee gefiel mir, und ich sagte spontan zu. Hier waren die Herzlichkeit und Gastfreundschaft wieder, die ich aus meiner Heimat kannte. Ohne es zu wissen, hatte Onkel Haile diese freundliche Aufnahme gestiftet, der sich schon seit Jahren als mein Schutzengel betätigte.

Fastenbrechen

Abends saß ich mit Ahmed, dem sudanesischen Wiener aus dem Flugzeug, in einem Straßenrestaurant beim Fastenbrechen, als fast einzige Frau unter männlichem Publikum, jedenfalls als einzige Frau ohne Kopftuch. Ich spürte zwar, dass mich viele Blicke trafen, doch an diesem Abend ließ mich das kalt. Heute war für mich ein erfolgreicher Tag der Erinnerungen, den ich mir nicht verderben lassen wollte.

Glücklicherweise war das Lokal nicht rammelvoll. Auch am ersten Eid-Feiertag waren traditionsgemäß nicht sehr viele Menschen unterwegs, weil die meisten diesen Abend noch bei der Familie verbrachten. Erst der zweite Eid-Abend war für das Ausgehen reserviert. Vergnügt hörte ich mir Ahmeds Erzählungen von dem Brimborium an, das in seiner Familie – wie in den meisten anderen muslimischen Familien auch – um dieses Fest veranstaltet wurde. Die Türen der Häuser standen Tag und Nacht für alle anderen Familienmitglieder offen, was bei der Größe einer durchschnittlichen Familie bedeutete, dass Hunderte Onkel und Tanten und Großonkel und Großtanten und Cousins und Cousinen und Schwager und Schwägerinnen fünften Grades aufkreuzten, um ein schönes Fest zu wünschen und einen kräftigen Imbiss einzunehmen.

»Schon vor Sonnenaufgang waren die ersten da«, klagte Ahmed, »und lange nach Mitternacht waren die letzten noch nicht gegangen.« Glücklicherweise gab es die moderne Technik, so dass man nicht noch die allerletzten Verwandten persönlich grüßen musste. »Denen kann man auch per Handy gratulieren, bei Freunden sogar per SMS«, zwinkerte er, »aber wehe, du machst das bei jemandem, der sich für einen so wichtigen Verwandten hält, dass ihm seiner Meinung nach persönlich gratuliert werden müsste! Der ist dann mindestens ein Jahr lang tödlich beleidigt – bis du ihm beim nächsten Eid-Fest doch wieder selbst die Hand schüttelst!«

Zu solchen Betrachtungen aßen wir wunderbares Foul, dazu einen kleinen Salat und das knusprigste und im Innern doch saftigste Brot der Welt, sudanesisches Baguette. Hätte ich dazu noch ein frisches Bier trinken können, wäre die Mahlzeit perfekt gewesen, doch Alkohol war in einem Land wie dem Sudan, der sich der Scharia, der islamischen Rechtsprechung, verschrieben hatte, völlig tabu, und das, obwohl das erste Bier der Welt im Sudan gebraut worden sein soll. Die Alkoholfrage wurde jetzt viel ernster genommen als noch vor zwanzig Jahren. Damals, erinnerte ich mich, schickte Haile uns Schwestern regelmäßig zu einer Nachbarin, um ihr selbstgebrautes Dattelbier abzukaufen. Heute, versicherte mir Ahmed, sei das Selbstbrauen komplett illegal und mit hohen Geldstrafen belegt, was viele Südsudanesen aber nicht daran hindere, es doch immer wieder zu versuchen. Ich fand das verständlich, schließlich waren diese Menschen alle Christen oder Anhänger von Naturreligionen, für die es kein Alkoholtabu gab. Doch die Bierfrage ist wohl nur eine von vielen, die ein friedliches Zusammenleben von Nord- und Südsudanesen unmöglich zu machen scheint …

Über politischen Themen wollte ich mit Ahmed jedoch lieber nicht diskutieren, obwohl ich merkte, dass er größte Lust dazu hatte. Unter keinen Umständen wollte ich in eines der zahlreichen Fettnäpfchen treten, die ein solches Gespräch im Sudan umlauern wie die Fliegen eine wiederkäuende Kuh. Das wäre genauso, als wollte ich in Addis ein Gespräch über die eritreische Unabhängigkeit vom Zaun brechen. Mit Themen wie diesen läuft man bloß Gefahr, unverhofft Fässer ohne Boden zu öffnen, in denen man ruck, zuck verschwinden kann, wenn man nicht höllisch aufpasst. Doch Ahmed trug meine Zurückhaltung mit Fassung – überhaupt wirkte er heute lockerer als letztes Mal. Wahrscheinlich war ihm am Vortag die Anspannung des Ramadan und des bevorstehenden Festes genauso im Nacken gesessen wie seinen Landsleuten.

Krieg?

Als ich gutgelaunt wieder im Hotel ankam, sah ich mir noch die Berichte der arabischen Nachrichtenkanäle über das Eid-Fest in den großen muslimischen Ländern an. Es war bewegend und fast ein wenig beängstigend, welche Menschenmassen da unterwegs waren, was für

Riesenfeuerwerke gezündet und welch gewaltige Partys dort gefeiert wurden. Dagegen war in Khartum, trotz Ölbooms eines der Armenhäuser der islamischen Welt, schlicht und ergreifend nichts los. Gleichzeitig waren schon einige Kommentatoren zu hören, die gegen die Kommerzialisierung des Festes wetterten – ähnlich wie in Deutschland in bezug auf den weihnachtlichen Kaufrausch.

Ich schwelgte in den farbenprächtigsten Bildern, als das Telefon läutete. Georg rief aus seinem Zimmer an, ich solle mal auf einen sudanesischen Sender umschalten, auf dem eben Nachrichten in englischer Sprache liefen. Dort sprach ein besorgter Korrespondent aus Addis Abeba von Truppenkonzentrationen an der äthiopisch-eritreischen Grenze, von der möglichen Wiederauflage eines Krieges, der erst vor wenigen Jahren in einen von UN-Truppen notdürftig gesicherten, von beiden Seiten abgelehnten Frieden gemündet war. Eritrea befinde sich bereits im Ausnahmezustand, sagte der Kommentator, die Einberufungen liefen auf Hochtouren. Ich war fassungslos und vergaß fast, dass Georg noch in der Leitung war.

»Flieg nicht nach Eritrea«, sagte er, »ich habe die ersten Meldungen darüber schon am Nachmittag im Internet gelesen.«

Ich schwieg und saß starr auf dem Bett, während meine Gedanken Achterbahn fuhren. Was sollte aus meinen Verwandten werden? Was aus meiner für den übernächsten Tag geplanten Reise nach Asmara – umständlich genug über Kairo gebucht, da es keinen direkten Flug von Khartum nach Asmara gab, weil mein kleines Heimatland mit dem Sudan wie mit allen anderen Nachbarn auch in bitterer Feindschaft lebte.

»Lass es, Senait«, sagte Georg noch mal in beschwörendem Tonfall, »es ist zu gefährlich. Die Situation kann jederzeit explodieren. Die Eritreer schließen vielleicht den Flughafen oder machen die Grenzen dicht, und die äthiopische Regierung kann jede Ablenkung von den eigenen Problemen gebrauchen. Die sind in der Lage und bombardieren Asmara, es wäre nicht das erste Mal. Bitte fahr da nicht hin!«

Mit einem Kloß im Hals bedankte ich mich für seine Warnung. Georg war nicht nur Techniker, sondern auch ein alter Bundeswehroffizier, und als solcher fühlte er sich immer noch für die Einschätzung der Gefahrenlage zuständig. Doch was tun? Vielleicht war die Meldung ja nur eine der unzähligen Horror- und Falschmeldungen, die die afrikanische Öffentlichkeit rund um die Uhr auf Trab hielten?

Ich zappte durch die Sender, fand aber keine weiteren Berichte darüber, was nichts zu sagen hatte, denn der Konflikt zwischen den beiden Ländern hatte die Weltöffentlichkeit auch dann kaum interessiert, als während einiger Jahrzehnte Hunderttausende Menschen auf den Schlachtfeldern ihr Leben ließen. Dort leben keine Weißen, es gibt kein Öl, keinen Tourismus, keine für die Welt interessanten Bodenschätze, also haben die Kriege dieser Region einen geringen Aufmerksamkeitswert.

Schlaflos wälzte ich mich bis zum frühen Morgen im Bett, um nach dem Ruf des Muezzins in das sogenannte Business Center des Hotels hinunterzustürmen, das sich durch zwei Computer mit Internetzugang auszeichnete. Der Aufbau der Seiten dauerte Ewigkeiten, doch nach einer guten Stunde im Netz war mir klar, dass die sudanesischen Fernsehleute keine Ente produziert hatten. Auch die internationalen Nachrichtenagenturen hatten die Meldung gebracht, und selbst die Autoren deutscher Internetseiten wussten bereits, dass möglicherweise ein neuer Krieg kurz bevorstand; die UNO hatte bereits Vermittlungsbemühungen aufgenommen.

Was tun? Ich griff zum Telefon und rief einen Beamten in der Deutschen Botschaft in Asmara an, mit dem ich schon von Berlin aus mehrfach Kontakt gehabt hatte – einen direkteren Lagebericht konnte ich kaum bekommen. Der Mann gab mir ruhig, aber bestimmt zu verstehen, dass ich zum jetzigen Zeitpunkt besser nicht nach Eritrea reisen sollte. Asmara sei zwar noch ruhig, doch die Straßen außerhalb der Stadt seien bereits abgeriegelt, und es sei insbesondere kein Durchkommen in Richtung Süden, zur äthiopischen Grenze. Das war genau die Straße, die ich benutzen musste, wenn ich zu meiner Familie nach Adi Keyh wollte. Von Reisen innerhalb des Landes, sagte der Beamte, sei auf jeden Fall abzuraten.

Enttäuscht, verzweifelt, aber auch ein wenig erleichtert ließ ich den Hörer auf die Gabel sinken, denn nun war wenigstens die Ungewissheit zu Ende. Ich würde nicht nach Eritrea reisen, mir hatten die Unruhen in Addis und die gespannte Situation in Khartum schon vollauf genügt. Erschwerend kam in meinem Fall noch hinzu, dass die eritreischen Grenzbeamten an meinem Pass sofort sehen konnten, dass ich geradewegs aus Addis und Khartum kam, aus ihren beiden Feindesländern – und bei afrikanischen Beamten wusste man nie, wie sie in solchen Fällen reagierten. Es gab Fälle, in denen Menschen zu Spionen gestempelt waren, bevor sie überhaupt begriffen hatten, wie sie zu dieser Ehre kamen.

Lied der Wüste

Von dem Moment an, in dem ich mich entschieden hatte, nicht wie geplant nach Eritrea weiterzureisen, sah ich alles um mich herum mit anderen Augen. In wenigen Tagen würde ich wieder zu Hause sein, denn als Zuhause betrachtete ich Berlin, vor allem aus dieser in jeder Beziehung gewaltigen Distanz. Ich buchte meinen Flug um und würde tatsächlich keine zwei Tage später auf dem Frankfurter Flughafen landen – eine Vorstellung, die in mir ein unbeschreibliches Hochgefühl auslöste. Endlich wieder alles verstehen, was die Menschen sprechen! Endlich wieder frei über die Straße gehen, ohne darüber nachdenken zu müssen, ob diese oder jene Ecke der Stadt vielleicht zu gefährlich wäre. Endlich wieder in jedes x-beliebige Restaurant gehen, ohne zu überlegen, ob sich das für eine Frau schickt oder nicht. Endlich wieder einfach da sein, ohne einen Gedanken daran zu verschwenden, ob ich nun lieber ein Kopftuch tragen sollte oder nicht. Endlich wieder den Kopf frei von Fragen wie jenen haben, ob dieses T-Shirt zuviel zeigt oder jene Jeans zu knapp sitzt.

Denn am zweiten Tag des Eid-Al-Fitr, als sich die Straßen langsam wieder füllten, bekam ich immer mehr mit, wie sehr mich die Menschen angafften. Das taten sie nicht unfreundlich, nicht gehässig, aber doch so auffällig, dass ich das Gefühl nicht los wurde, als ob ich permanent auf einem Laufsteg unterwegs wäre und alle mich unter die Lupe nehmen würden: Wo kommt die her? Wie ist sie gekleidet? Ist sie reich? Kommt sie aus dem Westen? Warum trägt sie kein Kopftuch? Was will sie hier?

Das konnte auf die Dauer ziemlich anstrengend sein, auch wenn es weiter keine Folgen hatte.

Aber darüber wollte ich mir jetzt nicht den Kopf zerbrechen, sondern lieber die letzten beiden sonnigen Tage genießen. Ich wanderte über die Märkte, um ein paar Mitbringsel für meine Freunde in Berlin und einige schöne Stoffe für mich zu kaufen. Ich spazierte über die Brücken, die die saftigen Weiden miteinander verbanden, durch die der Weiße und der Blaue Nil zogen, bevor sie zusammenflossen. Abends waren dort alle, alle unterwegs, neben dem Ufer strömten die Menschen aus einem Vergnügungspark, andere blockierten die Gehwege, weil sie sich im Abendgebet gen Mekka zu Boden warfen, und selbst aus manchen vorbeifahrenden Autos quollen Menschen heraus, andere fielen fast von Lkws herunter, deren Ladeflächen voller Arme und Beine waren. Alle hatten Galabiyas an, die Frauen Kopftücher, die Luft war voller Blicke und Gerüche und Gestank und Wind und Sand, der von den nahen Baustellen aufwirbelte und zusammen mit der Dämmerung alles zu einem lauten und heißen Brei verwirbelte, bis es mir zu viel, zu voll und zu eng wurde.

Ich war froh, Rfaat besuchen zu können, der für zwei Rotkreuzmitarbeiter, einen Nachbarn und mich ein gewaltiges Mahl servierte, und genoss die tiefe Gastfreundschaft, die diese Menschen übten, wenn sie einmal Vertrauen in Fremde gefasst hatten – zumindest Menschen wie Rfaat, die durch ihren Job schon ein wenig von der Welt und von anderen Kulturen wussten. Dabei mochte ich es sehr, dass er auf traditionelle sudanesische Art gekocht hatte, mit gebratenem Hammelfleisch und Teigfladen, dazu gab es gegrillte Tomaten und Auberginen, Schnittlauchsauce, hartgekochte Eier, Gurken und als Krönung frischen Chili mit Zitrone. Rfaat trug so viel auf, dass es niemandem auffiel, dass ich kein Fleisch aß. Ich mochte auch, dass er zu Hause die Galabiya trug und dass wir vor der Sonne gut geschützt unter einem großen Tuch halb bei Tisch lagen wie die Nomaden, nur dass die Tafel nicht draußen in der Wüste gedeckt war, sondern im Hof neben seinem winzigen Häuschen. Dort sah ich übrigens, was den Schlingel davon abhielt, auch nach Amerika auszuwandern: es war die äußerst nette Frau, mit der er hier zusammenlebte.

Es wurde ein friedlicher, beschwingter Abend. Wir lachten uns halbtot über die Witze, die Rfaat und sein Nachbar rissen. Rfaat entpuppte sich als begabter Geschichtenerzähler, der seine Storys mit orientalischer Farbenpracht ausschmückte. Am besten gefiel mir ein kleines, einfaches Gleichnis, das er mit wenigen Sätzen vortrug: »Ein armer und ein reicher Mann gingen zu einem weisen Alten, um zu klären, wer es besser habe im Leben. Der Reiche sagte, ihm ginge es besser, weil er alles kaufen könnte, was er sich nur wünsche. Der Arme sagte, er könne sich zwar nichts kaufen, doch er habe viele Freunde, und daher sei er der glücklichste Mensch der Welt. Da entschied der Alte, dass der Bettler das bessere Leben habe, denn wenn die beiden unterwegsseien, und dem Reichen würde sein gesamtes Geld gestohlen, hätte er nichts mehr und müsste verhungern. Der Arme könnte sich aber immer an seine vielen Freunde wenden, und die würden ihm in jeder Situation weiterhelfen.«

Wir klatschten begeistert, und Rfaat beschwor uns feierlich: »Vergesst nie diesen Tag, genauso wie ich ihn nie vergessen werde. Das bedeutet für mich, wirklich zu leben: Freunde einzuladen, zu lachen, zu essen, Geschichten zu erzählen und eine gute Zeit zu haben. Möge es uns immer so gutgehen!«

Und wie gut es uns ging! Der Soundtrack zu unserem Glück bestand aus wunderschön klagenden sudanesischen Liebesliedern, aber auch aus äthiopischen Schlagern, einer Bob-Marley-Kassette und einer von den Rolling Stones, offenbar war das der neue Sound der Wüste. Dazu tranken wir Johannisbeer-Fanta, Cola aus Flaschen mit aufgedruckten Ramadan-Glückwünschen und Tee. Dass es keinen Alkohol gab, tat der Stimmung keinen Abbruch. Noch munterer wurden wir, als Rfaat seine Wasserpfeife aufstellte und sie umständlich entzündete – diese Art zu rauchen kannte ich bis jetzt nur vom Zusehen, und ich muss sagen, dass Zigaretten dagegen wie Kinderkram wirken. Mir genügten ein paar Züge aus dem Schlauch, um ein aufgekratztes Gefühl zu bekommen, wie ich das sonst bestenfalls nach einem halben Päckchen hätte, wenn mir dann nicht schon der Hals brennen würde.

Spätnachts, auf der Rückfahrt ins Hotel, sah ich Straßensperren und schwerbewaffnete Patrouillen, wie vor ein paar Tagen in Addis Abeba. War wieder etwas passiert? Rfaat, der mich nach Hause brachte, beruhigte mich. Es sei normal, dass das Regierungsviertel über Nacht abgeriegelt werde. Mit welchen Ängsten müssen die Regierenden in Ländern wie diesem wohl leben, dass sie zu solchen Vorsichtsmaßnahmen greifen? Wie viele Feinde haben sie sich gemacht, dass sie sich so einigeln müssen?

Als würden schlechte Nachrichten immer nachts kommen, läutete später, als ich schon im Zimmer war, das Telefon – ein Anrufer aus Äthiopien! Salomon, mein Fahrer aus Addis, hatte die Unglücksbotschaft des Tages für mich: Luul sei am Rande einer Demonstration verhaftet worden, an der er überhaupt nicht teilgenommen hatte. Er war – typisch mein Bruder – zur falschen Zeit am falschen Ort gewesen, das genügte.

Was war jetzt zu tun? Salomon, der sich mit Luul angefreundet hatte, versprach, alles zu tun, um ihn wieder aus dem Gefängnis herauszubekommen – immerhin seien Tausende Menschen verhaftet worden, vor allem Studenten, einfach zu viele, um alle auf Dauer einzusperren.

Nach einer wieder mal unruhigen Nacht und mehreren erfolglosen Versuchen, Luul oder Salomon zu erreichen, bekam ich am nächsten Vormittag die gute Nachricht, dass Luul wieder frei war. Die Soldaten hatten ihn schon in der Nacht freigelassen, doch weil er sein Handy noch nicht so gut bedienen konnte, hatte ich ihn nicht erreicht. Was für eine Erleichterung! Ich musste lachen, als Luul mir am Telefon versprach, sich von Salomon einen »Einführungskurs in Mobiltelefonkunde« geben zu lassen, wie er das nannte.

So konnte ich langsam loslassen. Ich packte meine Koffer, denn spätabends sollte mein Flieger nach Frankfurt gehen. Vorher traf ich mich noch mal mit Ahmed, um mich von ihm zu verabschieden. Wir hatten uns in der Bar eines Hotels verabredet, das einmal sehr luxuriös gewesen sein musste, seine besten Zeiten aber lange hinter sich hatte. Die Fassade, die in den sechziger Jahren modern gewesen war, schimmerte grau und splitterte an allen Ecken und Enden ab, die Kunstledercouchs in der Lobby waren bis auf die Federn durchgesessen. Im

Garten suppte ein trüber Pool, der abends bei künstlicher Beleuchtung trotzdem sehr gut aussah. Rund um das Wasser hatte man bequeme Stühle mit Blick auf eine riesige Leinwand aufgestellt, auf der aktuelle DVDs mit sudanesischen und äthiopischen Hits liefen. Dazu wurden alkoholfreie Fruchtcocktails und Wasserpfeifen serviert, deren glühende Tabakstückchen in der Finsternis geheimnisvoll leuchteten. Immer wieder ging ein Kellner mit einem Tablett durch die Reihen, auf dem Nachschub glühte, den er mit einer Zange nach Bedarf verteilte.

Wir sprachen über dies und das, und schließlich landeten wir bei der Religion. Ahmed war Muslim, ich Christin, doch wir waren beide nicht sonderlich dogmatisch. Trotzdem konnte ich das versöhnliche Gerede, das aufgeklärte Muslime gerne auf der Zunge führten, nicht vertragen. »Was soll diese Einheitsbreigeschichte, dass wir alle denselben Gott hätten? Mein Gott schickt niemanden los, um mit Feuer und Schwert seine Religion zu verbreiten. Ich fühle mich als Christin frei, ihr Muslime seid das aber nicht, weil euer Glaube euch einengt. Mag sein, dass wir denselben Gott haben, aber unsere Religionen sind verschieden, und dadurch sind es die Gläubigen auch.«

Ahmed widersprach mir nicht, er musste zugeben, dass sich der Islam historisch in einem anderen Stadium befand als das Christentum.

»Es geht vor allem um die Frauen.« Das konnte ich mir jetzt nicht verkneifen. »Ihr habt Angst vor Frauen, darum unterdrückt ihr uns. Frauen führen keine Kriege, sie reden nur und denken, sie fühlen. Darum hasst ihr sie, weil ihr Männer euch unterlegen vorkommt.«

Das war starker Tobak in einer Wasserpfeifenbar mitten in Khartum, aber Ahmed nahm meine Attacke erstaunlich gelassen hin. Wahrscheinlich hatte er in Europa viele ähnliche Diskussionen erlebt, und möglicherweise war er auch anderer Meinung, aber er hielt sich zurück, und das war für den Moment eine gute Lösung.

Denn lieber als zu diskutieren schwelgte ich in der orientalisch anmutenden Szenerie. Die Sängerinnen und Sänger auf der Leinwand besangen natürlich die Liebe, wie sie das meist tun in der arabischen Musik, sie sangen von schlaflosen Nächten voller Sehnsucht, vom Schicksal, verliebt zu sein, und von der Verzauberung durch ein schönes Gesicht. Dazu raschelten die Palmen hinter dem Pool sanft im Wind, in dem auch noch spät abends warmen Wind, der aus den weiten Wüsten kam, die Khartum umgeben, und der diese Lieder von Sehnsucht und Liebe hinaustrug auf die andere Seite der Stadt, zurück in die Wüste, in der die Menschen in Unfrieden und Not lebten.

Doch das waren Gedanken, die mir wohl die Rauchschwaden der Wasserpfeife eingegeben hatten, denn natürlich drang nichts von dieser Musik auch nur bis über die nächste Straßenkreuzung, an der die Motoren uralter klappriger Taxis mit denen von ausgemergelten Bussen und den achtzylindrigen Aggregaten der vollklimatisierten UN-Geländewagen um die Wette heulten. So blieb von meiner Vorstellung wohl nur der Wüstenwind, der über das nächtliche Khartum dahinstrich und die Palmwedel über mir zum Zittern brachte.

Zurück!

Während des Flugs zu schlafen ist eine Kunst, die ich leider nicht beherrsche. Die meiste Zeit, die ich in Flugzeugen zubringe, bin ich damit beschäftigt, den Kapitän zu kontrollieren. Ich beobachte die Flughöhe und die Flugroute auf den Monitoren, lausche auf eventuelle Unregelmäßigkeiten der Motorengeräusche und spähe aus dem Fenster, um die Tragflächen auf etwaige Schäden zu checken. So bleibt mir kaum Zeit, den Hauptfilm zu verfolgen, zumal noch tausend Gedanken durch meinen Kopf jagen – von Schlaf keine Rede.

So war ich auch diesmal ziemlich bedient, als ich durch den menschensaugenden Schlauch aus dem Flugzeug ins Flughafengebäude mehr stolperte als ging. Ich war aber wach genug, um zwei Dinge festzustellen: Draußen war es so kalt, dass es mich trotz der schützenden Blechhaut des Terminalfingers durch und durch fröstelte. Und ich war so froh, dass ich am liebsten den Boden geküsst hätte. Ich empfand ein deutliches Gefühl von Zuhausesein, von Erleichterung, dass ich am liebsten den Grenzbeamten um den Hals gefallen wäre, die schon vor der eigentlichen Passkontrolle die Pässe der Passagiere kontrollierten, die vielleicht kein Visum hatten – also vor allem von den Afrikanern, zum Beispiel von mir. Das machten sie, um diese gegebenenfalls daran zu hindern, dass sie das Flughafengebäude betraten und einen Asylantrag stellten.

Mir machte die Prozedur im Moment nicht das geringste aus, denn alles lief freundlich, korrekt und professionell ab. Niemand musste bestochen werden, keiner brüllte herum, niemand gab sich herablassend, keiner stellte sinnlose Fragen. Alles lief so ab, wie freundliche, zivilisierte Menschen miteinander umgehen, und es war eine Freude für mich, das am eigenen Leib zu erleben.

Weil ich noch ein paar Minuten Zeit bis zum Weiterflug nach Berlin hatte, genehmigte ich mir einen schnellen Cappuccino. Die Frau am Kaffeestand war Äthiopierin. Dass wir aus demselben Teil der Erde kamen, sahen wir einander schon im ersten Augenblick an.

»Wie ist es? Kommst du von dort?« fragte sie.

Ich erzählte ihr ein bisschen davon, was ich in Addis erlebt hatte.

»Es ist schlimm«, sagte sie, »es sind schon viele Dutzend Tote. Ich wollte dieser Tage hinfahren, aber ich habe alles abgesagt. Es geht momentan nicht.«

Da war sie wieder, die Zerrissenheit meiner Leute. Wir tragen die Sehnsucht nach unserem Herkunftsland im Herzen. Uns zieht es immer dahin, wo wir herkommen. Doch wir können das, was dort abgeht, nicht mehr auf Dauer ertragen, sobald wir einmal mitbekommen haben, dass es auch anders geht. Meine Leute mussten genauso wie ich erkennen, dass die Menschen hierzulande in Freiheit, ohne Angst, ohne Not und mit allen Rechten leben können – und sie sehen, dass sich diese Vorteile durch all das, was Afrika an Wärme bietet, an prallem Leben und an dichter, lebendiger Kultur, nicht aufwiegen lassen.

Gala

Als ich die wogenden Menschenmassen vor dem Schauspielhaus am Berliner Gendarmenmarkt sah, wollte ich umkehren.

»Jobst, Jobst!« schrie ich meinen Manager an, der neben mir in der Limousine saß. Dieses Luxusgefährt hatten die Berlinale-Leute für uns organisiert, um uns zur großen Wohltätigkeitsgala »Cinema for Peace« zu bringen. Dort sollte ich an diesem Abend auftreten, zwischen Richard Gere, Bob Geldof, Bärbel Schäfer, Milla Jovovich und dem chinesischen Starpianisten Lang Lang … Mein Gott, eigentlich sollten alle da sein, die im internationalen Film- und Showgeschäft Spitze waren und es für wert befanden, etwas für die gute Sache zu tun. Immerhin kam der Reinerlös der Gala dem Kinderhilfswerk UNICEF zugute.

Jobst, der es sich eben noch neben mir in der Lederpolsterung bequem gemacht hatte, erschrak. »Was ist denn?«

Da der Chauffeur unruhig wurde, dämpfte ich meine Stimme so gut, wie mir das in der Aufregung möglich war. »Lass uns hier wegfahren«, flüsterte ich Jobst ins Ohr. »Ich kann nicht über den roten Teppich gehen. Lass uns den Lieferanteneingang nehmen oder irgendwas, bloß nicht hier durch!«

Ich sah bereits die ganze Katastrophe kommen. Unser Auto schob sich in einer Kette von Limousinen unbarmherzig immer näher zum Beginn eines roten Teppichs, der hell angestrahlt wurde und, wie mir schien, kilometerlang in das prächtige Schauspielhaus hineinführte, auf beiden Seiten von Tausenden Schaulustigen und, noch schlimmer, Hunderten Fotografen und Kameraleuten umlagert, die heftig um die Plätze in der vordersten Reihe rangelten. Wie ich solche Aufläufe hasste! Wie unangenehm es mir war, so im Rampenlicht zu stehen, weit weg von der schützenden Sphäre einer Bühne, auf der ich keine Angst kannte!

»Unmöglich«, sagte Jobst und schüttelte den Kopf. »Da musst du durch«, fügte er sachlich hinzu.

Eigentlich mochte ich den Kerl für seine Nüchternheit gut leiden, dafür war er schließlich auch Manager geworden, aber in diesem Moment hätte ich ihn erwürgen können. Jetzt wusste ich, dass es keine Gnade mehr gab.

»Ich bin ja bei dir«, flüsterte Jobst noch, und schon standen wir auf dem Teppich.

Was dann passierte, nennt sich »Fotocall« und ist für mich so ziemlich das Schrecklichste auf Erden – ich glaube, es kommt gleich nach einem Lauf unter feindlichem Gewehrfeuer. Diese Fotografen machten nämlich nicht nur einfach ihre Bilder, nein, sie brüllten mich nach Leibeskräften an. Irgendeiner erkannte mich und schrie sofort: »Senait, hier!«, dann fiel ihm der nächste ins Wort, dann der übernächste. »Senait, look to me!« – »Over here, Senait!« – »Smile, come on, give me a smile!«

Dann musste man ein wenig stehenbleiben, lächeln, hierhin und dorthin gucken, aber sie hatten noch lange nicht genug. »Senait, once again!«

»Aber sicher doch«, schrie ich zurück, »sonst noch was?«

Das beeindruckte die Meute nicht im geringsten, im Gegenteil, das Geschrei wurde nur noch infernalischer.

Ich habe keine Ahnung, wie ich durch dieses Spalier durchkam, aber irgendwie gelang es mir doch, in das Innere des Gebäudes zu kommen, schweißtriefend, obwohl es draußen hundekalt war. Kaum zu glauben, was Menschen alles taten, um ein paar bescheuerte Bilder zu knipsen, die in jeder Zeitung gleich aussahen!

Drinnen herrschte zwar Ruhe vor den Fotografen, doch dafür begann auf der Stelle das Schaulaufen. Was die meisten Gala-Gäste als Selbstverständlichkeit zu nehmen schienen, war für mich nur schwer zu verkraften – und schon gar nicht so knapp nach einem ausgedehnten Afrika-Aufenthalt. Immerhin stolzierten hier Ladys und Gentlemen in Abendkleidern und Smokings umher, von denen jedes Teil so teuer war, dass eine sechsköpfige eritreische Familie ein Jahr lang in Saus und Braus davon leben könnte. Ich sah Schmuckstücke, deren Gegenwert die Einwohnerschaft von ganzen Dörfern auf Jahrzehnte aller Sorgen enthoben hätte, ich arbeitete mich zwischen Hochsteckfrisuren durch, für deren Preis man einem äthiopischen Kind die Schulbildung vom Kindergarten bis zum Abitur hätte finanzieren können.

Das rechnete ich Jobst vor, während ich mir durch die Stars, Starlets und Sponsoren den Weg zu unserem Tisch bahnte. Ich meinte das keinesfalls gehässig, ganz im Gegenteil, ich war froh, dass alle diese Menschen hier waren, denn sie hatten sehr viel Geld für ihre Tickets bezahlt und würden an diesem Abend noch viel mehr ausgeben – rund eine halbe Million Euro, wie ich später erfahren sollte –, Geld, das für den besten Zweck verwendet wurde, der sich denken lässt, nämlich Kindern in den Teilen der Welt zu helfen, die es wirklich nötig haben. Merkwürdig war nur, dass diese Menschen das Geld, das sie offensichtlich übrig hatten, nicht einfach spenden konnten, sondern dass sie ihren Beitrag mit einer solch gewaltigen Inszenierung feiern mussten, dass sie diesen glamourösen Anlass brauchten, um überhaupt in Spenderlaune zu kommen – oder ihre Spenderlaune erst vor den laufenden Fernsehkameras so richtig genießen konnten.

Ich glaube, wenn ich so viel Geld hätte, würde ich einfach ganz viel spenden, und wenn ich Lust auf Glamour hätte, dann würde ich mir Tickets für den Wiener Opernball kaufen. Ich bräuchte jedenfalls kein

Sechsgängemenü, um ein paar Tausender für Kinder lockerzumachen, die schon über eine Handvoll Teffmehl jubeln.

Doch ich war froh, hier einen kleinen Beitrag leisten zu können, indem ich während der Gala ein Lied von meiner neuen CD sang, die eben erschienen war. Außerdem durfte ich Bärbel Schäfer umarmen und, was für mich noch wichtiger war, ein langes Gespräch mit Terry George führen, dem Regisseur des Films *Hotel Ruanda,* der mit mir am Tisch saß. Seinen Film über den Bürgerkrieg zwischen den verfeindeten Völkern der Hutus und der Tutsis, der damals, 1994, in Europa so gut wie keinen Menschen interessierte, hatte ich mindestens fünfmal gesehen – nicht nur, weil ich ihn so gut fand, sondern auch, weil ich nur so den Schrecken aushalten konnte, den der Film darstellt. Um die Albträume zu bannen, die sich bei mir sofort nach dem ersten Sehen einstellten.

Ich sprach mit Terry über mein Engagement gegen den Einsatz von Kindersoldaten, ich erzählte ihm von der Aktion Weißes Friedensband, für die ich schon viel getan hatte, und fand in ihm einen kompetenten Gesprächspartner, der bestens über den Horror informiert war, dass von den weltweit an die dreihunderttausend Kindern unter Waffen schon hundertzwanzigtausend, also fast die Hälfte, Mädchen sind.

In solchen Momenten machte es mir nichts aus, dass mich viele Menschen immer noch nicht als die Sängerin, die Künstlerin wahrnehmen, sondern vor allem als Exkindersoldatin oder Autorin von *Feuerherz*. Mir machte es nichts aus, weil ich wusste, dass damit etwas zu bewegen war. Ansonsten werde ich einfach weitersingen, wie mir das Herz und der Schnabel gewachsen sind. Irgendwann wird das schon hinhauen mit meiner Karriere als Sängerin. Irgendwann werden die Menschen nicht nur hören, *dass* ich etwas zu sagen habe, nein, sie werden sich auch darauf konzentrieren, *wie* ich es sage, nämlich in meinen Liedern, in meiner Sprache, in meiner eigenen Musik.

Ich war mitten im Gespräch, als ich schon wieder auf die Bühne gerufen wurde. Alle Beteiligten sollten gemeinsam ein Abschiedslied singen, ein Zeichen des guten Willens und der Hoffnung, »Imagine« von John Lennon. Da stand ich nun im Scheinwerferlicht, im Namen der Musik, und sang zwischen einem Gesangsstar wie Anna Maria

Kaufmann und einem Showstar wie Bärbel Schäfer. Zwischen dem Nachtclubkönig Rolf Eden und dem Boxchampion Wladimir Klitschko, zwischen Rolf Schenker von den Scorpions und meinem Agenten Jobst Neermann, immerhin einem ausgebildeten Opernsänger:

»Imagine there's no countries
It isn't hard to do
Nothing to kill or die for …«

Wenn das kein gutes Vorhaben für die Zukunft ist!

Dank

Ich danke Lukas Lessing dafür, mich in Gesprächen über meine Vergangenheit, mein Land und mein Leben angeregt, auf Reisen begleitet und meine Erinnerungen zu Papier gebracht zu haben. Ich danke meiner Literaturagentin Lianne Kolf für ihre professionelle Beratung, vor allem aber für ihre Freundschaft. Ich danke meinem Agenten Jobst-Henning Neermann für die wunderbare Zusammenarbeit, die Freundschaft und das Vertrauen, das uns verbindet.

Ich danke allen Mitgliedern meiner Familie, die meine Recherchen in der eigenen Vergangenheit weitergebracht haben, insbesondere meinem Bruder Luul, meinen Onkeln Tsegeab und Haile, sowie meinen Freunden, die mir in schweren Zeiten zur Seite standen.

Ich danke allen Menschen in Eritrea, in Äthiopien und im Sudan, die mich bei der Verwirklichung meines Buches gestützt und getragen haben: Lula, Dawit und Tesfay aus Asmara, Salomon aus Addis Abeba sowie Ahmed und Rfaat aus Khartum.

Ich danke auch dem gesamten Team des Droemer Verlags für die fruchtbare Zusammenarbeit, insbesondere dem Verleger, meinem Lektor und der Pressechefin.

Senait Ghebrehiwet Mehari im April 2006

Anhang

Äthiopien und Eritrea – die Geschichte zweier umkämpfter Länder

Noch 2900 vor Christi Geburt galt das Horn von Afrika als das »Land der Götter«. Hier handelte man mit Gold, Weihrauch, Ebenholz, Elfenbein und Sklaven. Auf dem Gebiet der heutigen Staaten Äthiopien und Eritrea lag das mächtige Königreich Aksum, auf das sich noch immer der Stolz der gegenwärtigen Bewohner gründet. Dieser Stolz ist ungebrochen, obwohl die Eritreer nach einem dreißig Jahre währenden Unabhängigkeitskrieg gegen Äthiopien (1961 bis 1991) und einem blutigen Grenzkrieg gegen den ungeliebten Nachbarn um ein Stück Bergland (1998 bis 2000) beinahe vor dem Nichts stehen. Äthiopien dagegen leidet unter einer sich immer mehr verstärkenden Dürrekatastrophe im Süden seines Staatsgebiets sowie unter inneren Spannungen zwischen den rund achtzig Ethnien des Landes, die von den Tigray, die die Regierungsmacht innehaben, mit harter Hand im Zaum gehalten werden. Dabei sind die Tigray eine Minderheit, denn dieses im nördlichen Landesteil siedelnde christliche Volk von Bauern, Hirten und Kriegern stellt nur fünf Prozent der Gesamtbevölkerung.

Der längste zwischen zwei Staaten geführte Krieg in der afrikanischen Geschichte des 20. Jahrhunderts kostete allein in Eritrea an die 65 000 Menschen das Leben (bei einer Bevölkerung von nur etwa 4 Millionen, davon rund 2 Millionen unter achtzehn Jahren – gegenüber 75 Millionen Äthiopiern), der noch blutigere Grenzkrieg (100 000 Tote in beiden Staaten innerhalb von knapp drei Jahren) begründete eine neue Qualität von Gewalt auch gegen Kinder: Die Generäle beider Seiten setzten bei Angriffen Tausende von Kindersoldaten als »Menschenwellen« ein, um den regulären Verbänden eine Bresche zu schlagen. Über 1 Million Einwohner, fast ein Drittel der Bevölkerung Eritreas, begab sich auf die Flucht.

Als eritreische Kräfte 1991 die Unabhängigkeit ihres Landes erfochten, hatten sie mit der äthiopischen Armee nicht nur eine viel größere, sondern auch eine von Amerikanern und Russen stark unterstützte Streitkraft besiegt. Der Sieg war um so erstaunlicher, als die eritreischen Befreiungstruppen sich gleichzeitig untereinander bekriegten. Eine davon war die 1960 in Kairo gegründete, islamisch ausgerichtete ELF (Eritrean Liberation Front) oder »Jebha« (arabisch für »Front«). Sie unterlag Anfang der achtziger Jahre im Kampf gegen die stark sozialrevolutionär bestimmte EPLF (Eritrean People's Liberation Front), die »Shabia« (arabisch für »Volk«), aus der die heutige Regierung Eritreas unter Präsident Isaias Afwerki hervorging.

Äthiopien und Eritrea aktuell

Eritrea bezeichnet sich selbst zwar als Demokratie, doch mit nur einer zugelassenen Partei, ohne freie Wahlen, mit einer staatlich gelenkten Presse und einer unzureichenden Gewaltentrennung mag diese Bezeichnung aus europäischer Sicht als unzutreffend gelten.
Auch nach dem Ende der Kampfhandlungen durchlebt Eritrea wirtschaftlich schwierige Zeiten. Viele Vertriebene kehren erst jetzt in ihre (oftmals noch verminten) angestammten Siedlungsgebiete zurück. Humanitäre Organisationen schätzen etwa 60 Prozent der Bevölkerung als bedürftig ein, die nur durch ausländische Lebensmittelhilfe überleben können. Verschärft wurde die Lage durch eine bis heute anhaltende mehrjährige Trockenperiode, die zu weitgehenden Ernteausfällen führte. Stammesdünkel und starres Festhalten an althergebrachten Überlieferungen schaffen ein reichhaltiges Repertoire traditioneller Kultur, behindern aber eine sinnvolle Entwicklung. Noch heute erleiden in vielen ländlichen Regionen sowohl Äthiopiens als auch Eritreas nach Schätzungen der UNICEF 90 bis 95 Prozent der Frauen eine Beschneidung – entweder die »kleine Beschneidung«, bei der dem Mädchen »nur« die Klitoris gekürzt wird, oder in einigen Fällen die »große Beschneidung«, bei der nicht nur die Klitoris entfernt wird, sondern auch die Schamlippen. Das anschließende Zunähen des Geni-

tals (Infibulation) gilt als die schwerwiegendste Form weiblicher Genitalverstümmelung.

Wenn Äthiopien auch als das wirtschaftlich stabilere Land gilt, so ist die Situation in dem Riesenreich am Horn von Afrika nicht viel besser: Das Wirtschaftswachstum ist zwar zweistellig, aber es kommt nur wenigen Menschen zugute. Der Norden konnte in den letzten Jahren zufriedenstellende Ernten erzielen, doch im Süden sterben die Herden der Rinderzüchter, weil seit Jahren wichtige Regenfälle ausbleiben, die Landschaft stark überweidet ist und es an Wasser und Futtermitteln mangelt. Betroffen ist die gesamte Region des Horns von Afrika – der Süden Eritreas und der Südosten Äthiopiens, der Zwergstaat Djibouti und Somalia – insgesamt 11 Millionen Menschen in einem Landstrich von der Größe Deutschlands, Österreichs und der Schweiz zusammengenommen.

Zu allem Überfluss stehen Äthiopien und Eritrea am Rande einer neuen bewaffneten Auseinandersetzung: Ende 2005 wies die eritreische Regierung UN-Beobachter an der Grenze zum Nachbarstaat Äthiopien aus und schränkte die Bewegungsfähigkeit der dort stationierten UN-Truppen ein. Damit will die Regierung offensichtlich die Weltöffentlichkeit auf das immer noch ungelöste Grenzproblem aufmerksam machen: Eine internationale, unabhängige Kommission hatte das Grenzstädtchen Badme samt Umgebung Eritrea zugeschlagen, doch Äthiopien weigert sich beharrlich, diesem Urteil zu folgen und den ansonsten völlig bedeutungslosen, gottverlassenen Viehzüchter- und Bauernort an Eritrea abzugeben. Gut möglich, dass die Zahl von rund 100 000 Menschen, die für ein paar Quadratkilometer unfruchtbares Bergland bereits ihr Leben lassen mussten, bald steigen wird …

… eine friedliche Zukunft bauen!

Trotz düsterer Prognosen ist es notwendig, etwas gegen diesen Wahnsinn zu tun – vor allem und auch gegen den weiteren Einsatz von Kindersoldaten. Für viele Jugendliche wurde Senait Mehari in diesem Zusammenhang ein Begriff. Sie zeigten gemeinsam mit ihr am 12. Februar 2004 die roten Hände gegen den Missbrauch von Kindern in Kriegen – und werden es am jährlich wiederkehrenden Red Hand Day wieder tun (www.redhandday.org). Diese »Aktion Rote Hand« wird von UNICEF, Terre des Hommes, der Kindernothilfe, MISEREOR und dem Evangelischen Entwicklungsdienst unterstützt. In den Projekten dieser Organisationen finden Kindersoldaten den Weg zurück in ein normales Leben.

Foto: Tilman Lothspeich

Deutsche Journalistinnen und Journalisten gründeten die Aktion Weißes Friedensband, um mit einer Bildungsinitiative in die Schulen zu gehen. Auch Sie können mithelfen, Kindern und Jugendlichen den Blick für die Situation von Kindern weltweit zu öffnen. Auf der Webseite dieser Initiative finden Sie viele Informationen über Kindersoldaten, aber auch zu anderen Themen:

Aktion Weißes Friedensband
www.friedensband.de
Himmelgeister Straße 107a
40225 Düsseldorf
Tel. 0211 – 994 51 37
E-Mail: aktion@friedensband.de

Spendenkonto:
Aktion Weißes Friedensband e.V.
GLS Gemeinschaftsbank eG
Konto-Nr.: 4003 136 200
BLZ 430 609 67

UNICEF
www.unicef.de
Deutsches Komitee für UNICEF e.V.
Höninger Weg 104
50969 Köln
E-Mail: mail@unicef.de

www.unicef.at
UNICEF
Hietzinger Hauptstraße 55
1130 Wien
Mail: info@unicef.at

www.unicef-suisse.ch
Schweizerisches Komitee für
UNICEF
Baumackerstraße 24
8050 Zürich
Mail: info@unicef.ch

Terre des Hommes
www.tdh.de
terre des hommes
Deutschland e.V.
Ruppenkampstraße 11a
49084 Osnabrück
E-Mail: info@tdh.de

www.terredeshommes.ch
Terre des Hommes Schweiz
Laufenstraße 12
Postfach
4018 Basel
E-Mail: info@terredeshommes.ch

Terre des Hommes Suisse
ch. Frank-Thomas 31
1223 Cologny-Genève
E-Mail: communication@tdh-geneve.ch

Kindernothilfe
www.kindernothilfe.de

Kindernothilfe
Düsseldorfer Landstraße 180
47249 Duisburg
E-Mail: info@kindernothilfe.de

www.kindernothilfe.at
Kindernothilfe Österreich
Dorotheergasse 18
1010 Wien
E-Mail: office@kindernothilfe.at

Misereor
www.misereor.de
MISEREOR-Geschäftsstelle
Bischöfliches Hilfswerk
MISEREOR e.V.
Mozartstraße 9
52064 Aachen
E-Mail: Formular auf
www.misereor.de

MISEREOR-Arbeitsstelle
München
Dachauer Straße 5
80335 München

MISEREOR/Not in der Welt
Schönhauser Allee 182
10119 Berlin

Evangelischer Entwicklungsdienst
www.eed.de
Evangelischer
Entwicklungsdienst e.V. (EED)
Ulrich-von-Hassell-Straße 76
53123 Bonn
E-Mail: eed@eed.de

EED-Büro in Berlin
(Gemeinsame Konferenz Kirche und Entwicklung – GKKE)
Charlottenstraße 53–54
10117 Berlin

Menschen für Menschen
www.mfm-online.org
Deutschland
Stiftung Menschen für Menschen
Brienner Straße 46
80333 München
E-Mail: info@mfm-online.org

Österreich
Capistrangasse 8/10
1060 Wien
E-Mail: office@mfm.at

Schweiz
Postfach
8034 Zürich
E-Mail: info@mfm-schweiz.ch

Belgien
Robert Scholzen
Lothringer Weg 6
4700 Eupen
E-Mail: scholzen@belgacom.net

Senait G. Mehari

Feuerherz

Es sah nicht so aus, als wäre Senait ein langes Leben bestimmt: Ihre Mutter setzte das Neugeborene in einem Koffer aus. Ihr Vater fürchtete, seine Familie nicht mehr ernähren zu können, und gab seine kleine Tochter in eine Rebellenarmee. Um ein Haar wäre Senait von einer Granate zerrissen worden.
Ihre Kindheit war ein Albtraum. Dass sie ihn überlebte, grenzt an ein Wunder. In *Feuerherz* erzählt Senait ihre Geschichte – die Geschichte einer jungen Frau, die sich gegen ihr Schicksal stemmt und ihren eigenen Weg ins Leben sucht.

Knaur Taschenbuch Verlag